1983年，在宿舍伏案写作

1983年大年初一，和学生周涛在郊外山坡上

1997年，和学生在公园嬉戏

1998年5月，在天津参加全国青年语文教师课堂教学大赛

走进心灵

——李镇西班级建设教育手记

李镇西/著

ZOUJIN XINLING

漓江出版社
·桂林·

图书在版编目（CIP）数据

走进心灵：李镇西班级建设教育手记 / 李镇西著
.—桂林：漓江出版社，2021.11
ISBN 978-7-5407-9156-8

Ⅰ.①走… Ⅱ.①李… Ⅲ.①教育研究 Ⅳ.
① G40-03

中国版本图书馆 CIP 数据核字（2021）第 209253 号

走进心灵——李镇西班级建设教育手记
ZOUJIN XINLING——LIZHENXI BANJI JIANSHE JIAOYU SHOUJI

作　　者　李镇西

出 版 人　刘迪才
策划编辑　文龙玉
责任编辑　章勤璐
装帧设计　石绍康　周泽云
责任监印　黄菲菲

出版发行　漓江出版社有限公司
社　　址　广西桂林市南环路 22 号
邮　　编　541002
发行电话　010-65699511　0773-2583322
传　　真　010-85891290　0773-2582200
邮购热线　0773-2582200
电子信箱　ljcbs@163.com
网　　址　www.lijiangbooks.com
微信公众号　lijiangpress

印　　制　大厂回族自治县聚鑫印刷有限责任公司
开　　本　710 mm × 1000 mm　1/16
印　　张　16.5
字　　数　220 千字
版　　次　2021 年 11 月第 1 版
印　　次　2021 年 11 月第 1 次印刷
书　　号　ISBN 978-7-5407-9156-8
定　　价　45.00 元

目 录 | Contents

引言 | 接过陶行知民主教育的火炬

在拙著《爱心与教育》中，我曾这样写道："素质教育，首先是充满感情的教育。一个真诚的教育者必定是一个真诚的人道主义者。一个受孩子衷心爱戴的老师，一定是一个最富有人情味的人。"

但这并不是说，有了感情就有了教育的一切。在教育实际中，常常有这种情况，一些自认为很有爱心的教育者，却常常做出一些侵犯学生精神世界的事。比如——

在某中学的班主任会上，大家在研究评选"三好生"的事。有老师提出"三好生"应由学生们自己选出。这时，另外一位老师发言了："可是，如果完全交给学生自己选，我怕选出的人并不是我认可的好学生。"校长开导道："注意，应该是评'三好生'，而不是选'三好生'。所以，班主任要充分发挥自己的主导作用。"校长的话刚一说完，德育处主任给感到为难的老师出了个主意："叫学生选还是可以的，只是学生选了以后不要当场公布结果，而是下来由班主任内部确定。"

在这里，某些教育者显然粗暴地侵犯了学生的民主权利，但值得深思的是，每一个"侵权"者并未意识到自己对学生权利的侵犯，相反，他们都认为这是为了选出真正优秀的"三好生"，为了树立良好的班风校风。一句话，为了学生好。

又比如，在某重点中学，一位语文老教师为了给毕业班的学生多补一些知识，一次又一次地占用学生的自习课。学生开始还能“理解”老师，到后来实在无法忍受了，便给校长写信诉说他们的苦恼。当校长向语文老师转达学生的意见时，这位白发苍苍、快要退休的老师流泪了：“我可是一分钱的报酬没要啊！我义务为学生补课，把我的全部身心都给了学生，可换来的竟是……”

我一点都不怀疑这位老师对学生赤诚的爱和他那无私奉献的精神，但是，我为他感到悲哀，因为他在付出“爱心”的同时，又“爱你没商量”地侵占了学生本应该自己支配的自习课时间。这可也是学生的权利啊！

毋庸讳言，由于种种原因，封建文化的残余至今还阻碍着我们的教育走向民主与平等。不能说现在的老师们都不爱学生，但是，由于长期以来受传统文化中师道尊严的潜移默化的影响，在相当一部分教师的心目中，“民主与平等”的观念是比较淡薄的。因而，在师生关系、学生教育、学科教学、班级管理以及处理教师和家长关系等方面，有的教师或多或少、有意无意地表现出程度不同的居高临下或唯我独尊，因而缺乏对学生起码的尊重与信任。一些善良的教师往往不知不觉甚至是“好心”地损害着学生的尊严和感情，甚至侵犯学生的权利；在某些课堂上，不但没有师生平等交流、共同研讨的民主气氛，反而存在着唯师是从的专制色彩！

教育是心灵的艺术。如果我们承认教育的对象是活生生的人，那么教育过程便绝不仅仅是一种技巧的施展，而应该充满人情味；教育的每一个环节都应该充满着对人的理解、尊重和感染，应该体现出民主与平等的现代意识。虽然就学科知识、专业能力、认识水平来说，教师远在学生之上，但就人格而言，师生之间是天然平等的；教师和学生不但是在人格上、感情上平等的朋友，而且也是在求知道路上共同探索前进的平等的志同道合者。

民主教育，应该是当今中国教育的时代主题。

写到这里，我不禁想起一个伟大的名字……

今天，许多人在谈论民主教育的时候，往往感叹中国的教育理论缺乏真正意义上的民主思想。其实，在现代中国，有一位被我们冷落了很久的民主教育的先驱，他就是被毛泽东誉为“伟大的人民教育家”的陶行知。

翻开陶行知先生的书，一股浓郁的中国气派、生活气息会扑面而来，让人感到朴素亲切而又富有鲜明的时代感。如果我们细细清理陶行知先生为我们留下的丰厚的教育遗产，我们会强烈感受到他在教育实践中所体现出来的鲜明的民主精神。纵观中国教育史，我们甚至可以毫不夸张地说，陶行知是第一个明确提出并系统阐述“民主教育”的教育家。

民主教育，是陶行知为中国教育点燃的一把精神火炬。这把火炬，从 20 世纪的开始，一直燃到 20 世纪的末端，而且，这火炬至今还在熊熊燃烧并照耀着我们今天的教育——

◎“民主教育是民有、民治、民享之教育。说得通俗些：民主教育是人民的教育，人民办的教育，为人民自己的幸福而办的教育。”“有人误会以为我们要在这里造就一些人出来升官发财，跨在他人之上。这是不对的。我们的孩子都从老百姓中来，他们还是要回到老百姓中去，以他们所学得的东西贡献给老百姓。”

在陶行知看来，所谓民主教育，首要的一条就是面对全体人民，即不但要让所有老百姓享受教育，而且培养的人也是为老百姓服务的。可是，现在有一些人却偏偏热衷于“等级教育”甚至“贵族教育”——陶行知当年的话，不知会不会让他们感到脸红！

◎“民主教育是教人做主人，做自己的主人，做国家的主人，做世界的主人。”“今日的学生，就是将来的公民。将来所需要的公民，即今天所应当养成的学生。”

封建教育是“非我”的教育，说穿了就是培养奴才；而民主教育是培养主人，是高扬人的主体性的教育。因此，是训练奴才还是造就主人，可以看作是封建教育与民主教育的分水岭。

◎“民主的创造，是要使多数人的创造力能够发挥。在专制时代，少数人也能创造，但多数人的创造的天才被埋没，……民主的创造为大多数人的创造，承认每一个人都得到创造的机会。这是与专制的创造不同的地方。”“培养创造力，以实现创造的民主和民主的创造。”

陶行知关于“培养创造力”的思想与今天以培养创新能力为核心的素质教育理论不谋而合。不过，在今天有些人眼里，培养创造力，是就少数学生而言，因此创造能力的培养演变成了“精英教育”；陶行知先生则认为，只有面向每一个学生的创造力培养，才是真正的“民主的创造”，否则便是“专制的创造”。

◎“专制国所需要的公民，是要他们有被治的习惯，共和国所需的公民，是要他们有共同自治的能力。中国既号称共和国，当然要有能够共同自治的公民。想有能够共同自治的公民，必先有能够共同自治的学生。”“养成服从的人民，必须用专制的方法；养成共和的人民，必须用自治的方法。”

民主教育是提倡学生自治的教育。无视学生的义务与权利，只许学生规规矩矩，不许学生乱说乱动，这是典型的教育专制主义。如此专制教育只能培养奴才。在面向21世纪的今天，这种教育应该终结了。社会主义的教育，应该培养的是具有民主精神与法治意识的公民。

◎“教育的方法要采用自动的方法，启发的方法，手脑并用的方法，教学做合一的方法，并且要使学生注重全面教育以克服片面教育；注重养成终身好学之习惯以克服短命教育。在现状下，尤须进行六大解放，把学习的基本自由还给学生：一、解放他的头脑，使他能想；二、解放他的双手，使他能干；三、解放他的眼睛，使他能看；四、解放他的嘴，使他能谈；五、解放他的空间，使他能到大自然大社会去取得更丰富的学问；六、解放他的时间，不把他的功课表填满，不逼迫他赶考，不和家长联合起来在功课上夹攻，要给他一些空闲时间消化所学，并且学一点他自己渴望要学的学问，干一点他自己高兴干的事情。……只有校长教师学生工友团结起来共同努力，才能造成一个民主的学校。”

读到这些话，我真是心痛——为现在的孩子们心痛！现在的孩子远远没有享受“六大解放”，相反他们正遭受着“六大束缚”！真正的民主教育不是一句空话，它必须具体落实在学生的“六大解放”上；否则，高喊“民主教育”者不过是叶公好龙而已——素质教育不也是如此吗？

◎“教你的学生做先生。你跟学生学，是教导学生做你的先生。……和学生站在一条战线上。教学不和学生站在一条战线上便不成为教师。……你若把你的生命放在学生的生命里，把你和你的学生的生命放在大众的生命里，这才算尽了教师的天职。”

教师向学生学习，这是民主教育题中的应有之义。“教学相长”不应仅仅是知识上的互相学习，也应是人格上的互相促进与激励。在陶行知看来，教师因学生而存在，教育因大众而存在；而我要冒昧地补充一句：教师因向学生学习而拥有了高尚的人格，教育因为大众服务而获得了永恒的生命力。

◎“民主的教师，必须具有：（一）虚心；（二）宽容；（三）与学生共甘苦；（四）跟民众学习；（五）跟小孩学习——这听来是很奇怪的，其实先生必须跟小孩子学，他才能了解小孩子的需要，和小孩子共甘苦。并不是说完全跟小孩子学，而是说只有跟小孩子学，才能完成做民主教师的资格。否则即是专制教师。”

民主只能靠民主来培养，因而民主教育的前提是造就真正具有民主精神的教师。但“民主的教师”不是作文讲演时的口号，陶行知先生在这里给它提出了非常具体的标准。我们不妨对照自省，看看自己是属于民主教师还是专制教师。

◎“我们要懂得儿童。”“我们必须会变成小孩子，才配做小孩子的先生。”

陶行知先生的一颗真诚博大的爱心，同时又是一颗纯洁无瑕的童心！这样的爱心和童心，不但是民主教育的情感基础，也是我们今天的素质教育所必不可少的“精神软件”！

◎“我们希望今后办训育的人要打破侦探的技术，丢开判官的面具。他们应当与学生共生活、共甘苦，做他们的朋友，帮助学生在积极活动上行走。”“人只晓得先生感化学生锻炼学生，而不知学生彼此感化锻炼和感化锻炼先生力量之大。”“谁也不觉得您是先生，您便成了真正的先生。”

遗憾的是，时至今日，“教育侦探”“教育判官”还大有市场；相当一部分教师仍习惯于以“终身为父”的姿态居高临下地要求学生“涌泉相报”……愿陶行知先生这呼唤师生平等的声音，能够得到今天每一个教育者的回应。

◎“我们应该承认儿童的人权。……我们解除儿童痛苦增进儿童福利，首先要尊重儿童的人权。”

我们曾经连“人权”这个词都拱手送给资产阶级，又谈何“儿童的人权”？于是辱骂学生、体罚学生的现象至今不绝，就毫不奇怪了。在即将跨入21世纪的今天，我们应理直气壮地在社会主义民主教育的旗帜上，写上“人权”二字！

……

恕我孤陋寡闻，在我所涉猎的中外教育理论书籍中，我至今还没有看到有哪一位教育家，对民主教育有如此真诚、精辟而全面的论述。“陶行知”这个名字因此而成为中国教育的骄傲；20世纪的中国，也因为有了陶行知，而屹立起一座民主教育的思想丰碑！

我还要特别指出的是，陶行知所有的教育思考与实践都是建立在一个非常朴素的理念之上的，那就是追求“真教育”。在读陶行知的书时，我每每被他彻底的唯物主义精神和真正的实事求是态度所感动。陶行知先生一生也以“追求真理，贯通真理，为真理而战”激励自己，对一切形式的虚假教育充满了厌恶，因而热切呼唤教育的真挚、真诚、真实。他大声疾呼：“为人须为真人，毋为假人。”“真教育是心心相印的活动。唯独从心里发出来的，才能达到心的深处。”他教育的目的是：“追求真理做真人。”“千教万教，教人求真；千学万学，学做真人。”可以说，他的“生活教育”“民主教育”“教学做合一”等教育思想与实践都是“真教育”这棵根深叶茂的大树上结出的硕果。

但是，我们在感到骄傲的同时，还应该感到惭愧——陶行知当年那些充满思想锋芒的话，仿佛就是针对今天我们的一些教育现实而言，因而今天听起来，我们还觉得是那么振聋发聩。对照我们现在的许多“假教育”“专制教育”，我们不是可以感受到陶行知那穿越世纪的深邃目光吗？遥望新世纪的教育曙光，我们不是仿佛听到了陶行知民主教育思想的回声吗？这究竟是因为先生的教育思想具有深远的历史穿透力呢，还是中国教育改革的步履太缓慢也太沉重了些？

是的，陶行知博大精深的教育思想至今还有着强大的生命力——正如江泽民同志所高度评价的那样：“陶先生著作宏富，论述精当，与当前的社会主义教育学息息相通，堪称中国近代教育史上的‘一代巨人’。”（1986 年江泽民在纪念陶行知先生诞辰 95 周年大会上的讲话《中国进步知识分子的典型》）

中国教育又走到了世纪之交的门槛。我们今天重温陶行知先生的民主教育思想，其意义还不仅仅是用于对传统教育弊端的消极批判，更在于面向未来着眼于中国社会主义现代化教育理论与实践的积极建设。陶行知民主教育理论不但应该而且完全可以融入我们今天所正在实施的素质教育。纵观陶行知先生一生的教育思考与实践，我们会惊讶地发现，他真正是素质教育的先行者。他的民主教育思想，实际上已经体现了今天我们所倡导的素质教育的精神。所以，从这个意义上说，现在的素质教育是陶行知民主教育的继续与发展。

最近，党和国家领导人以及许多有识之士都纷纷提出，创造能力的培养应是素质教育的重点。我认为这也是素质教育真正面向未来的标志，因为“创新是一个民族进步的灵魂，是一个国家兴旺发达的不竭动力”（江泽民），而培养创新能力必然呼唤着民主教育。在今年的全国教育工作会议上，江泽民同志特别指出："中华民族是富有创造精神和创新能力的伟大民族，古代中国人曾以'四大发明'等众多科技创造闻名于世，对世界文明的发展做出过重大贡献。今天，面对世界科技飞速发展的挑战，我们必须把增强民族创新能力提到关系中华民族兴衰存亡的高度来认识。教育在培育民族创新精神和培养创造性人才方面，肩负着特殊的使命。每一个学校，都要爱护和培养学生的好奇心、求知欲，帮助学生自主学习、独立思考，保护学生的探索精神、创新思维，营造崇尚真知、追求真理的氛围，为学生的禀赋和潜能的开放创造一种宽松的环境。……教师和学生要相互学习、相互切磋、相互启发、相互激励。"的确，培养创造者的前提是教育必须充满民主。没有民主，便没有创造；没有民主的教育，便没有民族的未来。

民主教育的最终目的，是人的解放——人的情感的解放，人的思想的解放，人的创造力的解放……一句话，人的个性的解放！

这就是我们今天继承陶行知民主教育思想遗产的意义所在。

我在本书中所说的"民主教育"，包含了一般人通常所说的"教育民主"，但又不仅仅局限于"教育民主"。在我看来，"教育民主"往往侧重于指教育者对教育对象的态度（比如教育要面对全体，一视同仁，教育者应尊重和热爱学生，等等）；而我所理解的"民主教育"，除了指教育者应该具备的民主思想以及在教育过程中应该体现出的民主精神外，更多的还是指教育者在教育过程中对学生所进行的一系列有关民主素质的启蒙教育。比如，师生关系的平等和谐、民主与法治（包括"法制"但不仅仅是"法制"）的教育、权利与义务的教育、自由与纪律的教育，等等。

在本书中，我将以"教育手记"的形式展示我在这些方面的教育实践。其中有些"手记"直接反映了我对民主教育的探索（比如《集体主义教育新论》《"在民主生活中学民主"》《向学生学习》）；有的"手记"可能与民主教育没有直接联系，但是它们或体现了我的教育思考与实践的某一个不成熟的阶段（比如《谷建芬与"未来班"》《我的教育失误》），或间接反映了我与学生的关系（比如《走进大自然》），或反映了我对教育技巧和教育艺术的探索（比如《深入心灵的教育》），或表明了我对现行教育弊端的批判（比如《虚假德育批判》），有的还反映了我在民主教育的实践中对国外先进教育思想的学习、借鉴（比如《追随苏霍姆林斯基》）。

◎“（教育）民主的洪流，浪头已经到来，没有力量可以抵抗它。”（陶行知）

是的，教育民主的洪流已经涌来，我们没有任何理由抵抗它。愿中国教育改革的有志者们，顺应这不可抗拒的历史潮流，把我们的教育带入21世纪，进而把我们可爱的中国引向文明、繁荣与强盛的新时代。

1999年5月4日初稿

1999年9月10日修改

手记一

谷建芬与『未来班』

“看到孩子们的成长，我想，这是凝聚着您的一片心血的，为您神圣的职业而祝福，我想这条道路上一定会撒满鲜花的。这就是对您辛苦劳动的最高奖赏！”

我接到一个“匿名电话”

电话铃响了。

我拿起了话筒：“喂，你好！”

“是李镇西老师家吗？”传来一个年轻姑娘的声音。

“对！请问你是哪位？”

“请问李镇西老师在吗？”

“我就是。”

“你就是李老师啊？”对方的声音中充满了惊喜。

我却着急了：“请问你是哪一位？”

对方答非所问：“李老师，你今晚在家吗？”

我说：“我要送女儿去学跳舞，不过，八点多就回来了。”

“那好，我们八点多来你家看你。”

可是，我还是忍不住追问：“请问你是谁？”

对方咯咯地笑了起来，似乎很得意这个“匿名电话”：“你别问了，晚上你就明白了。”她又补了一句：“让你先有个悬念。”

“嘿！还给我卖关子呀！告诉你，我的神经可是很脆弱的啊！”我也和她开起了玩笑。但是我又不放心：“我把我家的详细住址告诉你吧。”

又是一阵得意的笑声：“不用了！你的一切都在我们的掌握之中。”

这是 1997 年 11 月的一个傍晚，我收到了这样的“匿名电话”。

但我并不因这个“匿名电话”而紧张。多年以来，我甚至已习惯于接这样的电话了：有的来自本市，更多的是来自全国各地，上海、厦门、海口、深圳……这都是我以前教过的学生打来的。他们喜欢这样在电话里“吓唬吓唬”或者“捉弄捉弄”他们的李老师。

不过，在送女儿去学跳舞的过程中，我还是忍不住在心里一遍又一遍地猜测：今天的“恐怖分子”又是谁呢？

晚上，我刚回到家里，敲门声就响起了。

进来的是三女一男，都是二十八九岁的青年。他们好像经过排练似的，很整齐地叫了一声：“李——老——师——好——！”

“呀，这是高虹嘛！这位不是潘洁吗？”我的确很惊喜：这是我参加工作后教的第一批学生，我与他们分别已整整十三年了！

唯一的男青年和另一位女青年我却想不起来了：“这二位是……”我指着他俩久久叫不出名字。

男士盯着我嘿嘿笑了起来。这一笑暴露了他的身份：他笑起来，眼睛里闪着一丝狡黠。我一下抓住他的手：“哈哈，是陈建嘛！哎呀，哎呀！长变了，长变了！”

可是，最后一位女士，我却怎么也想不起来了！

陈建却有些不好意思了。高虹连忙对我说：“你不会认识的。人家是陈建的夫——人——！”

难怪我不认识！但我立即和陈建开起了玩笑：“哇！原来那个调皮的小男孩陈建居然也有家属了！”

陈建补充了一句：“她也是‘未来班’的家属！”

他话中的“未来班”三个字，一下把大家带入了美好的回忆。一首遥远而熟悉的歌曲开始在我们心头回荡——

蓝天高，雁飞来，
青青松树排成排，
我们携手又并肩，
唱着歌儿向未来……

这是一支青春的歌，表达了中学生奋发向上的蓬勃朝气；这是一支纯洁的歌，体现了作曲家高尚无私的美好心灵；这是一支友谊的歌，凝聚着作曲家与“未来班”的真挚的感情；这是一支难忘的歌，吟唱着一段关于童心、关于理想、关于未来的动人故事……

我感慨地说：“你们是我的第一批学生，当时教你们的时候，我比你们现在的年龄都还小好几岁，什么经验都没有，现在想起来，简直幼稚得很。”

学生们当然又是一阵恭维。

不过，我心里却很珍视那一段“幼稚”，因为那是一首十分纯真的“教育诗”。学生们至今未能忘怀的“未来班”，正是这美丽诗篇的第一行文字，而这首“教育诗”是和一首歌曲联系在一起的。

亲爱的读者，现在就让我们随着一首歌走进“未来班”，走进50多位学生和一位作曲家的心灵……

童心的信任与企盼

1983年10月的一天，在乐山一中初八四届一班教室里，同学们正在叽叽喳喳地讨论着一件大事——

谁来为我们的班歌谱曲？

原来，这个班经过我和同学们两年的努力，已经成了一个既勇于进取又充满温暖的大家庭，为了使这个生机勃勃的班集体更加富有特色，同学们为它取了一个响亮的名字——“未来班”，并设计制作了班徽、班旗，还写了班歌歌词，拟定了班训（“正直、团结、勤奋、创造”）。我们决定在1984年新年到来之际，隆重举行“未来班”成立大会。现在，一切准备工作都做得差不多了，就剩下班歌歌词还没有谱曲。

讨论中，有的说干脆我们自己学着谱曲，有的建议请学校音乐老师谱曲，还有的提议沿用《少年，少年，祖国的春天》的曲调……

正在大家争论不休的时候，有同学提出了一个大胆而惊人的建议：“我们请谷建芬阿姨谱曲吧！”

这个建议立即得到一致赞同。是啊，一提到谷建芬，同学们耳畔就回荡起《年轻的朋友来相会》等歌曲优美的旋律。若是谷建芬阿姨真能为我们谱班歌，那该多好！

然而，在当时无论是我还是同学们，都认为这几乎是不可能的事。我委婉地劝同学们道：“谷建芬阿姨是著名作曲家，她该有多忙啊！还是别打扰她吧！”

“我们试一试嘛！”同学们急切地恳求我。

我终于依从了同学们。很快地，由班长执笔，一封给谷建芬阿姨的信写好了：“谷阿姨，我们非常热爱我们这个朝气蓬勃、团结友爱的班集体，我们给它命名为‘未来班’，还设计制作了班徽、班旗，可是，我们写的班歌却没法唱，因为我们不会谱曲。于是，我们想到了您。要是您能在百忙中抽空为我们谱班歌，那该多好啊！……”

我也附上一封短信：“谷老师，如果您能为我们的班歌谱曲，这对于帮助孩子们树立远大的革命理想，树立革命英雄主义和集体主义精神，将是很有意义的。”

当同学们兴致勃勃地把歌词和信装进信封时，他们才突然想到一个本来早就该想到的难题：我们与谷建芬阿姨素不相识，连她住在什么地方都不知道，这封信往哪儿寄呢？

我想了一想，在信封上写上“北京《歌曲》编辑部转谷建芬同志收”，同学们才把信投进邮筒。

于是，一封装着信任与企盼的信飞向了北京……

“谷阿姨为我们谱班歌啦！”

仅仅过了二十几天，一封来自北京中央歌舞团的信，送到了我的手中，拆开一看，我惊讶得不敢相信自己的眼睛，因为这是谷建芬同志的回信——

李老师：

您好！

来信收到。为孩子们写歌是我们的职责，正因为我们写得太少了，所以孩子们才要歌唱，这难道不是对我们的意见吗？我常常是忙了东头顾不了西头，忙了大人的忘记了孩子，这很不应该！能为你们写歌，为孩子们增添一点快乐，我是很高兴的。

……

谷建芬同志还给同学们写了一封信，信中写道：“你们的要求，我答应。对于你们给予我的信任，我是非常高兴的。我给你们写的歌太少了，这是我们的工作没做好。寄来的词看了，我觉得需要改动一些，我请人帮助修改可以吗？改好了，我再谱。怕你们着急，先回信告诉你们一声。……”

“谷阿姨答应为我们谱班歌了！”读着谷建芬阿姨的来信，同学们欢呼起来！

为了让作曲家对“未来班”有更全面具体的了解，我和同学们在给谷建芬同志的回信中对“未来班”的班风特色做了一些介绍。谷建芬同志在极为繁忙的工作之余，一一阅读了这些回信，从信中她了解到：看了电影《火烧圆明园》之后，同学们把得到的一笔奖金捐赠给了北京圆明园修复工程管理处；读完长篇小说《红岩》，同学们把捡废品换来的钱以“五十三颗永不褪色的童心和爱心”的名义寄给重庆“中美合作所”展览馆，以支援建设“歌乐山烈士群雕”；当班上一位农村同学因家庭困难想辍学时，同学们瞒着我为这位同学凑钱缴学杂费……

谷建芬同志被深深地感动了。孩子们的纯真激起了她创作的灵感，她请著名歌词作家王健同志对歌词做了一些修改，于是，在作曲家充满魅力的琴声中，一首特为“未来班”创作的班歌——《唱着歌儿向未来》诞生了！

1983 年 12 月 19 日，同学们又收到了谷建芬阿姨的来信——

“未来班”的孩子们：

你们好！

曲子谱好，随信寄给你们。词有改动，不知你们是否同意现在这个词？……

这支歌，请你们试唱，有什么意见望告知。

（我因开会刚回来，曲子未能及早谱出，请原谅。）

……

信里还附有一张大大的信笺，上面是谷建芬阿姨抄的歌谱，那潇洒的字迹，使同学们感到作曲家青春的活力。经过王健阿姨精心修改的歌词，清新健朗、活泼奔放，更加完美而准确地表达出同学们的志趣与理想。

教室里沸腾起来！同学们急切要求我马上教大家唱。很快地，这支欢快的歌儿便从“未来班”同学的心灵中飞出，飘荡在校园……

歌声飞向北京

随着 1984 年的临近，“未来班”成立大会也即将举行。喜悦之中，同学们都在苦苦地思考着一个难题——怎么感谢谷建芬阿姨和王健阿姨?

有的同学说:“寄点我们家乡的土特产去！”有的同学说:“寄一束鲜花去！”有的同学说:“寄去我们乐山的风景画片！”还有同学说:“请谷建芬阿姨和王健阿姨来乐山做客！”……

我说:“对于歌曲作者来说，最大的欣慰，莫过于自己的作品被人演唱。我们还是为谷建芬阿姨和王健阿姨唱几支歌吧！把你们的歌声录在磁带上，寄到北京去，这才是最有意义的礼物呢！”

同学们一致认为这个主意好。当时，离元旦只有一周时间了，为了让这份特殊的礼物能在元旦前送到谷建芬阿姨和王健阿姨手中，那几天，同学们利用午休和下午放学后的一点时间聚集在教室里，在我的指挥与口琴伴奏下，一首又一首地练习演唱着谷建芬阿姨创作的歌曲:《年轻的朋友来相会》《清晨，我们踏上小道》《脚印》《校园的早晨》《采蘑菇的小姑娘》《那就是我》《咪咪曲》……当然，同学们唱得最好的歌还是那支《唱着歌儿向未来》！

在录音之前，同学们还特意对着录音机向谷阿姨、王阿姨道歉:“我们唱得不好，录音条件也很差，请原谅！”

与此同时，全班每一位同学都给谷建芬阿姨写了一封信，向作曲家表达自己崇高的敬意和真诚的谢意。

正当我在邮局封装磁带、信件时，几位同学拿着刚买的两袋萨其玛糕点和两尊微型乐山大佛塑像赶来了，硬要我把这些东西一起寄往北京，说是“要让谷阿姨、王阿姨尝尝我们乐山的特产，看看举世闻名的乐山大佛”。

1983年的最后一天，在充满节日气氛的“未来班”成立大会上，面对到会的学校领导、老师和家长，全班同学自豪地唱起了自己的班歌——

……

老师同学多友爱，
心灵纯洁似大海；
勤奋学习身体壮，
理想之花校园里开！
……

他们用整个心灵来歌唱，他们用发自肺腑的歌声表达自己的理想与未来，也表达着对谷建芬阿姨的新年问候，因为他们相信：远在千里之外的谷建芬阿姨，也一定能听得见这歌声！

友谊在继续

“我于元旦收到了你们的录音磁带，全家人和王健阿姨都欣赏了你们的歌。很好，很好！听歌如见人，想象着你们可爱的面容，犹如你们就在我的面前，我感受着你们带给我的青春活力，享受着你们带给我的喜悦与幸福。……愿歌声伴着你们学习、成长！”

元旦刚过不久，“未来班”就收到谷建芬阿姨的贺年卡和热情洋溢的来信。我也收到谷建芬同志充满鼓励话语的信——

看到孩子们的成长，我想，这是凝聚着您的一片心血的，为您神圣的职业而祝福，我想这条道路上一定会撒满鲜花的。这就是对您辛苦劳动的最高奖赏！

本来，班歌已经谱成，作为一名作曲家，谷建芬同志已经做了一件令人敬佩的事；但作为一位有着强烈社会责任感和无私奉献精神的人民艺术家，谷建芬同志对中学生的关怀远远还未结束。通过班歌，她与“未来班”已结下厚谊。他们开始了朋友般真诚温暖的书信往来。这种交往的意义已超过了音乐本身，体现了谷建芬对“未来班”的殷切期望、“未来班”对谷建芬的由衷敬仰。

1984 年春天，同学们收到了谷建芬阿姨寄来的一个大包裹，打开一看，竟是 51 个塑料文具盒。谷阿姨在附信中说：“这里寄来 51 个文具盒（有一个是李老师的），东西很小，这是我的一点心意，做个友谊的纪念吧！”

手捧着这珍贵的礼物，我和学生们已不只是喜悦与兴奋，而是感动得热泪盈盈！

不久，在学校“五四”歌咏会上，“未来班”以一曲高昂嘹亮的班歌《唱着歌儿向未来》，夺得全校歌咏比赛第一名。比赛结束后，他们做的第一件事，便是向敬爱的谷阿姨报喜，并把奖状给谷阿姨寄去。

升学考试前夕，“未来班”的同学又收到了谷阿姨的来信——

收到你们的礼物，心里真是不安。这是你们的光荣与成绩，怎么好算在我的头上呢？这样做不太公平。不过，你们的心意我全懂！

即将面临升学考试，此刻你们的心情一定是紧张而激动的。这里，我和你们讲几句：无论考上高中或考不上高中，或者考职业技校，这只能说是学习的渠道不同而已；升学能学习，不升学做别的工作也同样是学习，关键在于自己对人生的想法是什么。只要有追求，即使在最差的条件下也能做出贡献来，闪烁出智慧的光芒，对吗？

毕业前夕，“未来班”的同学向谷建芬阿姨写出了最后一封信——

……谷阿姨，虽然我们毕业了，再过十几天，有的同学将升入本校读重点高中，有的同学将升入普通高中，还有的同学将升入中专、技校，但我们每一个同学都不会忘记您的。您和“未来班”的友谊永远激励着我们在人生的路上夺取新的胜利！嘹亮的班歌将永远伴随着我们！再见了，亲爱的谷阿姨！

永远传唱的班歌

1984 年 8 月，我来到北京，怀着崇敬的心情敲开了谷建芬同志的家门。

当我双手递上赠给谷建芬同志的“未来班”同学毕业合影照时，谷老师真像一位慈祥的母亲在端详自己儿女的照片：“哟！多可爱的一群孩子！”她又情不自禁地对我说：“你的事业很有意义，你又年轻，我衷心祝你成功！”

我真挚地说：“谢谢您为我们谱班歌！谢谢您对我学生的关怀！”

谷建芬同志直摆手：“有啥感谢的？这是我应该做的嘛，何况还做得不够啊！”

虽然以前从未见过面，但同是怀着一颗童心的“人类灵魂工程师”，教育者和艺术家之间有了共同的话题。我们谈生活，谈事业，谈教育，谈党风，谈社会……

当然，谷建芬也谈到她自己的烦恼：“也有人因不喜欢我的歌而横加指责，但人民喜欢，青年喜欢，这就是对我最大的奖励！……说实话，我个人曾有过的遭遇是一般人难以想象的，但我认为一个人活着总得有个精神支柱，我的精神支柱，便是我的事业！”

谈到当时社会上出现的各种“精神鸦片”，谷建芬同志忧心忡忡，同时又坚定地说：“不管怎样，只要我们这些从事精神作品生产的人不垮，国家就有希望。我们个人的力量当然不可能扭转大局，但我要尽力守好自己脚下这块净土。做，总比不做好！”

望着谷建芬同志那端庄和蔼的面容，听着她那亲切自信的话语，我感到，谷老师是多么善良，又是多么坚强啊！……

从那以后，我每接一个新班，总会把《唱着歌儿向未来》介绍给学生们，并向大家讲述这首歌的来历和谷建芬同志的感人事迹，以此教育学生们勤奋学习、团结向上。从1984年到1999年，十几年过去了，我由青年逐步进入中年，在教育上也取得了一些成绩：我所带班级（包括“未来班”）的事迹先后被《中国青年报》《少年文史报》《教育报》《班主任》等报刊介绍；我结合班主任工作进行中学德育的研究与创新，陆续在各种报刊发表200余篇教育论文，还有多部专著出版。我深深地知道，这里面都有着谷建芬老师的一份功劳，因为多年来我一直珍藏着谷建芬的来信，铭记着谷建芬的鼓励，并一直把这些作为激励自己热爱学生、献身教育的精神力量。

谷建芬同志应该感到骄傲与欣慰！如今当年唱过她谱写的班歌并与她通过信的“未来班”学生都已长大成人，所有“未来班”的孩子都没有忘记他们敬爱的谷阿姨，并且正在逐步实现着当年班歌中的誓言——

比高山，比大海，
比不上我们对祖国的爱，
今朝同唱理想歌，
明日报国创未来！

“谢谢您和我一起编织童话！”

2020 年 9 月 29 日下午，手机响起，我一看来电显示“谷建芬”。这个号码是多年前谷建芬老师告诉我的座机号码，我以为她早就不用了。

“是李镇西老师吗？”声音很有精神。

我很激动地说：“是的，我是李镇西。谷老师您好！太让我惊喜了。”

她说，她收到我的书了，想给我回复却不知如何联系我，突然想到很多年前一个本子上好像记有我的手机号。“果真有，果真有！”她言语中有些激动，“终于又和你联系上了。”

《教育的 100 种可能》出版后，我首先想到的是要给谷建芬老师寄一套去，因为里面不少学生是唱着她谱曲的班歌成长起来的，甚至还有几个学生当年给谷建芬老师写过信。我想让谷建芬老师知道，38 年前，请她谱班歌并唱这歌儿的孩子们今天的情形。

我给谷老师寄的书有：《教育的 100 种可能》（上、下）、《成长是最好的奖励——教育人物闻见录》（里面有我写谷建芬老师的文章）、《让青春告诉未来》（“未来班”三十周年聚会纪念）。

除了给每本书签名，我还给谷老师写了一封信——

敬爱的谷建芬老师：

您好！当年您为我谱曲的班歌《唱着歌儿向未来》至今响彻我任教的校园。三十八年过去了，您关怀过的孩子们已经年过半百，但他们心中永远回荡着您为他们创作的青春的旋律！

我退休已经五年，但经常想您，永远感恩您！

祝您身体健康！

有机会看您去。

晚辈　李镇西

二〇二〇年九月十九日

没想到她这么快就收到了，更没想到，她居然找到我的手机号给我打来电话，还表示“感谢”。

我说：“要感谢的是您呀，谷老师！您现在身体好吗？”

她说：“我身体很好！”我听出了她的自豪。

我告诉谷老师：“我给您寄的这一套《教育的 100 种可能》，里面有唱过您谱曲的班歌的孩子，他们现在都 50 多岁了。”

“哟，都 50 多岁了？时间过得真快！”她说。

“是呀，”我说，“您今年也 85 岁了吧？”

她说：“是的，我 85 岁了。你记性真好！”

“1984 年我第一次见您的时候，您说您 49 岁嘛！”我又说，“谷老师，您当年为我谱的这首歌不但影响了我一批又一批的学生，而且激励着我走到今天。真的，年轻时我就这样想，谷建芬老师和我的学生并没有直接的关系，可她都那么关心我的学生，那我有什么理由不把我的本职工作做好呢？我真的是这样想的。因为您这首歌，我的教育生涯充满了童话气息，那么美好！我特别自豪的是，谷老师您是为我一个人谱了一首歌啊！”

她说：“是的，我只为你的班歌谱过曲，唯一的。”

我问谷老师：“王健老师现在情况怎么样？身体如何？我一直想去看她，想当面感谢她呢！”

谷老师说：“她现在耳朵不行了，完全听不见。我去见她时，用嘴对着她的耳朵说话，都没用。只能用笔交谈，身体嘛还行。”

我说：“唉，一直没能去看她，当面表示感谢，这是我几十年来一直的愧疚。”

当年，我和同学们把歌词寄给谷老师时，因为我们不懂歌词应该和音乐旋律相吻合，所以谷老师便请她的老搭档王健（著名词作家，《让世界充满爱》的主要词作者、《鲜花与微笑》《绿叶对根的情意》《历史的天空》等歌曲的词作者）帮我们修改歌词，并把歌曲名称定为《唱着歌儿向未来》。“蓝天高，雁飞来，青青松树排成排。我们携手又并肩，唱着歌儿向未来……”这极富画面感的开头几句，就是王健老师加上去的。

我心里想，以后有机会还是得去看看王健老师。虽然她可能早已忘记了给我们修改班歌歌词的事了，但我和我的学生永远不会忘。

我问了谷建芬老师一个问题，这个问题我几十年来想过很多次，却一直想不明白：“当年，我不过是一个20多岁的小伙子，与您素不相识，您怎么就答应给我谱歌了呢？”

她说：“当时我看了你和学生的信，就感觉你是一个很爱教育、很爱学生而且很有想法的老师，每一个学生都在写给我的信中对我充满期待，所以我觉得应该为你做点什么。”

我感慨地说：“现在，哪里去找像您这样的艺术家啊！现在什么都很功利。包括教育，更是越来越功利，有时候我们爱学生，其实是爱他的分数，爱几年后的名校录取通知书！而对学生真正的爱，是爱他这个人。我写《教育的100种可能》，就是想通过我教过的几十个学生的几十年人生，告诉大家，无论孩子现在在你面前是表现好还是表现不好，成绩是优秀还是不优秀，他的将来都有无数种可能！”

她说：“是的是的，你说得太对了。”

我说：“其实，这也是您的理念。您可能已经忘记了，1984年4月，您给我学生的最后一封信中，勉励我的学生正确对待中考。其中有一段我经常给我后来的学生读，我几乎都能背下来……”

谷老师当年在信中对我的学生这样说——

无论考上高中或者考不上高中，或者考职业技校，这只能说是学习的渠道不同而已，升学能学习，不升学做别的工作也同样是学习，关键在于自己对人生的想法是什么。只要有追求，即使在最差的条件下也能做出贡献来，闪烁出智慧的光芒，对吗？

当我背完这段话，谷老师说："你记性真好！对的，是这个道理。"

我说："书中的刘春华和伍建，当年都和您通过信，他俩都没考上大学，伍建当过代课老师，当老师的时候把您为'未来班'谱曲的班歌作为他班上的班歌，教学的成绩也很好，但因没能转正，后来又去打工。他每做一项工作，都善良正直，现在自己开了一家公司。刘春华现在是公交车司机，因为善良，很受乘客欢迎。这些学生都证明了您当年信中说的'关键在于自己对人生的想法是什么'。"

谷老师说："真好！"

她又问我："我的那 50 首歌你有没有？"

我想了想，说："2003 年 10 月我见您之后，回到成都收到过您寄来的 CD。"

她说："不是不是，那只有 20 首，我后来又录制过 50 首。你肯定没有，这样，你把你现在的地址告诉我，我给你寄去，还有我几本书，一起寄。"

我说："谢谢谷老师！可一定要签名哦！"

她说："放心，要签，要签！"

我说："谷老师，是您为我和我的学生谱曲的班歌，让我的教育成了一个童话。谢谢您和我一起编织童话！我想在合适的时候，带着'未来班'的学生来看您。我们要第一次当着您的面，为您演唱班歌，请您为我们伴奏。"

她说："好呀好呀，太好啦！我一般都在北京，你来我随时都欢迎！"

放下电话，我激动不已，感恩之情溢满胸中。

曾经有人说："李老师，您是名人，自然认识很多名人，他们当然也愿意帮您。”

这话不是对我的误解，就是对谷建芬老师的亵渎。当时我不过是刚工作不久的年轻人，谁认识我呢？善良而富有社会责任感的谷建芬老师，愿意帮助一个年轻人，更愿意为孩子们写歌，就这么单纯！而且，当年谷老师给我谱歌的事，无论是我还是学校都没有任何“炒作”，虽然觉得感人，但也认为很正常。当时我不愿声张，还有一个原因，就是怕别人说我“攀附名人”。直到十五年后我写《走进心灵》时，才详细讲了这个让我永远感恩的故事。

现在，人与人之间的交往充满功利的“算计”，不少人把所有的付出都视为“投资”，现在甚至还有人公开为“绝对的精致的利己主义者”辩护。两种境界，天壤之别。我和谷建芬老师的交往，如童话般美丽而神奇，今天已经有很多人不相信了，所谓“夏虫不可以语冰”。

但我相信，这样的人，这样的故事，这样的童话，依然存在于一切理想主义者的生命中。

我盼望着，我和我年过五旬的“孩子们”当面向谷建芬老师唱班歌的时刻……

2020年9月30日补写

反思“未来班”

在1998年出版的拙著《爱心与教育》的引言中，我在回顾自己的教育思考与实践历程时，曾提到“未来班”。我这样写道——

充满浪漫主义气息的“未来班”，是我第一次有意识比较系统全面的教育实验。……在当时的历史条件下，“未来班”的教育实践是成功的，其标志固然是它符合了许多通常教育评价的“硬指标”；但在我的心目中，得意之点主要在于：我自觉地发挥了“集体”的教育功能，注意了各种教育内容和方式的有机融合，善于引导学生自我教育，开始重视学生的个性发展及其精神世界的充实，有意调动学校以外的积极因素参与教育……

更重要的是，“未来班”为学生的班级生活和我的教育生活增添了无穷的乐趣：学生通过生机勃勃的集体生活，切身体验到了成长的乐趣、发展的乐趣、创造的乐趣，他们拥有了自己充实而美好的精神世界；我通过学生的幸福体会到了自己的幸福，通过对“未来班”的创意、建设和发展体会到了教育科研的意义和教育艺术的魅力所在。

……

然而，“未来班”教育模式的缺陷也是明显的。虽然当时我并未意识到这一点，但继续向前推进的教育探索，逐步向我展示了“未来班”教育的缺陷，这就是：重继承，轻创新。

我是在对“宁小燕自杀事件”的剖析（参见我的另一部著作《爱心与教育》中的《沉重的思考》一章）过程中，逐步意识到自己的教育缺陷的：革命传统教育永远是需要的，革命理想主义、英雄主义教育也是我们社会主义德育永远不可缺少的，但是，面对变化了的社会和日益发展的时代，如果我们的教育不及时更新内容，那就必然被社会和时代所抛弃；而且，如果我们的教育只是“玫瑰色教育”，那么，所培养的学生一旦走上社会必然碰壁。

……

“未来班”是至今我最珍爱的教育诗篇，在具体的教育方式、手段和技巧上，无疑有许多创新，但其教育内容或者说贯穿其中的教育灵魂，却仅仅是力图继承恢复我国二十世纪五六十年代的道德风尚。在“未来班”，我和我的学生也的确营造出了《青春万岁》中的那样一种纯真温馨的集体舆论和班级氛围；但是，我所培养的“郑波”们、“杨

蔷云”们（郑波、杨蔷云均系王蒙长篇小说《青春万岁》中的主人公），从我这儿出去后，面对迥异于五六十年代的社会现实，肯定会产生宁小燕式的迷茫。这对我的教育来说，无疑是一种尴尬！

我曾把自己十几年来的教育实践，大体分为“教育浪漫主义”“教育现实主义”和“教育理想主义”三个阶段。“未来班”无疑是“教育浪漫主义”的“杰作”。但作为“面向现代化、面向世界、面向未来”的教育，“未来班”式的教育模式显然是远远不够的。但是，从民主教育的角度看，“未来班”虽然也有一些民主教育的因素——比如，注重以学生为主体的教育，注重尽可能地符合学生心理特点、充分尊重学生精神需要的教育等，但如果以面向 21 世纪的时代要求看，“未来班”显然还不是真正意义上的民主教育，更不是未来所需要的创新教育（虽然“未来班”好像也是一种创新，但这更多的是一种教育形式的创新，而不是教育思想的创新，更不是学生思想和能力的创新）。

“未来班”之后的 80 年代中后期，有两件事促使我开始了真正的教育反思与改革：一是宁晓燕之死，二是《中共中央关于教育体制改革的决定》的发表。前者对我的“纯洁的教育”敲响了警钟，后者为我未来的教育事业引领了航向，我由此开始追求教育的新境界：民主的教育，科学的教育，个性的教育。

但不管怎样，我还是经常回首“未来班”，因为它毕竟是我教育改革的起点……

1997 年 8 月，和学生一起在黄果树瀑布

手记二 集体主义教育新论

大家有共同的追求、共同的荣辱、共同的精神支柱、共同的心理依托；成员之间互相友爱，互相帮助，谁也离不开谁：每一个人为集体的挫折感到真诚的难过与忧虑，集体为每一个人的成绩感到由衷的欢喜与自豪。

什么是“班集体”？

什么是“班集体”？

笔者曾就此与一位学生会干部闲聊。他说：“我们一般理解的班集体，就是固定在一个教室里上课的几十个学生。”这一肤浅、片面的认识颇具代表性。甚至一些教师也认为，“班集体”就是“班级”，而一个班级只要有稳定的学习秩序，无打架斗殴、吸烟酗酒等重大违纪现象，就算是好的或比较好的班集体了。

新学年开学，几十个本来素不相识的学生被编在一个班学习，这种组合的确是偶然的；但经过了一段时间后，不同的班级会呈现出不同的风貌，这却是由教育者的工作所体现出来的必然性。我们所理解的“班集体”，既不仅仅是教学单位，也不单纯是德育组织，而是集教育、教学和个性发展于一身的有机统一体。它以对学生的尊重和研究为出发点，以对学生的教育和发展为目的，教育与教学互相协调，知识传授与能力培养互为依存，个性的全面发展与群体的共同进步互为条件，它是德、智、体、美、劳五育和谐统一的教育组织和教育系统。在这样的集体中，大家有共同的追求、共同的荣辱、共同的精神支柱、共同的心理依托；成员之间互相友爱，互相帮助，谁也离不开谁：每一个人为集体的挫折感到真诚的难过与忧虑，集体为每一个人的成绩感到由衷的欢喜与自豪。

1982 年 9 月，我班升入初二时，一个表现很差的女生留级了，我如释重负。但班长仍然对那个已经留级到低年级的同学怀着真诚的责任感，经常帮助她。一年后，那个学生因恶习难改违反校纪被学校开除了。我听说后，暗自庆幸：幸好没有在我班出事！然而，班长却深感惭愧和不安。回家后她在母亲面前连连叹息:“××的变坏我也有责任，都怪我这个班长没尽力帮助她。”学校、家庭对那个学生的堕落都无可奈何，这位班长作为一名学生干部有什么可自责的呢？但这名受教育者高度严于律己的精神却使我深受震撼——我在班上表扬了班长并做了自我批评，然后让大家思考、讨论:“对于××同学，我们集体，也就是我们每一位同学该负什么责任？”班长的集体责任感教育了全班同学：班上每位同学的退步都是整个集体的损失，而对于集体的损失，我们每一个集体成员都有不可推卸的责任！

一个班级，只有当它的每一个成员都充满了这样的责任感，从而使整个班级形成了强大的凝聚力时，才真正称得上是“班集体”。

班级集体主义教育的价值

一、德育方面的价值

通过班集体对学生进行集体主义情操的培养，这应是中学德育的核心。因为德育的其他内容，如纪律观念、劳动观念、互助观念以及其他美好品德的培养，无不与集体主义观念的培养有着密切的联系。同时，高尚的集体主义情操，还是学生形成社会责任感，树立共产主义理想的思想道德基础。因为集体主义无疑是共产主义道德的基本原则，是共产主义道德最本质的内容。爱国主义、共产主义教育的起点，应该是集体主义教育。一个对他人、对集体麻木不仁的学生是不可能由衷热爱自己祖国的，更不可能献身于壮丽的共产主义事业！而学生如果具备了真挚的集体主义情怀——不仅热爱自己的同学、老师、班级、学校，而且把个人利益与集体利益自然而然地融为一体，心甘情愿地把为集体奉献一切当作自己的幸福——那么，随着年龄的不断增长、思想的日趋成熟、道德的逐渐完善，学生社会责任感的增强、爱国主义信念的树立、共产主义世界观的形成自然是水到渠成、瓜熟蒂落了。

二、智育方面的价值

以集体主义为基石建立起来的班集体，是学生汲取知识，培养能力和开发智力的理想摇篮。首先，集体主义有助于班级良好学风的形成和巩固。对班集体的由衷热爱会成为学生的学习动力之一。因为每一个学生的成绩已不仅仅属于学生个人，而是关系着集体的荣辱。其次，学生之间的互相帮助启发、取长补短，既有利于每个学生的学习进步，也会促进整个集体教学水平的提高。这与系统论中“整体功能大于各孤立部分功能之和”的整体原理是一致的。再次，建立在真诚友好、平等互助基础上的各种学习竞赛，会使班级内部保持一种成员之间互相激励、共同拼搏的学习热情。最后，班级丰富多彩的课外活动，更是为学生能力锻炼提供了机会并展示了广阔的天地。

三、个性发展方面的价值

现代教育论把班集体看作学生个性发展的手段与途径之一。这里所说的“个性”，是指学生在天赋、能力、兴趣、气质、性格等方面表现出来或潜在的独特性。所谓“发展”，有这样几层意思：①发现；②诱导；③改善；④促进。实践证明，充满浓郁集体主义气氛的班集体是学生个性全面而和谐发展的最佳环境。在这样的集体中，学生不仅仅在分数方面（学习领域）显示自己的聪明，而且在文娱、体育、游艺、小制作、小发明等各种创造性劳动中展示自己的才华。学生在与他人交往的过程中，在为集体奉献的过程中不断发现自己独一无二的某种天赋并体验着人人平等的尊严。每个学生通过集体发现自我，塑造自我，完善自我，超越自我；集体为每个学生的个性发展提供各种机会与途径。几十个独具个性、各显“神通”的学生，又使集体显出斑斓色彩和蓬勃生机。

班级集体主义教育的途径

一、创造良好的“第一印象”

日常人际关系中的“第一印象”是至关重要的。班集体建设也是如此。学生对新班的最初印象将直接影响以后班风的形成。因此，对班主任来说，新集体的建设早在新生入学之前就开始了——他必须苦心酝酿着使新生迅速形成“集体”的计划，精心地为“导演”集体主义“开场戏”而做各种准备，胸有成竹地迎接着新集体的诞生。创造良好的第一印象可采用这样一些方式：①暑假里给每位新生写一封热情洋溢的欢迎信；②精心设计教室的布置（包括挑选格言、宣传画等）；③开学第一天便在学生中进行“我心目中的班集体”“我理想的班主任”等问卷调查；④报名那天通过领新教材、搞教室卫生等事情让学生初步体会为集体服务的光荣；⑤开学第一周举行“主问仆答——学生问班主任答”“我的自画像——同学自我介绍”等主题班会，使师生之间、学生之间尽可能迅速地互相了解。应特别指出的是，创造良好的第一印象，是不露痕迹地对学生进行集体主义的启蒙教育。新生们被编到某个班是毫无思想准备的，但在新生进校前教师对班集体的建设却应有相当充分的思想准备。要想使学生尽快对新集体产生感情和责任感，教师就必须在开学之前对未来的班集体产生感情和责任感。

二、建立平等的人际关系

没有和谐的人际关系，要想建立集体主义的班集体几乎是不可能的。而人际关系和谐的基础是平等。班级内部平等的人际关系首先体现在师生关系上。有人总认为，师生关系的不平等是一种客观存在。的确，从教育与被教育、传授知识与接受知识的角度来说，师生的主客体关系是显而易见的。但是我们说的师生平等，主要指的是师生在尊严上不分贵贱，人格上彼此尊重，思想上互相交流。班主任应该把自己置于集体一员的位置上，努力使自己成为与学生人格平等、心灵相通、感情交融的同志和朋友，让学生感到老师是在和他们一起建设美好的集体。学生之间平等的人际关系主要通过教育学生互相尊重来实现。要让学生真正认识到，人与人之间的智力、才能、性格等虽然存在着差别，但每个人的尊严是绝对平等的。同在蓝天下，都是大写的人！教师在提倡集体成员之间平等相处的时候，要特别关注那些所谓的“后进学生”。尽管现在的学校教育大多只是把学生的尊严体现在分数与名次上，但班主任应善于帮助那些“后进学生”，发现并发展他们独特的禀赋与才能，以此唤醒他们内在的尊严感，使他们产生“我有着其他任何人都不可能有的智慧”的自信与自尊，从而形成真正的平等意识。

三、确立集体的奋斗目标

良好的第一印象与平等的人际关系是集体形成的感情基础，但班集体的建设仅仅靠感情是不够的。班主任要善于把学生对集体的感情转化为对集体的责任，使学生具备这样的认识：“我既然热爱我的共同体，我就应该让它越来越好。”确立共同的奋斗目标，有助于学生这种责任感的形成。集体主义教育的实施，首先在于激励学生自觉地实现集体的目标。这个集体目标的确立当然离不开班主任的指导，但绝不能由班主任一手包办。目标的提出应来自学生，让学生感到“这是我们的目标，而不是老师的命令”。教育者要充分相信学生，即使是看起来似乎最缺乏上进心的孩子，其心灵深处也有着“我的班集体，各方面都应该最好”的渴望。五十来个学生这种共同的渴望，足以使他们怀着美好的憧憬，为自己同时也是为自己心爱的集体提出各种奋斗目标。这些集体目标可以是某一方面的（如学习、纪律、劳动、体育），也可以是某一阶段的（如学月、学期、学年）。师生共同为实现某一目标努力时，这个目标是一面旗帜，引导着集体不断前进；当这个目标基本实现时，它是一枚奖章，鼓舞着集体更加完善。从某种意义上说，班集体形成发展的过程，就是实现一个又一个集体目标的历程。

四、开展丰富的集体活动

没有活动便没有集体。一个班集体如果除了上课便是考试，是不会让学生产生感情的。诚然，学校生活的主要内容应该是学习，而且学习过程中也有着集体主义教育的因素。但是，要让学生发自肺腑地热爱班集体，并形成集体主义信念，仅靠学习活动是远远不够的。班主任善于组织（或引导学生自己组织）各种生动有趣、寓教于乐的活动，最能使学生潜移默化地受到集体主义精神的感染。学生在一场足球赛或联欢会中获得的集体主义情感体验，是教师任何美妙而空洞的说教都难以达到的。集体活动，就内容而言，可以涉及德、智、体、美、劳各个方面；就规模而言，可以是学校活动，可以是年级活动，可以是班级活动，也可以是小组活动；就形式而言，可以是学习交流、思辨讨论，可以是游艺娱乐、文艺表演，可以是体育竞争、劳动比赛，可以是社会调查、远足郊游……一次又一次花样翻新、妙趣横生的活动，使班级内始终充满生机并对学生保持着一种魅力。学生的自豪感会油然而生：“我们班真有趣！真有意思！我们的班级有别班所没有的东西！”而且更重要的是，从教育艺术的角度看，在集体活动中培养集体观念，是通过淡化教育痕迹的方法来获得并非淡化的教育效果。这是教育的辩证之所在，也是教育者的明智之所在。

五、组织公平的学习竞赛

抓学生的学习（如端正学习态度、整顿学习纪律等）与集体主义教育是不矛盾的。班级的集体学习，是学生获得集体主义营养的又一渠道。班主任要善于让学生在获得知识的过程中，通过各种形式的学习活动建立起集体主义的关系——互相帮助、互相监督、互相激励。还要让学生从集体主义中取得强大的学习动力，把个人的学习态度、学习成绩与班级荣誉联系在一起。虽然升学率的压力可能会使一些学生产生自私自利、明争暗斗等个人主义品质，但是消除这些不良现象的有效方式之一，恰恰在于通过开展公平的学习竞赛，培养学生的集体主义观念。学习竞赛评比无疑是激励学生学习的有效手段之一，我们应理直气壮地鼓励学生敢于在学习上冒尖。但是，即使是个人之间的学习竞赛，教师也应巧妙地注入集体主义精神的内容：努力创造好成绩，为班集体争光。班级内部学习竞赛的形式通常有：①小组与小组之间的竞赛评比；②不同层次的学习竞赛团体之间的评比；③男女同学之间的学习竞赛评比；④个人之间的学习竞赛评比。教师应提倡并很好地组织班级内部的各种学习竞赛评比，使班级内部形成既你追我赶，又互相帮助的紧张而友好的气氛。这体现了德育与智育的和谐统一。

六、提供大量的创造机会

新时期的教育观要求既给学生传授知识，又培养学生的能力，其中特别强调面向未来培养学生的各种创造能力——组织能力、演说能力、社会活动能力等。学生这些能力的形成固然与智力因素有关，但更多的还是取决于非智力因素——理想、抱负、勇气、毅力、献身精神等。而集体主义情操与各种创造能力的形成更具有密切的联系。这为学生的集体主义教育又开辟了一条途径。集体主义教育与各种能力培养的统一，主要集中体现在学生干部的工作上——学生在进行一系列创造性工作的同时，增强了对集体的责任感，而日益强化的集体责任感又驱使学生干部努力把工作做得更好，更富于主动性和创造性。所谓“提供大量的创造机会”的含义有二：一是尽量让班上每一位学生都有当干部的机会。创造能力培养与集体观念教育的统一绝不仅仅是针对少数学生而言，而应面向全体学生。教师应引导学生在班集体中建立起轮流“执政”的学生干部制度，让所有学生都有机会独领风骚，大展才华。二是努力创造条件让学生干部独立处理班级事务，组织各种活动。班主任应放心地把班级交给学生干部，使他们真正有职有权，而不仅仅是班主任的小助手。因此，学生创造能力的提高，并非只是教师手把手指导的结果，而主要是用集体主义精神的火花去点燃学生本身具有的创造热情；学生集体主义情操的培养，也不应是纯粹的“观念”教育，而是设法使学生在创造性的工作中看到自己在班级中的位置与作用，让学生在成功的喜悦中体会到为集体奉献的幸福。

七、形成健康的集体舆论

集体舆论健康与否，关键在于教师是否善于引导。而这里的“引导”绝非“说教”而是“转化”——巧妙地将教师本人对某一学生、某一事件的褒贬转化为集体舆论对之的褒贬。学生生活在班集体中，我们就应尽量使他们感受到集体对自己的关注与监督，有的教师一方面在语言上对学生强调“个人离不开集体”，另一方面在行动上却很少把自己的教育意识同学生集体舆论融合在一起，这样，学生无论受到表扬还是批评，都似乎只是老师个人对自己的评价，他感受不到集体舆论的存在，产生不了“同学们这样表扬我，我一定争取更大进步”或“我又犯错误了，真对不起集体”的思想感情，这样的学生是很难获得集体主义道德体验的。相反，如果班主任善于创造集体舆论，把自己对某一学生的关心、表扬、批评，转化为班集体对某一学生的关心、表扬、批评，那么，学生会真切地感到集体的存在，感到自己与集体融为一体、不可分割的联系，因为自己的一言一行都影响着集体，同时也受着集体的注视：有了进步，他会赢得全班同学鼓励的掌声；犯了错误，他会感到全班同学谴责的目光。因此，高明的教育者总是把自己的教育意愿以集体舆论的形式表达出来，通过集体去影响每位学生。

八、捕捉偶然的教育机会

集体主义教育当然离不开班主任一系列超前预想和事先准备——悉心地拟定教育计划，精心地构思教育方法，耐心地组织各种教育活动等，但这绝不意味着这一教育过程只是教师的“道德输出”与学生的“道德输入”。少年儿童按其天性来说是具有同集体交往的欲望的，几乎每一个学生的心灵深处都有着朴素的集体荣誉感。面对这样的心灵，教师首先要做的是“发现”而不是“灌输”——教育者在系统地实施自己预定的教育步骤的同时，还应敏锐地发现并细心扶持学生生活中一些平凡小事里所蕴含的集体主义萌芽，我们更要善于从学生的失误中，从班集体的挫折中挖掘其潜在的积极的教育因素。这些平凡小事的发生是偶然的，甚至并不引人注目，但细心的教育者却应该不放过每一次机会。即使是面对班里明显的违纪现象或重大问题，教师也不应只是一味地批评、斥责（虽然适当的批评与斥责也是必要的），而应充满信心地分析思考一下：这些问题中有没有正面的教育因素呢？如果善于挖掘消极事件中的积极因素，说不定会使班集体获得一次“化腐朽为神奇”的转机。需要特别指出的是，善于发现并最大限度地发挥平凡小事或重大挫折中的教育效益，善于变偶然现象为必然教育，仅仅靠教育者的责任心是不够的，更重要的是教育者应具备明察秋毫的教育敏感、情不自禁的教育本能和化险为夷的教育机智。做到了这些，教育者所期待的“最佳教育时机”随处可见，并且常常不期而至。

九、设置班级的公有财物

集体财产与集体观念是联系在一起的。在班级内有意识地设置一部分属于大家的共同财物，交给学生自己管理与使用，这是培养学生集体主义情操的又一种行之有效的形式。由于这些财物是由师生共同创造（以集体劳动、凑集、捐献等方式）、共同管理、共同享用的，因而它既是属于集体每一个成员的，又同时是属于大家的，但谁也无权像支配私人财富一样来支配集体财物。这些公有财物可以是保温桶、小书柜、公用墨水、窗台花盆、班级报纸、互助储金等。就班集体的日常教育而言，班上长期拥有这些集体财物，无疑为班主任提供了大量“随机教育”的可能：每天争取往保温桶里灌开水，当开水不多时先让别人喝；尽可能多地捐出图书，爱惜小书柜里的图书；课间休息时，关心一下讲桌上的公用墨水是不是该换了、窗台上花盆里的花是不是该浇浇水了……这些看起来微不足道的事无一不反映出学生集体主义情操的高下。公有财物不仅有助于学生形成爱护集体财产如同爱护自己眼睛一样的品质，而且把集体利益与个人利益结合在一起，在管理、使用的过程中强化了学生“我是班集体的主人”这一意识。

十、结交校外的友谊班级

社会对学校教育（包括班集体教育）的影响是不言而喻的，但一些教师往往只看到其中的消极影响。其实，抵御这些消极影响的办法之一，恰恰就是教育者主动地利用班集体以外的（包括社会的）一些健康力量来建设班集体。建立“友谊班”是有效方法之一。与校外的一些班集体结为“友谊班”，体现了班级集体主义教育的开放性。所结交的“友谊班”可以是同一年级的，也可以是低年级的或高年级的（包括大学生集体）。“友谊班”这种形式把班集体建设置于更广阔的社会背景之中，学生可以通过与“友谊班”的交往，看到自己所在班级的不足，取彼之长，补己之短，使学生集体意识和班级凝聚力得以增强。同时，学生还可以从与“友谊班”的通信中，在走访“友谊班”的过程中，扩大视野，了解社会，交流学习，培养能力。“友谊班”之间的联系方式主要有三种：一是两个班单个学生之间的书信往来。甲班的每个学生都在乙班找一个学生结成好友，并保持书信联系，互相帮助，互相勉励。二是两个“友谊班”的班委会、团支部保持联系，定期互通情况，交流干部工作、班集体建设、学习情况等信息，交换有关资料等。三是在条件允许的情况下，“友谊班”之间集体互访，开展联谊活动。

十一、强化最后的集体情感

临近毕业，面对巨大的升学压力，一些学生的集体主义意识可能会有所淡漠，这便要求班主任越是在班级快要解散的时候，越应有针对性地进一步增强班级凝聚力。不过，这时的“增强”，主要不是向学生重复宣讲一些大道理，更多的是要强化学生心目中三年来对班集体油然而生的感情与荣誉感。强化的方式是多种多样的：班主任可以重新展示几年来班级获得的各种奖状和反映班级生活的各种照片，以唤起学生对可爱集体的依恋之情；班主任还可引导学生比过去更认真地做课间操、搞清洁卫生，以向全校学生展示“我们班最后的风采”；种下一棵毕业纪念树，把班集体朝气蓬勃的形象永远留在母校；编一本“班级史册”，把班集体温馨美好的生活永远印在心中……当然，这一阶段班级生活的主旋律是复习迎考，班主任更应该引导学生把个人之间的升学竞争变成为心爱集体的荣誉而拼搏，使班内呈现出风雨同舟、互相激励的勃勃生机。毕业前夕这种温暖而紧张的生活，对即将解散的班级来说，是三年集体主义灿烂诗篇的最后叹号；而对每一个学生而言，则是未来集体主义辉煌乐章的嘹亮序曲：他要把对班级的由衷热爱变为对社会的神圣责任，把留恋母校的真诚感情变为报效祖国的忠贞信念——这，正是班级集体主义教育的最终目的。

走进心灵，从第一天开始

某年开学报名的第一天，我正准备结束我的讲话，让学生们回寝室休息，突然有人来通知我们去领教材。于是我便问："哪些男同学愿意去领教材？"好几位男生把手举了起来，我注意到，举手的人中有李应生。

我对大家说："你看，我们便因这几位男生的存在而感到了幸福！"

过了一会儿，李应生上来说："李老师，得你下去签字呢！"于是我便和他走了下去。路上，我说："我们以后可能会吵架呢！比如，我认为你做错了我会批评你，你可能会和我顶撞；你认为我做错了可能也会批评我，我说不定也会反驳你。不过我认为，吵架是正常的，思想碰撞嘛！只是我希望我们以后服从真理，谁说的正确就听谁的。"李应生拍了拍我的肩膀说："好好！"

签完字，我也抱了一摞书，李应生和我争抢，说："李老师，还是我来吧！"我说："我也行呀！你以为我老了？"

我发现搬运的人太少了，便叫所有男生都去搬书。一趟又一趟，我班所有的男生挥汗如雨地把书和本子搬来放在教室里。最后一趟是李应生，当他进来时，浑身上下几乎都被汗水浸透了，我对班上所有同学说："让我们向李应生同学和全体男生表达我们的敬意！"

全班鼓掌……

女同学要求发书和本子，于是每一位女同学都走上讲台，一人发一种，很快书和本子便发到了每一个同学的桌子上。

我对同学们说："今天晚上，我们男生和女生进行了一次互相服务的愉快合作。希望今后我们班每一位同学都能有互助精神，让我们班充满兄弟姐妹般的温暖。"

最后我说："明天上午 8 点半开始是学校统一的新生入学教育，地点在音乐厅。按规定每班必须在 8 点钟到教室集中，由班主任讲纪律要求。但是我们能不能创造一个奇迹——不到教室集中，直接到音乐厅坐好呢？"

同学们都说："好！"

于是我便说："那这样，明天同学们准时于 8 点 25 分在教学楼前列队集合，但在 8 点 24 分之前，我不会来，王晓丹老师也不来，由你们自己整队，男生女生各两列。我在 8 点 25 分准时到，我希望看到你们整齐的队列。班主任不在场，你们也能自觉排好队，你们能不能创造一个奇迹呢？"

学生都说能，我说我也相信能，因为"我们和他们不一样"！

晚自习后，我和王晓丹老师一起去看男生寝室。路上，王老师说她今天跟了一天，受到了震撼。她说原以为班主任第一天上班无非是收费呀，编座位呀，发教材呀，强调纪律呀，等等，没想到还可以进行这么多的自然而然的教育！我说，班主任工作最重要的不是管理，而是走进心灵，而且必须从第一天开始，从细节开始！

多出了一本《故事会》

一本《故事会》的丢失，竟震动了全班同学的心！

同学们都不相信，他们不愿相信，这事会发生在我们班。放学了，大家都不愿走："再清理一遍！""仔细些！"他们自信而又担心地催促图书管理员王红川同学再将小书柜清理一遍。

是啊，怎么会丢失呢？我也不相信。上学期开学，由 50 多个同学组成了一个崭新的班级——初 84 级 1 班，新当选的学习委员王红川建议在教室里放一个小书柜，号召同学们捐献书籍，同学们立即响应。第二天，韩军同学从家里搬来了一个小木箱算是书柜，不少同学纷纷捐献了《外国童话选》《少年文艺》《十万个为什么》等近 200 本书。

但是，怎么管理这些书呢？我建议学生们凭借条借阅。可大家不同意："李老师，让我们自由取看吧——想看时自己拿，看完后放回书柜。这多方便啊！"

"可是，万一书丢了怎么办？"我担心地问。

"不会的！不会的！"学生们纷纷说。

"哼，李老师一点都不相信我们！"个子矮矮的陈建同学满脸不高兴地说，一副委屈相。

"是啊，李老师，您就相信我们吧！"学生们这么恳切，我终于同意了。不过，我还是指定王红川每天放学前负责清数书柜里的书。

一天，两天，一周，两周，甚至一学期过去了，书一本不少，反而多了起来——因为同学们还在不停地捐书。

我抓住学生们良好的道德风貌，不断表扬鼓励他们："李老师以前真没想到我们初一（1）班的同学这么纯洁。希望大家保持这颗童心，永远不要为班级抹黑！"

外班的同学老师知道后，也赞叹道："初一（1）班真是一个诚实的集体！"而且渐渐地，外班一些同学也在利用午休时间来我班看书。

可是，今天……

教室里一片沉寂，大家都在看着王红川仔细地清理图书，希望刚才是他数错了。

终于，王红川摇了摇头："还是没有。是少了一本《故事会》……"他声音很低，仿佛对不起大家。

和学生们一样，我心里早已凉了半截，但还是平静地对大家说：“每个同学都仔细清清自己的书包和抽屉。”

教室里一阵骚动。几分钟后，那本《故事会》仍然没有找到。

有人开始小声埋怨了：“烦死人了！谁拿了快拿出来吧！”

我尽量耐心地对大家说：“同学们知道，我们班一直是个诚实的集体。可今天，一本《故事会》的丢失，可能会让它染上污点。外班同学知道了会怎么说呢？还有谁愿意捐书呢？我希望这位同学能够勇敢地退还这本书，同学们会原谅你的。”

学生们你看我，我看你，却没有一个人承认。

“唉，还让我相信你们！”我忍不住叹息起来。

教室里静默得让人难以忍受，每个人的心里都很难过。

“李老师！”突然，有一个小小的声音从前排传来，是陈建的声音，“《故事会》……是我……拿了。”最后一个字几乎让人听不到。

“啊！”学生们不禁惊叫起来。是的，连我也不太相信，因为他虽调皮，但一向关心班集体。

“你怎么会拿呢？”我诧异地问道。

“我……中午拿回家去看，忘了带来。”他红着脸，眼睛不敢正视我，低下了头。

学生们嗡嗡议论起来，我却立即表扬了他：“很好，陈建能主动承认错误，就没有给集体抹黑。他的诚实还是值得大家学习的！”

第二天，陈建果然从家里拿来了一本《故事会》，交给王红川。

几天后的一个下午，初一（2）班的一位女同学给我一本书：“李老师，这是您班的《故事会》。”

“我班的？”怎么会多出一本《故事会》呢？

“是您班的。那天中午，我到您班教室借来看的，可忘了还。今天清书包才发现。真对不起。”她说。

我猛然间明白了什么，立即找来陈建：“那天你带来的《故事会》究竟是谁的？”

“班上的啊！”他还在撒谎。

当我拿出刚找到的《故事会》时，他什么也不说了。

“你为什么要这样做呢？”激动的我想要脱口而问，可终于没问。

答案很清楚：他撒谎“欺骗”了老师和同学，恰恰是因为他有一颗非常纯正的心！

从“西装上的尊严与风流”到“最后的风采”

1988 年 9 月，我接手任高 88 级 1 班的班主任，这是一个文科班。由于班上大多数学生是因学习困难才分到文科班的，再加上“文班就是瘟班”的舆论偏见，所以，刚开学的时候，班上笼罩着浓厚的集体自卑感。

不久，恰逢举行校运会。论实力，我班是不可能取得好成绩的。但是，我决意要让我班在这次运动会中令全校瞩目，使学生们在全校师生惊羡的目光中获得集体自豪感。

于是，我和学生们紧张地准备着开幕式上的队列表演和韵律操表演。在那一段日子里，我和学生放学后，一遍又一遍地走着队列式，一遍又一遍地排练着韵律操，一遍又一遍地练习着呼号，学生们甚至不止一次在星期天冒雨训练……没参加表演的同学也到训练场地为健儿们鼓劲助威。

最后，大家都觉得我们的排练已经达到可以与其他班一决高下的水平了，可是，有同学提出，我们的服装还不太满意，虽然统一了样式，但一般化了，远远不足以让全校震惊。大家便决定重新考虑服装问题。赵伟、罗校宇、刘驰等同学费尽九牛二虎之力，硬是从乐山师专音乐系借来了几十套漂亮的演出服装。

运动会开幕那天，我班果然令全校惊叹，出场式精神抖擞、步伐整齐，韵律操动作协调、潇洒优美。尤其是运动员们那潇洒漂亮的西装，果真让全校师生对我们班刮目相看。事后，王英浩同学以《西装上的尊严与风流》为题在校报上撰文写道：

“高二文班出场了！人群顿时沸腾起来：惊叹、羡慕，甚至嫉妒……不管怎么说，高二文班这次确实出尽了‘风头’。瞧，笔挺的西装，潇洒的套裙，整齐的步伐，高昂的士气，令全校师生震惊。可是，有谁知道，为了这短暂的辉煌，我们全班同学花了多少精力？我们李老师操了多少心？为了这漂亮的服装，几位同学又奔波了多少次？……俗话说：‘功夫不负有心人。’苦尽甘来，老师、同学们的辛苦终于换来了班集体的宝贵荣誉。瞧，笔直的队伍中，挺拔的肩膀在阳光下画出醒目的直线，好似威严的长城。西装上洋溢着同学们的尊严和自信，洋溢着高二文班的风流和自豪！”

就这么一次出场式，集体荣誉感就在学生心中被唤醒了。

从此，“西装上的尊严和风流”就成了我班集体荣誉感的代名词。随后不久在学校“一二·九”歌咏比赛中，我班继续展示了我们的“尊严与风流”，一举夺得冠军，并且代表学校参加市里比赛获得了一等奖。

这下，学生们的集体自豪感大大增强，他们对班级的感情更是大大增强。

两个月以后，我们迎来了乐山市一年一度的春节环城赛跑。本来，学校并未要求各班参加，但这次学生们却向我主动提出参加环城跑。我开始还有些犹豫：“以你们的实力，显然不可能获得任何名次。”但他们说：“重在参与，展示我班的精神风貌！”于是，在那年的乐山市春节环城赛跑的队伍洪流中出现了一支中学生班级队伍，成为市民眼中一道独特的风景线。

虽然从比赛结果来看，我班夺得的名次的确很靠后，但所有的学生都坚持跑完全程。集体参加环城赛跑的意义，不仅仅在于锻炼身体和磨炼意志，而首先在于学生集体主义情感体验的获得。正如不少学生说的:“一想到全市只有我们班是集体参加长跑，心里真是自豪极了！”

到了最后一学年的高三，我班再一次也是最后一次参加学校运动会，结果经过全班同学齐心协力奋力拼搏，居然获得了团体总分冠军！请读者通过当年班上一位普通学生王赟的一篇作文，一睹我班当年“最后的风采”——

这是我们在母校度过的最后一个金秋。更难得的，这是我们在母校的运动场上最后一次展示风采了。

当《运动员进行曲》嘹亮地响彻操场时，我们高三文科班全体同学以整齐的方队出现在全校师生面前，主席台上响起了这样的解说词:“在去年校运会上，高二文科班以整齐的西装和漂亮的套裙令全校师生瞩目。一年过去了，今天，他们虽然没有了西装，但雄风仍在；她们虽然没有了套裙，但潇洒犹存。看，他们步伐矫健，精神抖擞，英姿勃勃，正向全校师生展示高88级1班的风采！”我们不由增添了几分自豪:这就是我们的班集体！

接力赛跑，牵动着全体师生的心。激动人心的时刻终于来到了:所有的运动员都拼尽全力，我班与别班的距离在一点点拉大……助威的嗓子喊哑了，挥动的手臂甩酸了，但脸上的欣喜却在一点点加深。在一阵欢呼声中，我班健儿最先冲到终点——胜利属于我们:“第一名！”

“文班的同学就是不一样！”有老师这样感叹。真是呢，我班的樊艳、林玲正是这可爱一群中的代表。她们看上去娇小文弱，但在比赛场上却毫不含糊。樊艳身轻如燕，轻松地超过对手，获得百米赛跑的亚军；林玲巧如百灵，翩然跃过横杆，为我班增添异彩。只要你留心，在运动场上都能看到我班健将们奋力拼搏的身影。

在运动场上活跃的，除了我班运动员，还有我们的啦啦队呢。在李老师“歇斯底里”的带动下，我们不但声音洪亮，而且“盛气凌人”，震撼全场。赵伟跑1500米时，每跑过一圈，我班的啦啦队都大声呐喊:“赵伟，加油！”于是，赵伟的脚步越来越快，越来越轻，跟在他后面的其他运动员则越来越远，最后他夺得了第一名！下来后，他感慨地说："当我一听到呐喊声和欢呼声，我就轻松多了！"旁边其他班的一个同学对赵伟说："你们班的啦啦队太吓人了！不然，你也得不了第一名！"的确，这就是我班的团结之处，也是我班的可爱之处。

运动会结束时，我们夺得团体总分第一名的好成绩，我们都欢呼起来。是呀，想当初，文科班刚建立时，不少同学都觉得低人一等；而现在，我们都为生活在这样一个班级而感到温暖，也为我们能在运动会上为母校留下这"最后的风采"而自豪！

手记三

『在民主生活中学民主』

越来越多的教育者呼唤培养学生的自我教育能力，因为从某种意义上说，管理只是手段，教育才是目的，而“真正的教育是自我教育”，离开了学生的自我教育，真正的班集体是很难形成的。

班级管理应由“人治”变为“法治”

1999年3月26日至4月10日，我到华东出差。整整半个月，班风良好，秩序井然。学生在我不在的情况下自己管理自己，班级各项工作和活动照常开展——其间，我班还参加了学校的广播操比赛，获初中部第一名，学校二等奖。

其实，这样的情况，在我和我班学生看来是再平常不过了。我每次出差或外出开会，哪一次不是这样的？因此，一些老师夸我班的学生“乖”，我说：“这一切都是制度决定的。”

所谓“制度”，就是我班的班规。

本来，由于种种或偶然或必然的原因，当初分班时，我班的调皮学生的人数是全年级之冠；但是现在，无论是自习还是午休，无论是做卫生还是做课间操，无论是升旗仪式还是校外活动，这些调皮学生基本上都能遵规守纪，与集体意志保持协调。所以现在这个班的日常工作基本上不需我操心，一切都交给“制度”。

我朋友常常说我这个班主任当得“很潇洒”。应该说，如果仅就管理而言，我的班主任工作目前是比较轻松的。甚至可以这样说，有了“制度”，我这个班主任似乎都是多余的了。

不然，我现在除了备课、上课，还要找学生谈心，而社会工作又这么多，常常出差、开会，还有不少阅读和写作任务。如果不是“制度”，我纵有三头六臂，也是无法承受这些“重负”的。

很多同行说我有办法，其实我的办法就是四个字——民主治班。

但是，十几年前，我却不是如此“潇洒”。同现在相当一部分班主任一样，从早到晚，我几乎将班级所有大小事务包揽无余：从抓早读迟到者到观察每一个学生是否都戴了校徽，从与学生一起搞大扫除到陪着学生上每一节自习课，从收电影票费到拎着缺一条腿的课桌四处找木工师傅……什么事情都“亲自抓”，自己当然很累，但内心深处也不无自豪：苦虽苦，但我班的班风总算是一流的，我也总算对得起自己的学生啊！——的确，无论是“未来班”还是后来的班级，都获得了包括“市级优秀班集体”称号在内的各种荣誉。

但有时学生却不理解我。我记得，1985年，我班上一个叫彭艳阳的女生曾对我说：“我们班好是好，可这一切都是您一个人在支撑着啊！”

正是来自学生的批评，使不堪重负的我开始反思我的班级管理模式。通过学习和思考，我逐渐认识到，我过去的班级管理模式实际上是“人治”。而且不只是我，长期以来，中学的班级管理模式也基本上都是这种靠班主任“一元化领导”的“人治”。这种管理方式不仅落后低效，而且往往产生一些教育负效应——

因为“人治”，教师很累：上自贯彻落实各级领导的教育意图，下到布置督促检查每天的清洁扫除，班主任事务繁多，巨细无漏，可谓“事必躬亲”“呕心沥血”。

因为“人治”，学生很苦：一切听命于班主任，创造精神受到束缚，主人意识受到制约，自觉性越来越弱，而依赖性却越来越强。

因为“人治”，教育不可避免地表现出较大的随意性：对学生的批评、表扬往往因教师当时的情绪或对学生潜在的主观印象而表现出程度的差异或方式的不同，这也使教育者的威信在学生心目中降低。

因为“人治”，班级成了班主任的影子：班风的好坏主要取决于班主任个人素质的高低，而教育者所期望的学生的参与精神、主体意识、民主观念等渐渐淡化以至泯灭。

因为“人治”，师生关系成了“君臣关系”：教师和学生之间只是绝对的教育与被教育、管理与被管理，教育出现了失误也难以及时纠正。这样，我们多年来提倡的师生平等互助的新型关系成为一句空话。

于是，从1987年9月开始，我尝试着一种崭新的班级民主管理模式："法治"管理。

必须声明的是，这里的"人治""法治"只是为了便于说明两种不同的班级管理思想而采取的一种类比说法，而非真正意义上的"人治""法治"，因为对于一个班级来说，无所谓"立法"，而且班级与国家毕竟也是不可同日而语的。

我之所以提出班级"法治"，最初是受陶行知"学生自治"思想的启发。

在读《陶行知教育文集》时，我对他的写于1919年五四时期的《学生自治问题之研究》一文特别感兴趣。他写道："这篇所讨论的学生自治，有三个要点：第一，学生指全校的同学，有团体的意思；第二，自治指自己管理自己，有自己立法执法司法的意思；第三，学生自治与别的自治稍有不同，因为学生还在求学时代，就有一种练习自治的意思。把这三点结合起来，我们就可以下一个定义：'学生自治是学生团结起来，大家学习自己管理自己的手续。'"陶行知还具体谈到学生自治的四点好处："第一，学生自治可为修身伦理的实验。……在自治上，他们可以养成几种主要习惯：一是对于公共幸福，可以养成主动的兴味；二是对于公共事业，可以养成担负的能力；三是对于公共是非，可以养成明了的判断。……第二，学生自治能适应学生之需要。我们办学的人所定的规则，所办的事体，不免有与学生隔膜的。有的时候，我们为学生做的事体越多，越是害学生。因为为人，随便怎样精细周到，总不如人之自为。……这就是说，有的时候学生自己共同所立的法，比学校所立的更加近情，更加易行，而这种法律的力量，也更加深入人心。大凡专制国家的人民，平日不晓得法律是什么，只到了犯法之后，才明白有所谓法律。那么，法律的力量，大都发现于犯法之后，这是很有限的。至于自己共同所立之法就不然，从始到终，心目中都有它在；平日一举一动，都为大家自立的法律所影响。所以自己所立之法的力量，大于他人所立的法；大家共同所立之法的力量，大于一人独断的法。第三，学生自治能辅助风纪之进步。……按着旧的方法，学生有过失，都责成少数教职员监察纠正。其弊端有两种：第一种是少数教职员在的时候，就规规矩矩，不在的时候，就肆行无忌；第二种是学生们以为既有教职员负责，我们何必多事，纵然看见同学为非，也只好严守中立。……我们要想大家守法，就须使各人的行为，对于大家负责。换句话说，就是要共同自治。第四，学生自治能促进学生经验之发展。……我们德育上的发展，全靠遇了困难问题的时候，有自己解决的机会。所以遇了一个问题，自己能够想法解决它，就长进了一层判断的经验。问题自决得越多，则经验越丰富。若是别人代我解决问题，纵然暂时结束，经验却也被旁人拿去了。所以在保育主义之下，只能产生缺乏经验的学生；若想经验丰富，必须自负解决问题的责任。”

我这里之所以大段大段地引用陶行知的原话，一方面固然是因为他对“学生自治”的论述实在是太精辟太精彩，另一方面也因为他的这些观点至今有着强烈的现实意义——时至今日，还有个别人对我所提出的“班级管理要变‘人治’为‘法治’”提出非学术性因而也就并非善意的“质疑”（注意：同志式的探讨、争鸣当然不在此列），甚至扣上一些吓人的大帽子，我想，这些“理论家”其实是找错了靶子。因为班级民主管理并不是我的发明，其思想源泉是陶行知先生的“学生自治”理论。

当然，我们不能脱离时代简单地套用陶行知先生的观点，而应结合我们今天的教育实际予以创造性地运用。正是在这样的思考下，我提出了以“法”治班的思想。我是这样想的——

传统教育学在班级管理中更多强调班主任的个人权威，其合理性至今不可否认，任何一个集体都离不开一定的权威，而教师在班集体中的主导作用更是必不可少的；近年来，越来越多的教育者呼唤培养学生的自我教育能力，这也颇有见地，因为从某种意义上说，管理只是手段，教育才是目的，而“真正的教育是自我教育”（苏霍姆林斯基语），离开了学生的自我教育，真正的班集体是很难形成的。由此可见，对于一个优秀的班集体来说，教师的个人权威与学生的自我教育都是不可缺少的。二者不应该互相分离，而必须有机融合于一个统一体，这个统一体便是班规。教师的个人权威，通过班规便不再仅仅是教师的气质、才华等个性对学生的吸引，而已转化成集体的意志；学生的自我教育，通过班规也不再仅仅是学生要求上进的自觉性，而已转化成参与班级管理的义务和权利。这样通过一定的“制度”（班规），班集体所有成员都成了管理者，又都同时是被管理者，班级管理便由“人治”走向了“法治”。

而且，班级“法治”管理的意义绝不仅仅是治理班级本身，从我们长远的教育目的来看，它是让学生通过这种形式受到真正的民主启蒙教育。正如陶行知在《创造的儿童教育》中所说：“在民主生活中学民主。专制生活中可以培养奴才和奴隶，但不能培养人民做主人。民主生活并非乱杂得没有纪律。民主要有自觉的纪律，人民只可以在民主的自觉纪律中学习做主人翁。”

我的“法治”管理，正是让学生“在民主生活中学民主”。

班规是如何制定的

下面，我以之前所带班级制定班规的过程，来说明一下具体做法。

上午最后一节是班会课。昨天我就和学生们说过，这堂班会课的内容是制定班规，于是有的学生以为今天要制定出班规。

说实话，弄个班规是很容易的，但如果这个班规不是来自学生而仅仅是来自教师，这样的班规是不会真正起到应有的作用的；而且我还认为，制定班规的过程应该成为民主启蒙的过程。因此，一上课我便说：“昨天我说了，我们班一直缺个东西，就是班规。今天我们就来讨论一下这个问题。我有三个问题要问大家，请大家一定要实话实说。第一个问题：同学们是不是真的想我们班以后成为一个优秀的班集体？”

我话音未落，同学们已经纷纷点头并说：“当然真的想！”

这在我意料之中，谁不愿意生活在一个美好的班集体中呢？

但这个问题一定要问，因为这是让学生们明确我们共同的目标：建设优秀的班集体！

这个问题潜藏着一个答案：制定班规正是实现这一理想的必经之路。

但我没有一步到位地说出来，而是一步一步地引导着学生：“好！我也和你们一样，希望我们班成为优秀的班集体。但是，我们在建设班集体的过程中，肯定会遇到许多困难，包括我们会犯各种各样的错误，这些都妨碍着我们实现自己的目标，怎么办呢？所以李老师想问的第二个问题是：你们是不是真的觉得应该制定班规？这个问题不要急于回答，一定要想想再回答，不要揣摩李老师的意愿，为了让李老师高兴而说违心的话。”

同学们真的想了想，然后纷纷说：“应该制定！”

我说：“究竟有多少人同意呢？这样吧，凡是觉得有制定班规的必要性的同学，请把手举起来。”

一只只手举了起来，我一看，显然是绝大多数。

我又说：“有没有不同意的，也请把手举起来。反对的同学不要有什么顾虑，我最愿意看到同学们能够勇敢地真实地表达自己的意愿。”

张颢君同学和魏岷江同学把手举了起来。

“好！不同意就不违心地同意。我非常赞赏你们的独立精神。”我表扬了张颢君和魏岷江，“不过，你们能够说说你们为什么不同意制定班规吗？”

张颢君说：“制定班规会让我们受到束缚，不自由，这会影响我们班的和谐气氛。”

魏岷江说：“我觉得没有必要制定班规，同学们犯了错误，老师教育就可以了。而且班规是对大家的不信任。我以前看到过一个故事，说一个校长坚持在学校不安装铁门而安装玻璃门，因为他信任学生们不会把门撞破，结果几年后玻璃门一点都没有破。所以我觉得应该相信我们同学！”

我问：“刚才举手同意制定班规的同学中，有没有听了这两位同学的观点认为他们说得有道理而改变了主意，觉得还是不制定班规的好？”

有四个同学举起了手。

我又问：“同意制定班规的同学，你们怎么看待张颢君和魏岷江的意见呢？”

这时许多同学纷纷发言——

唐朵：“肯定应该有班规，不然一个班没有规矩怎么行？魏岷江说的那个玻璃门的故事不能说明问题，如果玻璃门被撞坏了，还是得赔偿，这不就是一种规矩一种惩罚吗？”

张自强：“不能说制定班规就不自由，班规是对不守纪律的同学的制约。”

何思婷：“当然应该制定班规。一个集体必须要有统一的行为规范，不然会乱套。”

文海：“班规不是束缚我们，而是引导我们怎样做才最好。国有国法，家有家规嘛！”

当文海说到“家有家规”时，我插了一句：“你把我们班比作家，非常好。但我要问：这个家谁是家长？”

学生们齐声说：“李老师！”也有学生补充：“还有王老师！”

我笑了，但斩钉截铁地说：“大错特错！”

学生们一愣，我接着说：“我们班集体的每一个成员都是平等的，包括李老师和王老师都是这个集体中平等的一员。我和你们不是父子关系，而是朋友关系。我们一起建设班集体，共同追求我们的理想。在中国传统的观念里，家长是一家之主，他的话是至高无上的，如果我是家长，那这个班的一切都由我说了算，我岂不成了皇帝！对了，在封建社会里，皇帝把整个天下都当成他的家，所谓‘家天下’嘛！

他成了这个家的家长，因此专制便是很自然的了。而在我们班，不允许有‘皇帝’存在！”

稍停顿了一下，我接着说：“你们说我是家长，这里面隐藏着一个观念，认为这个班都靠李老师了。不，我要说，总统是靠不住的，李老师也靠不住。同学们千万不要把这个班的兴衰都寄托在一个人的身上，无论这个人是李老师还是王老师。我们要把希望寄托于制度，也就是我们即将制定的班规。如果一定要说这个班有家长的话，那么这个家长应该是体现我们集体意志的制度，就是班规。我们不服从于任何人，只服从班规；班规制约着每一个人，包括李老师！”

学生们显然很惊讶于我的观点，没有一个人说话，教室里很安静。但从他们认真聆听的神态中，我知道至少绝大多数学生理解了我的观点。

我又对张颢君和魏岷江说：“制定班规就是不信任同学们吗？我认为不是。尊重和信任同学们，和严格要求同学们是不矛盾的。这里的严格要求，就包括合理的规章制度。要知道，人的天性里有懒惰的因子，有自我放纵的潜意识，因此，需要外在的约束，这个约束就包括制度的约束。我多次和同学们说过‘战胜自己’，还说过‘真正的教育是自我教育’，这和我们今天所说的外在的约束是不矛盾的。既有自我教育，又有外在约束，他律和自律的统一，这才是完整的教育。或者说，通过他律最后达到自律，也就是自我教育自我约束的最高境界。其实，我们的班规也是同学们自我教育和自我约束的一种形式，因为班规是大家制定的。教育，还包括行为的养成，而这‘养成’就包含了行为的训练，该做什么不该做什么，都要有规矩。其实，好的制度应该是让遵守制度的人感觉不到制度的存在，而同时又使不守规矩的人处处感到制度的约束。比如，李老师就感觉不到刑法的存在，我一点不觉得受到了约束。但是我却处处感到交通法规的制约，因为我现在开车上班，最初几天，为了赶在你们出操之前到学校和大家一起跑步，我偶尔想闯红灯，每当这时，我就想着如果闯了红灯我要被扣分还要被罚款，所以就不敢闯红灯了。无论我们多么信任人，要知道，从理论上说，人人都会犯错误的，那么，根据这一点，我们制定出规章制度就是为了防止大家犯错误或使大家少犯错误。中国 13 亿人，犯罪分子只占极少数，但为了这极少数人，我们不得不制定出面对全体中国人的法律。这能说是对所有中国人的不信任吗？因此，我认为，制度是必需的，班规也是必需的。”

说了这些，我问张颢君：“听了刚才同学们的发言和李老师的话，你想通了为什么要制定班规吗？你原来的想法有没有改变？”

张颢君说：“快了！”

同学们善意地笑了。

我又问魏岷江：“你呢？同学们和李老师把你说服没有？”

魏岷江说：“没有，我还是不同意制定班规。”

我说：“不要紧，没有被说服就保留你的看法。”我转身问大家：“但是，这个班规还制定不制定呢？”

同学们都说：“要制定，要制定！”

我说：“我们只能少数服从多数，制定！”但我同时补充了一句：“我们也尊重魏岷江同学的意见。”我特别大声强调：“民主教育有两个原则：行动上，少数服从多数；精神上，多数也要尊重少数。”

我看绝大多数同学都同意制定班规了，便提出了第三个问题：“李老师的第三个问题是，这个班规由谁制定？”

这次学生们的回答让我很满意：“由我们自己制定！”

“非常好！”我赞叹道，“班规是应该由同学们制定，而且是每一个人都参与制定，注意是‘每一个人’，而不仅仅是班干部！李老师当然也要参与制定，但我主要是和大家讨论班规制定的原则。”

我继续引导大家：“我们的班规制定应该遵循怎样的原则呢？”

学生们面面相觑，显然没有想过这个问题。我只好说：“我先谈谈我的想法，供同学们参考。我想，班规制定是不是应该遵循这样三个原则，第一，广泛性。”

学生们对我的说法好像不太理解，眼睛里充满了疑惑。我展开解释说：“就是说，这个班规应该尽可能穷尽我们同学和李老师今后可能发生的任何违纪现象。打个比方，如果刑法里没有规定不能盗窃，那我盗窃就不算犯法；如果没有规定不可以杀人，那我天天杀人都是可以的！”

学生们笑了，同时说：“不可能！”

我说：“是呀，之所以不可能，是因为法律规定，杀人要偿命呀！同样的道理，如果我们的班规没有对迟到做出限制，那么，同学们天天迟到，李老师也不能批评你，因为你并没有违反班规呀。我们是‘依法治班’嘛！当然，这里的‘法’并不是真正意义上的‘法’，一个班是没有立法权的。我这里只是从精神实质上打个比方。我要说的是，今后我们的班规就相当于我们班的法律，而法律在制定的时候应该尽量不要有漏洞。”

学生们点头表示同意。

我接着说：“第二个原则是可行性。就是说我们的班规制定出来后，要能够落实而不能是一纸空文。要做到可行性，我想是不是有这些要求，首先是班规的条文应该是对行为的约束，而不是思想道德的提倡。也就是说，班规只管行为，也只有行为我们才能约束。比如，我们不能这样制定，‘勤奋学习’，这不够具体，不可监督，如果写成‘课堂认真听讲，按时完成作业’之类，就具备可行性了。另外，班规的可行性还体现在所做出的规定要有弹性，不能太绝对，如果没有一点弹性，最后是很难实行的。举个例子，我们可以规定按时交作业，但总有一些时候因为特殊原因——生病呀，或者忘记带作业本呀，有同学可能不能按时交，那么，我们可以这样制定：‘每学期缺作业或不按时交作业不得超过一次。’也可以规定不超过两次，但同时要写明‘缺作业必须要向老师做出说明’，这样富有弹性并不是降低要求或迁就不交作业的同学，而是让班规更加符合实际，从而真正能够实施。”

学生们纷纷点头，觉得我说得有道理。

我继续说：“但这样还不能算有可行性，因为有一点没有做出规定：

违反班规了怎么办？也就是说需不需要惩罚？”

学生们齐声说：“需要！”

我紧接着问：“怎样惩罚？”

有同学说：“罚做清洁！”有同学说：“罚抄作业！”有同学说：“罚款！”

我说：“劳动是光荣的，怎么成了惩罚呢？罚抄作业我也不同意，学习应该是愉快的。至于罚款我更反对，又不是你们的钱，是家长的钱，怎么你犯了错误居然要罚家长的款呢？”

学生们没辙了，他们望着我，似乎在问：“那您说怎么办？”

我说：“和同学们一样，我也主张应该有惩罚，没有惩罚的教育是不完整的教育。但我要说的是，惩罚不等于体罚。我想，我们的惩罚措施能不能既有精神的，也有行动的。前者比如如果谁犯了错误，就让他给大家表演一个节目，给大家带来一些愉快，以表达他的歉意；后者比如如果谁做清洁卫生不认真，可以规定他必须做重新做。你没有做好，让你重做一遍，这是理所应当的呀！前几天我看有的小组做卫生就不太认真，但没有叫他们重做，因为还没有班规嘛。现在我们就要做出这样的规定。这就是我理解的惩罚。”

学生们纷纷说：“可以。”“应该这样。”

我继续引导：“但是这样还不具备彻底的可行性，因为由谁来监督执行没有明确。我们国家的法律，专门由司法部门执行。但班规的每一条由谁执行？”

学生们说：“班干部！”这次大家没有说“由李老师执行”，我觉得是他们观念上的一个进步，但我对他们说“班干部”也不满意，我说：“班干部当然应该起到执行班规的作用，但请问，比如一个同学做清洁不认真，按班规应该重做，这一条由生活委员杨海峰——呵呵，我随便假设的一个例子呀——执行，但完全有可能，这个不认真做清洁的同学在当天晚上便请杨海峰吃了一顿火锅。（学生们爆笑）你们别笑，制度必须把一切可能出现的情况考虑到。于是，杨海峰便不再要求那个同学重做清洁了。怎么办？”

学生们不笑了，他们一下子被我这个问题难住了。

我说：“因此，班规上除了规定哪一条由哪一个同学执行之外，还得写上由谁监督。”

学生们马上便问我：“那监督的同学不负责任怎么办？”

我说：“我们定期——比如一周或一个月或半学期举行民主评议，评议每一条班规的执行情况，特别是评议执行者和监督者的表现。我们的制度要把每一个人——包括李老师——都置于监督之中！”

“这就是我说的可行性。这一条非常重要！其实，你们原来小学或初中一定也有过班规的，但不少班规都只不过是贴在墙上的装饰，为什么？因为缺乏可行性。我们还有校规，国家还有《中学生日常行为规范》，但恕我直言，这些都还不具备彻底的、严格意义上的可行性，因此我们必须考虑班规的可行性。当然，特别要说明的是，具有可行性的班规也是对《中学生日常行为规范》和校规的补充，或者具体化。”

我开始和学生说最后一条原则：“我们制定班规，除了尽量做到广泛性和可行性，还有第三条原则：制约性，即同学之间和师生之间的互相制约。也就是说，这个班规不应只是班干部和老师拿来管同学的，而应该是约束每一个人的！我特别要强调的是，这个班规必须有对班主任的制约。”

学生们又一次没有想到我会这样说。我耐心地解释道：“对于一个国家来说，任何公民包括总统都必须守法，这是常识。对于一个班集体来说，任何一个成员包括老师都必须遵守共同制定的班规，这也应该是常识。因为李老师也会犯错误，如果你们不通过班规制约我，我会肆无忌惮地犯许多错误呢！比如，过去李老师做班主任是从不拖堂的，从来都按时下课。但开学以来，我已经拖堂好几次了，为什么？我们还没有班规嘛！同学们还没有从制度上对我提出规定嘛！因此我拖堂也不算违规。但如果以后班规做出了不许拖堂的规定，我就不会，不！是‘不敢’拖堂！再说了，班规对老师的制约并不是为难老师，而是帮老师改进工作。我问你们：你们觉得李老师脾气好不好？”

大家都说："好！"

"可是，你们知道吗？李老师以前的脾气可暴躁啦。"我说，"但现在为什么变得越来越温柔，越来越有耐心了呢？这就是我以前的学生对我的帮助。怎么帮助的？通过班规对李老师做出规定，如果对同学们发了火必须接受惩罚。这样一来，我的脾气便慢慢变好了，我的教育也慢慢走向成功了。你们看，班规对老师的制约多么重要！"

最后我说："关于制定班规的原则，我就说这么多，同学们不同意也不要紧，你们也可以谈谈你们的想法。"

学生们说："我们同意李老师说的几条原则。"

我说："那好！那我今天的最后一个问题是：这个班规谁来制定？"

"我们制定！"学生们大声说。

"对的，是你们！但是，"我说，"所谓'你们'应该是指你们每一个人，而不仅仅是班干部！这几天同学们可以根据这三个原则思考思考班规内容，下周四开始军训，你们军训期间可以继续思考或者打草稿，军训结束紧接着是国庆七天长假，你们就开始制定班规。国庆后回到学校，请每一个同学交一份班规！"

同学们很惊讶，认为制定班规怎么需要花这么长的时间。

我说："制定班规是一件非常严肃的事。如果老师匆匆抛出一份班规让大家照着做，效率是很高，但这样的班规多半不能兑现。我们还是多花一些时间的好。过了国庆，我们请班干部将每一个同学制定的班规进行整理综合，提出一份草案，大家再来修改。最后，我们将以无记名投票的方式对班规进行表决。如果通过了，就执行；如果没有通过，我们重新制定。总之，这是大家的事，一定要严肃认真。"

学生们都表示同意。

下课的音乐声响了，我简单总结道："这份班规将是我们班的'法律'，在法律面前，人人是平等的。李老师多次说过，总统是靠不住的，班主任也是靠不住的，唯有集体的智慧和意志，以及体现这智慧和意志的制度，也就是班规，才能保证我们班逐步成为一个优秀的班集体。这是我们共同的理想。而在这过程中，同学们在成长，李老师也将和你们一起成长。”

下课后，不少学生都对我说，原以为班规就是一开学老师给大家提几条，然后叫大家照着做——以前初中时就是这样的；没想到，制定班规还有这么多讲究。他们觉得这班规真正是同学们自己制定的。

不仅仅出台一纸班规，而更着眼于学生自我教育和自我管理意识的唤醒与能力的培养；不仅仅让学生遵规守纪，更着眼于我和学生的共同成长；不仅仅达到民主管理的结果，而更着眼于民主教育——把班规制定的过程同时变成对学生进行民主精神启蒙和民主实践训练的过程……

国庆后，我开始看学生制定的班规修改稿。

我着重将文本往尽可能严谨的“法律语言”上靠，并针对有关教师约束部分的不足增加了一些规范，对班主任有这样一些约束：

尽量做到不主观武断，若错批评同学一次，罚款（交班费）10元。

不得未经同学同意而占用自习课讲课，违者独自扫教室一次并罚款10元。

按时下课，特殊情况拖堂不得超过一分钟。违者在班上唱一支歌。

批评同学应尽量态度平和，不得经常对同学们大发雷霆。每月向全班同学发火超过一次，独自扫教室一次。

不知学生是否能够同意并通过我增加的这些条款。另外，我还得做各位科任老师的工作，让他们也乐于接受学生的监督。

还有一点让我特别头疼，就是对学生的惩罚措施。对我这个班主任可以用罚款的方式，但对学生显然不妥当。学生们在班规原稿上写的惩罚大多是罚跑步之类，我觉得这等于是变相体罚。但究竟用什么方式好，我也没有想成熟。

不过，今天我有个新的思路：能不能用操行分的方式对学生的日常行为规范进行评价呢？当然，这种方式对小学生和初中生可能比较管用，而高中生也许比较“世故”，则不一定看重这些精神的东西。再说，我一直比较反对用纯粹的分数来衡量德育效果，现在我这样做会不会给学生一种印象，觉得品德也可以用分数量化呢？

但我还是决定把这个建议向学生们提出来。我要引导学生也追求精神的东西，特别是个人的尊严，即自己在同学们心目中的形象，要有荣辱感。而且，加分或者减分并不是对内在品质的评价，这只是对某些外在行为的评价，而且只是一个方面的评价。

附：班规

×× 中学高 × 级 × 班班规
（× 年 × 月 × 日全班通过，× 年 × 月 × 日起生效执行）

一、学习纪律

1. 课间即做好下堂课准备，桌面放好有关教材及学习用品；上课音乐一响即保持绝对安静，回忆上节课内容，预习新课。除负责纪律的干部外，任何同学不得以任何理由离开座位，不能找同学说话和讨论问题，也不能问问题。违者扣2分。此项由纪律委员监督执行。

2. 早读课提前十分钟为读书时间，所有同学必须听从老师或科代表的要求。违者扣2分。此项由纪律委员和科代表监督执行。

3. 上课不得说小话，不得做与当堂课无关的事，违者扣2分。此项由纪律委员监督执行。

4. 上课时不得离开座位去书柜取学习资料。违者扣2分。此项由纪律委员监督执行。

5. 课堂上必须坐端正，违者扣2分。此项由纪律委员监督执行。

6. 早晨到校后不得在教室外逗留，应立即进教室做学习准备，并不得说话。

违者扣 2 分。此项由纪律委员和科代表监督执行。

7. 早晨进教室即将有关作业放在自己课桌上，由组长来收；预备铃一响，不再收作业，违者扣 2 分。此项由纪律委员监督执行。

8. 不得抄作业和赶作业，违者扣 4 分；超过 3 次通报家长配合教育。对有关责任人的处罚同此。此项由学习委员监督执行。

9. 上课、自习无故迟到全学期不超过 2 次，违者扣 2 分，并写一篇不少于 500 字的文字，记述迟到经过及心理活动。此项由纪律委员监督执行。

10. 课堂上被老师点名批评者，扣 4 分；并写一篇不少于 500 字的文字，向同学和老师表示歉意。此项由纪律委员监督执行。

11. 上课、自习说话影响他人学习者，扣 2 分，经提醒一次后仍然说话，罚其当一次值日生。此项由纪律委员监督执行。

12. 上课、自习无正当理由睡觉者，扣 2 分，罚其当一次值日生。此项由纪律委员监督执行。

二、清洁卫生

13. 在教学区内不得吃任何零食，也不许把任何饮料和面包带进教室。违者扣 2 分。此项由生活委员监督执行。

14. 每人负责自己座位周围的纸屑脏物，负责周围的保洁。违者扣 2 分。此项由生活委员监督执行。

15. 课堂上和课间均不得向垃圾桶远距离扔垃圾。违者扣 2 分。此项由生活委员监督执行。

16. 按时按要求高质量完成所承担的清洁任务，违者扣 2 分，并重做卫生。此项由生活委员监督执行。

17. 乱扔纸屑脏物、粉笔、墙上乱画、随地吐痰者，一经发现，罚其扫教室。此项由劳动委员监督执行。

18. 打扫教室卫生小组，卫生检查分数不得低于 10 分，如两次低于 10 分，或年级倒数第一，罚该组重扫一周。此项由劳动委员监督执行。

19. 脱逃打扫教室卫生者，罚其独自打扫教室一天。扣 4 分。此项由劳动委员监督执行。

20. 打扫寝室卫生，若不合格被通报者，罚其重扫一天。此项由生活委员监督执行。

三、体育锻炼

21. 认真上好体育课，违纪者(如课前集合不认真、逃课、活动期间到教室、不按老师要求训练等)扣 2 分，罚跑 200 米。此项由体育委员监督执行。

22. 认真做好课间操。做课间操不认真者，扣 2 分，并重做课间操。无故不做课间操者，扣 4 分，罚跑 800 米。此项由体育委员监督执行。

23. 做眼保健操必须认真，动作标准，违者扣 2 分，并重做。此项由体育委员监督执行。

24. 无故不出早操、课间操者，扣 2 分，罚其跑操场 5 圈。此项由体育委员监督执行。

25. 无故早操、课间操迟到者，扣 2 分，罚其跑操场 2 圈。此项由体育委员监督执行。

四、班团干部

26. 班长应严格执行班规，管理升旗仪式时的队列，负责安排值日生，抓班级纪律；协助其他班委搞好工作。每周向全班做一次总结，平时代表全班同学向班主任反映意愿并监督班主任工作。保管教室钥匙一把。班主任不在班上时，代行班主任职权。若有失职，视情况严重程度，分别予以在班上做书面检查、留职察看或撤职等处罚。

27. 学习委员平时应认真填写教学日志，并按时交到教导处。记考勤，组织各类学习交流活动。负责统计班级每次考试的相关数据。若有失职，分别予以在班上做书面检查、留职察看或撤职等处罚。

28. 生活委员负责安排检查清洁卫生，负责管理教室的电灯等其他设备，在生活方面为同学提供各种力所能及的服务。若有失职，处罚同上。

29. 文娱宣传委员应积极组织各种文娱活动，每月至少负责办一期板报，写各种班级文书。若有失职，处罚同上。

30. 体育委员负责早操和体育课整队，管理纪律。记录体育课违纪情况，组织并监督课间操与罚跑。组织班内班级间各项体育活动。若有失职，处罚同上。

31. 纪律委员负责课堂纪律和自习纪律，提醒并监督同学们遵守课堂纪律，记录违纪情况。若有失职，处罚同上。

32. 团支部书记应做好团员管理工作，协助班长做好学生纪律管理，负责有关文书写作。若有失职，处罚同上。

33. 随时听取同学的意见和建议，一个月接受全班同学一次评议。特别不称职的可以中途撤换（十名以上同学集体签名上交班主任可即时罢免）。

34. 班干部必须接受监督同学的监督。对徇私舞弊者罚其独自扫教室一天；对执行不严者对应相关处罚。

五、小组长

35. 小组长负责维持本组课堂纪律，按时收交本组作业，认真组织本组清洁扫除，搞好各项活动。若有失职，向全班做书面检查，直至撤职。此项由班长监督执行。

36. 小组长违犯班规其他条款，应加倍处罚。另外，每组每周有100分，每周要对每个组做统计，每四周评选一个最佳小组和一个最差小组。最佳小组组长为最佳组长，最差小组组长为最差组长。此项由班长监督执行。

六、值日生

37. 值日班长应及时认真擦黑板，负责当天的教室保洁，按时填写班级日记。若有失职，扣2分，并重当一天值日班长。此项由班长监督执行。

38. 值日班长在值日当天违纪，加倍扣分。此项由班长监督执行。

七、科代表

39. 每天原则上应至少在第一节课后把作业交到老师办公室，把未交者名单交给学习委员。协助老师做相关辅助工作；负责统计同学在该科课堂上主动发言次数。此项由学习委员负责监督执行。

40. 语文、外语科代表带领早读和安排自习。此项由学习委员负责监督执行。

八、寝室

41. 在规定时间内就寝，熄灯后不得说话。违者扣2分，并写出500字的反思性文字。此项由生活委员和室长监督执行。

42. 不得在寝室里做任何有违中学生道德规范的事，违者扣4分，并按学校有关规定处理。此项由生活委员和室长监督执行。

43. 早6：40必须起床，违者扣2分，并罚其打扫寝室卫生一天。此项由生活委员和室长监督执行。

44. 在规定时间回到自己的寝室，否则，罚其打扫寝室卫生一天。此项由生活委员和室长监督执行。

45. 熄灯后说话者，罚其打扫寝室卫生一天。此项由生活委员和室长监督执行。全学期内超过 3 次，罚其通学一周或通报其家长配合教育。

九、班主任

46. 尽量做到不主观武断，若错批评同学一次，罚款（交班费）10 元。此项由班长监督执行。

47. 不得未经同学同意而占用自习课讲语文，违者独自扫教室一次并罚款 10 元。此项由班长监督执行。

48. 上课不得无故迟到（上课音乐结束为准），违者在班上唱一支歌。此项由班长监督执行。

49. 按时下课，特殊情况拖堂不得超过 1 分钟。违者在班上唱一支歌。此项由班长监督执行。

50. 用不文明语言侮辱同学的人格，必须向有关同学公开道歉，并罚款 10 元。此项由班长监督执行。

51. 批评同学应尽量态度平和，不得经常对同学们大发雷霆。每月向全班同学发火超过一次，扫教室一次。此项由班长监督执行。

52. 每学期全班对班主任进行评议，并投信任票。评议不合格，或信任票未获半数，将通报学校并要求撤换班主任。此项由班长监督执行。

十、其他

53. 升旗仪式不得说笑，升旗时必须肃立，两眼向国旗、校旗行注目礼。违者课间在国旗下肃立 5 分钟，并扣 2 分。此项由班长监督执行。

54. 考试、测验以及平时听写不得有任何作弊行为。违者通报其家长，情节严重者按学校规定处分。此项由学习委员监督执行。

55. 不小心损坏公物者，如主动承认并赔偿，不予追究；若有意损坏公物而且不诚实甚至抵赖，则扣 4 分，并按照原价加倍赔偿。此项由生活委员监督执行。

56. 每人负责自己桌椅的维护，不得乱画乱刻或有其他损坏。违者按有意损坏公物论处。此项由生活委员监督执行。

57. 不得吵架、打架或与同学怄气。违者互写道歉信并当全班同学面念。此项由班长监督执行。

58. 不得在黑板、桌面、墙壁或其他地方乱写乱画。违者应消除其后果并扣 2 分。此项由生活委员监督执行。

59. 不得说脏话，不得叫别人侮辱性绰号。违者扣 2 分。此项由班长监督执行。

60.不得在教室里高声喧哗或打闹。违者扣2分。此项由班长监督执行。

61.不得在教学区内从事大型球类活动，违者扣2分。此项由班长监督执行。

62.读报课的纪律要求与自习课相同。此项由纪律委员监督执行。

63.不能带手机、玩具及其他非学习用品到教室，违者扣2分，并没收有关物品。此项由班长和班主任共同监督执行。

64.不服从管理或与有关同学顶撞，在全班做书面检查，扣4分。此项由班长和班主任共同监督执行。

65.班委和其他执法人有意冤枉、报复同学者，一经核实，扣4分，并向有关同学当众道歉。此项由同学们监督并由班主任执行。

66.如遇突发违纪事件，班委会可视具体情况对有关同学予以处理。

67.班级法规在实施过程中可根据大多数同学的意见随时予以修改完善。

68.未列出其他违纪处理办法，可按《中学生守则》《中学生日常行为规范》、盐道街外国语学校各项校规校纪等文件执行。

利用班规实现学生自治

星期二下午放学后，是学校规定的大扫除时间。在成都玉林中学初98级6班的教室里，同学们正自觉认真地劳动着。

而此刻，我正在办公室批改学生的作文。因为有班规，类似的事我就很少过问了。有生活委员涂娅玲带领着同学们搞卫生，我还用得着操心吗?

其实，所谓“带领”，不过就是涂娅玲和同学们按班规上的分工自己干自己的一份活儿而已；然后，每个学生的工作必须由涂娅玲一一检查，合格之后才能离去。

但今天，却出现了“新情况”。

听到有人敲办公室的门，我随口说道："请进。"

进来的是涂娅玲，还有柯明、罗兰、王格、谢暄等同学。我看涂娅玲的眼睛哭得红红的，脸上还挂着泪花，便问："发生什么事了？"

涂娅玲低着头，好像不愿说。

这时，柯明等同学好像比涂娅玲还要气愤，七嘴八舌地向我诉说起来。

原来，刚才在检查卫生时，负责打扫讲桌的柳叶急着要涂娅玲先给她检查。涂娅玲看到讲桌湿漉漉的，不好检查，对她说："你再用干布擦干，我再来检查。"

可柳叶硬要涂娅玲马上检查："凭什么不先给我检查呢？你说，我哪儿没做好？"一向温柔的涂娅玲耐心地给她解释："桌子要干了以后才能真正看出干净不干净，如果现在检查，可能看不出脏的地方；等你走了桌子干了，可能就是花的。你用干布把桌子擦干，好吗？"

谁知，柳叶一下子激动起来，用尖厉的声音斥责涂娅玲："哪儿没干净？你说！你说！……"引得周围其他搞卫生的同学围了上来。涂娅玲的眼泪一下子就涌了出来，她觉得委屈也觉得难过，但她实在不想与她的好朋友柳叶争执，便打算暂时离开一会儿。可是，柳叶却死死地拦在路当中，不让涂娅玲走过，还继续对她歇斯底里地大吼大叫。涂娅玲只好退回去从教室后门出去了。

涂娅玲一出教室就控制不住哭出了声，但想到还有同学正等着自己去检查，便擦干了眼泪又回到教室。走到教室门口，正遇上柳叶气呼呼地走出来，柳叶用咄咄逼人的目光盯着涂娅玲，"哼"了一声便扬长而去。这时，同学们围上来告诉她：柳叶刚才竟用脏拖把在讲桌上乱抹乱舞！涂娅玲听后很气，但还是将讲桌擦干净了。

柯明等同学都对柳叶的做法感到气愤，认为涂娅玲应该将此事告诉李老师，但涂娅玲却不愿意，她觉得自己能够按班规把这件事处理好，而没必要让李老师操心。但柯明说："柳叶太不像话了，一定要让李老师知道，让李老师教育她！"罗兰说："就是嘛，你不要太软弱了，那样，更会被人欺侮。”王格说：“走，我们和你一起去找李老师，我们给你作证！”

于是，在几个同学的“劫持”下，涂娅玲便来到了我的办公室。

我一听就火了：这个柳叶，不认真搞卫生不是一次了！而且，这次竟在班上要横，这还了得？于是，我一时冲动，便说：“我今晚就给柳叶家打电话，请她家长明天到学校一起教育柳叶！”

涂娅玲和几个学生离去后，我才觉得刚才我的话实在不妥：柳叶犯了错误，应由涂娅玲按班规有关规定处理；如果班上出了什么事都由我即兴决定处理，那不是典型的“人治”吗？

晚上，涂娅玲给我打电话：“李老师，我觉得您明天请柳叶的家长不怎么好。”

我很欣赏她能对我直言，便问：“为什么呢？”

“因为我们有班规呀！”涂娅玲说，“我刚才翻了翻班规，柳叶违反了第17条、第18条和第56条，可以按上面的规定处理。”

班规的第17条是：“按时按要求高质量完成所承担的清洁任务，违者扣操行分2分，并重做卫生。”第18条是：“大扫除时，必须一丝不苟地完成所承担的任务，并严格服从班委同学的管理，未经班委检查不得离去，更不能无故不搞卫生。违者自带扫把搞校园卫生。”第56条是：“不服从班干部管理甚至与班委同学顶撞，在全班做书面检查，扣操行分4分。”

我很高兴涂娅玲决定运用班规处理班务困难，便在电话里鼓励她：“好吧！这样，你暂时不要让柳叶知道你们告了她，然后，你明天自己去找她谈谈心，说服她根据班规上有关要求接受惩罚。”

“这……”涂娅玲有些犹豫，“她不听我的怎么办？”

我给她出主意：“你先一个人去找她谈，态度一定温和，但原则一定要坚持。如果她又对你发脾气，你就请班长和你一起去找她谈。最后，实在不行，我再出面找她。”

第二天做完课间操后，涂娅玲鼓起勇气向柳叶走去……

也许是柳叶气消了以后意识到了自己的不对，也许是涂娅玲亲切的态度和温柔的话语感动了她，也许是对班规的心悦诚服，总之，结果是令人满意的：柳叶不但诚恳地在班上向涂娅玲公开道了歉，而且还心甘情愿按班规接受了惩罚。

事后，涂娅玲很兴奋，她对我说："通过这件事，我明白了什么叫依法治班。"她甚至有些得意，"这件事李老师几乎没有出面过问，而完全是由我自己处理的，看来我还是有一定工作能力的！"

而我却感到欣慰：依靠班规，我避免了一次教育的随意性和越俎代庖。同时我又不禁问自己：如果一开始我真的把柳叶的家长请来了，情况又会怎样呢？

学生为什么盼望我再犯"错误"

老师也应该遵守班规，下面是成都玉林中学初98级6班谢旸扬写的文章，就体现了班规对我的约束和学生对我的监督——

现在是北京时间午后两点零七秒，整个校园还沉浸在一片欢笑与打闹中，可初二（6）班教室里却静悄悄的。讲台上有一位戴眼镜的老师手持一本书正念着，声音时而高亢嘹亮，时而缓慢低沉，如同一位天才的演说家在高谈阔论，在倾诉衷肠。下面坐着的同学们一个个双手托腮，一字不漏地倾听着，脸上显出一种崇拜的神色，目不转睛地注视着老师。原来这是李老师正在给我们念经过他丰富表情、感人语气加工的路遥的《在困难的日子里》。说起这件事与我的关系还不小，到底是怎么回事？请听我慢慢说。

初二开学，同学们对班规进行了修订，我肩负起监督李老师的重任，专门看他有没有上课迟到、下课拖堂等"不轨"行为。虽然我时时刻刻都在睁大眼睛监督李老师，可开学三周了，我一次也没有抓住李老师的“尾巴”。

这是第四周星期三上午的语文课，李老师给我们讲毛主席的《继续保持艰苦奋斗的作风》。分析完后，李老师给我们朗读课文。然而他那雄浑的男中音刚在教室里回荡了没几句，下课铃便响了。

可能是李老师没听见铃声，也可能是他进入了“毛主席”的角色，总之，他的朗读之声不但没有停下来，反而更加高亢更加浑厚而富有激情。他高耸着眉毛，右手上下挥动，那语调，那动作，俨然就是在七届二中全会上做报告的毛主席，而台下坐着的同学们都是高级领导干部：“这一点现在就必须向党内讲明白，务必使同志们继续地保持谦虚、谨慎、不骄、不躁的作风，务必使同志们继续地保持艰苦奋斗的作风……”而我却在焦急地看表：一分钟、两分钟，拖堂整整两分钟了！我想起了我的责任，应该提醒李老师，但我又犹豫不决：不说吧，觉得对不起大家对我的信任；可提出来呢……不管！还是应该坚持原则。想到这里，我准备把右手举起来。可是，当我望了望“毛主席”，发颤的手怎么也举不起来了——“毛主席”气势磅礴的演说已进入高潮：“中国人民不但可以不要向帝国主义者讨乞也能活下去，而且还将活得比帝国主义国家要好些。”

“毛主席”终于做完了报告，我看了看表：拖堂三分二十五秒！按班规是该罚唱一支歌或一人打扫教室。我去不去罚李老师呢？嘿，管他的，上去探探口气再说。我鼓起勇气走进办公室：“毛主……哦不，李老师，今天您算不算违反班规呢？”李老师对我笑笑，反问：“你说呢？”如果李老师矢口否认甚至骂我几句还好受些，可他偏偏这么高深莫测地一笑。这是什么意思呢？是表扬我忠于职守，还是默认他违规了，或是在讥讽我：哼，你小子竟管到我头上了？

不管他是什么意思，我今天是豁出去了。我一股脑儿对他说：“你刚才拖堂三分二十五秒，应该按班规接受惩罚。”我硬着头皮说完这两句话，不敢看李老师的脸。

“哈哈哈！”李老师又是一阵爽朗的笑，“你终于来了。我就是在考验你，看你有没有罚我的勇气。好！好！我认罚，我当然认罚！你说，是罚扫地呢，还是罚唱歌？”

我已经一点不紧张了：“那我得去问问同学们。”

“好，好！我随时听候处理。”李老师仍然笑眯眯地说。

征求了同学们的意见，大家强烈要求罚李老师利用午休时间为大家念一篇小说。李老师爽快地答应了。于是，每天中午，李老师和同学们提前一个小时来到教室，听李老师为我们读《在困难的日子里》，也就出现了本文开头的一幕。

可是，《在困难的日子里》不久便读完了，意犹未尽的同学们还想听，但一时又找不到一个理由，于是同学们都暗暗盼望着，盼望着，盼望着哪天李老师又犯一次错误，那样，我们又可以像美国士兵在南北战场聆听林肯演说，苏维埃战士在冬宫聆听列宁演说一样，如痴如醉地听李老师为我们朗读小说了。

手记四 向学生学习

向学生学习，即使从教育的角度看也是对学生最有效的教育。学生会从教师的身上，看到什么叫"人无完人"，什么叫"知错就改"，什么叫"见贤思齐焉"……教育者对自己错误的真诚追悔和对高尚人格的不懈追求，将感染着激励着学生在人生的路上不断战胜自我，一步步走向卓越。

教师是“道德圣人”吗?

在中国传统教育中，也有过一些关于向学生学习的论述，比如《论语》中的“不耻下问”、《礼记》中的“教学相长”，还有韩愈在《师说》中的“弟子不必不如师，师不必贤于弟子”等，但这些似乎都只是学业上的。而在精神方面——思想、道德乃至人格上呢？恐怕更多的是“师道尊严”，所谓“天地君亲师”，所谓“一日为师，终身为父”，教师在学生心目中不但是绝对的思想权威，而且是绝对的道德完人。封建传统教育在本质上是奴才教育，教师的地位与权威依附于对统治者的神化之中，如此文化背景下，焉能有真正意义上的“向学生学习”之说？

教师这种“道德圣人”的自我感觉，到现在仍然大有市场。因为它有一个看似极有说服力的理由：“作为‘人类灵魂工程师’，其身不正，焉能正人？”通俗的说法，就是“打铁先要自身硬”。我曾经是信服这种说法的。在很长一段时间里，我总认为教师应该是学生的“道德楷模”，因而有充分的理由也有百分之百的资格去“教育”学生。

但是，随着教育实践的深入，我的这种认识渐渐发生了动摇。

因为这种观点的前提就站不住脚——我们总是假想学生品德不好，需要我们灌输“美好的道德”。这样一来，从教育的起点上，我们就已经视学生为“道德病人”。而事实上，“人之初，性本善”，在很多方面，学生其实比我们要纯洁得多。这是有事实为证的。请看每次的学雷锋活动，参与热情最高的是成人还是孩子？请看每次的各种公益捐款活动，积极性最高的是成人还是孩子？在每周的升旗仪式上，最整齐最严肃的队列是教师还是学生？……是的，面对学生晶莹剔透的童心，我们常常会感到自己的心灵锈迹斑斑！

这里举一个真实的例子。女儿读小学二年级时，有一天中午她回到家，就急切地要我给她找做花用的彩色皱纹纸。我问她做花干什么，她说今天是教她们班的一位老师的生日，她和同学决定利用中午时间给老师做个花篮，下午送给老师作为生日礼物。当时，我真为女儿对老师纯洁的感情所感动。因为这“感动”，我在家里翻箱倒柜折腾了一阵子。当她听说家里实在没有她所需要的做花的皱纹纸时竟然哭了。至今我还记得那天下午她上学向我告别时一边擦眼泪一边背书包的样子。当时，我真是为没有满足她的要求而感到深深的内疚，我甚至猜想下午女儿回家后还要责怪我。然而，下午女儿放学回来后，一脸的怒气：“爸爸，幸好我今天没给老师做花！”我问为什么，她“嘭”地把书包扔在地上，脸蛋儿因气愤而涨得通红：“今天，下午我们班很多同学都给老师献了花。同学们把花送给老师时，老师说她很感动，谢谢大家。但是，放学前我去老师办公室交值周总结时，看到同学们送给老师的花，全都被老师扔进了废纸篓！哼！幸好我没有做花！以后我也决不给 × 老师做花！”

一边是纯洁的爱戴，一边是世故的不屑。“幼稚”的童心与“成熟”的大人，谁更高尚？

问题在于，明明我们在很多方面不如学生，可偏偏要以“道德完人”自居，于是，我们的教育就每每现出了虚伪。比如我，就曾经表现过这样的虚伪。在《爱心与教育》中我曾写到 1985 年学生在课堂上突然为我祝福生日的事，实际上，就在走进教室前，我还为奖金的事在与校领导争吵，甚至以“不上课”相威胁。但那一天学生的真情，真让我感到羞愧。当然，我不是说对于分配中的不公正现象不应该据理力争，但是，我因此而以“不上课”相要挟，确实有悖师德。几分钟后，我走进教室，学生就以一种特殊的方式“教育”了我：任何金钱或物质的“厚奖”都是无法与学生的真情相比拟的！现在想起来，当时我似乎也没错到哪里去，但是当学生正在盼望李老师快点走进教室，好给李老师献上他们真诚的生日祝福时，他们心目中无比崇高的李老师其实正以他们为“人质”要挟校长呢！这不是教育的虚伪吗？

如果不怕揭短的话，这样的例子我们还可以举出很多很多……

教育者以崇高的思想境界和高尚的道德标准要求自己，本身是没有错的。但这应该是一个贯穿终生的动态的追求过程，而不是意味着教育者已经达到了很高的人格境界。我们承认教师不是完人，承认教师在许多方面不如我们的学生，这并不是降低了教育者对自己的人格要求，恰恰相反，只有教师随时意识到自己的不足，才真正有利于教师的自我完善。教师在自我完善的过程中，必然应该从周围寻找奋进的参照物，寻找人格镜子。而每天和我们朝夕相处的学生，至少应该是这些“参照物”和“镜子”之一。

向学生学习，其意义在于还教师以真实——“教师一方面应当是学识很高的人，另一方面应当是无上诚实的人。”（加里宁语）当我们在学生面前不再是神而还原为质朴、真诚但不乏缺点的人时，学生更会把我们当作可以信任可以亲近的朋友，而朋友般平等的感情，无疑是教育成功的前提；向学生学习，其意义在于还教育以诚实——面对现在普遍存在的教育虚假，教育者应以自身的诚实消解虚假教育的负面影响，同时又以诚实培养诚实。言行一致，表里如一，自己不相信的绝不教给学生，勇于向学生承认自己的过失，这应当是德育工作者起码的职业道德。向学生学习，即使从教育的角度看也是对学生最有效的教育。学生会从教师的身上，看到什么叫“人无完人”，什么叫“知错就改”，什么叫“见贤思齐焉”……教育者对自己错误的真诚追悔和对高尚人格的不懈追求，将感染着激励着学生在人生的路上不断战胜自我，一步步走向卓越。

陶行知在谈到“民主的教师”时，把“跟小孩学习”作为民主的教师的必备条件之一。他还曾这样说：“我们最注重师生接近，人格要互相感化，习惯要互相锻炼。人只晓得先生感化学生锻炼学生，而不知学生彼此感化锻炼和感化锻炼先生力量之大。先生与青年相处，不知不觉的，精神要年轻几岁，这是先生受学生的感化。学生质疑问难，先生学业片刻不能懈怠，是先生受学生的锻炼。”

正是在这师生接近、人格互相感化的过程中，我们的教育放射出了民主之光。

学生总是“对”的

我性格开朗、活泼，而且很喜欢孩子，因此，许多人都说我特别适合当老师。其实，如果以教师的职业标准来衡量，我有过很多弱点。比如，我很急躁，甚至还打过学生；我很武断，不止一次不分青红皂白地批评学生；我缺乏宽容之心，有时以老眼光看学生；我不太注重仪表，穿着有时过于随便；我处理班务有时太情绪化，缺乏冷静与理智……所以，我曾对朋友说过：“我现在也不认为我是一个高尚的人，但如果我不当老师，可能比现在更庸俗。”

为什么当老师使我减少了许多庸俗呢？因为我有一个特点：凡事都很认真。认真地对待自己的工作，我就常常想：当我站在讲台上，就有五六十双透着崇敬的眼睛看着我，我可不能骗取学生的崇拜！

于是，我就真诚地努力改进自己的不足。但我又缺乏自我克制的毅力，所以，有些错误就一犯再犯。比如打学生，在参加工作那年，我就连续打了三次学生。

现在看起来，我自认为我的性格大大改善，脾气也变得柔和了，处理事情也比过去冷静多了，对学生也多了些宽容。每当想到这些，我总是在心里真诚地说：“真应该感谢我的历届学生！”

我之所以能够比较成功地弥补了许多不足，主要的秘诀就是把自己交给学生监督，鼓励学生对我这个老师说“不”！

最早的尝试是在 1984 年，我在教室里挂了一个意见箱。

我对学生说："同学们对我有什么意见都可写成字条往里面丢。"怕学生有顾虑，我又强调，所写的字条可以不署名。

我每天下班前都打开小木箱。可最初的几天，小木箱都是空空的。

于是，我又在班上鼓励道："同学们不要有什么顾虑，想写什么就写什么。"

木箱里开始有字条了。可大多是向我告别人状的——某某上课说话了，某某抄别人作业了，某某偷偷翻别人书包了，等等。不久，前几天被人告发的学生又写字条或进行辩解，或进行反击。这样一来，本来我想让学生给我提意见，结果成了学生之间的互相告发和攻击。

我反复给学生讲道理："你们给李老师提意见，是对李老师最大的帮助；凡是给李老师提意见的同学，都是李老师最真诚的朋友。"我同时明确规定，凡是给同学提意见的字条，不许往小木箱里丢。

"也许我真的太'完美'了，学生找不到意见可提吧。"我想。于是，在一次语文课上，我有意犯了一个错误——在板书课题《论雷峰塔的倒掉》时我有意把"峰"写成了"锋"。

第二天，我在木箱里收到第一张学生的意见条："李老师，昨天您上课时，把'雷峰塔'写成了'雷锋塔'。可能是粗心了吧，希望您今后改正。"

我在班上念了这张字条，并热情地表扬了这位给我提意见的同学："很遗憾，这位同学没留名字，不然，我一定要赠送他一件小礼物以表达我的谢意。"同时，我委婉地批评了其他同学："昨天，我是在课堂上公开写错别字的，相信发现李老师写错别字的同学绝不止一人，可为什么只有一个同学给我指出这个错误呢？"

大概是学生们感到了我的真诚，木箱里的意见条渐渐多了起来。

说实话，听惯了学生的赞美诗，猛然面对如此密集的意见书，虽然理智告诉我这是学生对我的真正帮助和爱护，可感情上总还是不那么舒服。表现在行动上，就是面对学生的意见，我总是忍不住要"解释解释"——

学生说我某次“批评同学太严厉了”，我说：“我的心是好的，如果不严厉点，犯了错误的同学不会吸取教训的。”

学生说我“上衣的拉链没拉好”，我一边撩起上衣一边说明：“我的拉链坏了。不信你们看。”

学生说我“有时留同学留得太晚，肚子都饿了还不能回家”，我说：“李老师帮你们补习也是为你们好啊，再说李老师不也饿着肚子吗？”

……

很难说我让学生提意见不是真诚的，但我本能的解释却让我的民主显出了“虚伪”。而我这种“虚伪”首先是被一位学生给点破的。

有一天，我从小木箱里收到一封不短的信，信照例没署名，而且字有意写得歪歪扭扭：“……李老师，许多同学都在背后议论您总爱解释。同学们的意见可能不完全对，但给您提意见总是对的。可经您一解释，同学们的意见全是错的。您对同学们的意见，总是先说一通‘谢谢’，再来一个‘但是’，‘但是’之后，都是同学误解了您。这样一来，谁还愿意给您提意见啊。您不是常对我们说‘有则改之，无则加勉’吗？您能不能也用这种态度来对待同学们的意见呢？”

读这封信的时候，我的心情是极为难受的，甚至有一种无地自容的羞愧。学生的话不太顺耳，但我不得不承认学生的话是对的。怎样做一个真诚的教育者？这是从那时起到现在我一直思考的一个问题。

经过痛苦的思想斗争，我终于鼓起勇气在班上念了这封信，并对全班同学表态：“不管同学们提什么意见，我将本着‘有则改之，无则加勉’的精神，一概接受，决不解释！”

从那以后，我征求学生意见的方式换了许多种，但在听取学生意见时，我始终遵循一个原则——学生总是“对”的！

对此，曾有朋友和我争论：“学生的意见有对的，也有不对的，至少总有些不理解老师或误解老师的地方嘛！而且学生毕竟不成熟，怎么能说学生总是对的呢？片面强调学生总是对的，客观上会助长学生不分青红皂白地与老师抬杠的风气，这显然不利于教师的教育。再说，如果教师认为学生总是对的，很容易使教师被学生牵着鼻子走而丧失教育的主动权。”

我不同意这种观点。我所说的“学生总是‘对’的”，不是指学生的意见无一例外都是正确的，而是有特定含义——

教师应该站在孩子的角度理解他为什么会有这样的意见，也就是说，无论孩子的意见在成人看来是多么幼稚多么片面，可是，一旦站在孩子的角度想，就觉得孩子那样想是很自然的，也是必然的。这里的“对”特指符合儿童精神世界的特点。黑格尔说：“存在即合理。”这里的“合理”不是正确的意思，而是指“必然性”，他的意思是，所有存在的现象都有其出现的必然性。我所说的“学生总是‘对’的”也是同样的逻辑：学生所提的一切意见，都是符合他们的思维习惯和认知能力的。所以面对学生的批评意见时，我们应该以儿童视角去倾听他们，理解他们，再在此基础上引导他们，这是我们应该采取的正确态度。

何况，很多时候，他们的意见的确是对（正确）的。

学生敢于给老师提意见，这种精神是对的；学生是公开给老师提意见，而不是背地里乱说，这种态度是对的；（其实，“背地里乱说”也未必不对，因为这正好提醒教师反思：为什么学生不敢或不愿公开对自己提出呢？）学生给老师提意见是为了老师改进工作，而不是为了骂老师以泄私愤（即使带有点发泄的情绪也无妨），这种动机是对的；学生的意见帮助教师改进了工作，并且提醒教师不断严于律己，追求教育的尽善尽美，这种效果是对的；学生给教师提意见，这体现了教育应有的民主监督，也体现了学生权利意识的增强，这种教育民主的精神和民主教育的形式是对的。

即使是学生误解了老师而提的意见，我们也应想想：“我为什么没能让学生理解我的教育，这责任不也在教师身上吗？”而学生的意见恰恰提醒教育者要注重与学生的沟通，从这个意义上说，即使提的是不太正确的意见，学生也是对的。

举个例子。我教成都玉林中学初 98 级 6 班时，有一次出差前，我给学生布置了许多语文学习任务，让他们在语文课时自己完成。因为我要 10 天以后才回来，所以我给学生布置的任务就比较多，但是，我不要求每一个学生都必须在我回来之前完成。当我出差回来后，马宁同学主动把他的日记给我看，因为上面写了对我的意见："李老师这次给我们布置的语文学习任务实在太重！我真想不通，李老师平时接受电视台采访或写文章发表都标榜他在搞'素质教育'，可我们的负担这么重，这就是他的所谓'素质教育'吗？布置这么多的任务，太黑暗了！"

又是"标榜"，又是"所谓"，又是"黑暗"……说实话，如果在 10 多年前，看到学生的这个意见，我可能会怒火冲天："这是学生对老师应有的态度和口吻吗？"但现在我想：马宁主动给我看他的日记，就说明了他对我高度信任；是的，马宁和其他同学有不理解我的地方，因为我并未要求他们必须在我回来之前把这些语文任务都完成，是他们误解了我的意思。但是，这个责任也该由我负，因为我至少没有在班上强调这一点。由于我的没有强调，而给学生们形成了"必须完成"的错觉，害得他们牺牲了许多休息时间来完成语文任务，这的的确确是我的错啊！学生发些牢骚有什么不可以的？如果马宁不给我看他的日记我还蒙在鼓里，所以，我应该感谢他的直言不讳才是啊！

我在班上表扬了马宁，并向全班同学表示了歉意。这以后，我便随时提醒自己注意与学生的沟通，尽量减少师生之间的误解。

"我有什么优点值得李老师学习？"

注重与学生的沟通，一方面的确可以减少学生对教师由于误解而产生的意见，但另一方面，教师主动征求学生的意见，这本身也是师生沟通的有效途径之一。

1994 年 9 月开学不久，便迎来了又一个教师节，学校要求各班利用班会课举行庆祝活动。这天，我吩咐班干部在教室黑板上写了一行大字：“教师节——献给老师的礼物！”

班会开始时，我笑着对大家说：“今天是我的节日，所以，我想向同学们索取‘礼物’。”学生们顿时笑了起来，显然是不相信我的话。可我却认真地继续说：“在过去的高二学年里，由于李老师修养不好，再加上工作繁重，所以，我工作越来越简单急躁，在各方面都存在许多问题。今天，我诚心诚意请同学们对我的工作提出意见。这对我来说，的确是最好不过的礼物啊！”

接着，我又拿出事先买好的钢笔、圆珠笔和铅笔：“为了鼓励和感谢同学们，今天我来个‘有奖征谏’，同学们可不要坐失良机啊！”

同学们又是一阵大笑，气氛开始活跃了。他们见我十分真诚，便也认真思考起来……

开头炮的是黄金涛：“李老师，我们都记得，高一时您和我们没有师生界限，我们甚至可以对您直呼其名；可是到了高二，您越来越爱对我们发脾气，师生之间有了明显的心理距离。希望李老师能恢复高一时亲切的笑容！”

我走下讲台，来到黄金涛的面前，双手递给他一支钢笔：“谢谢你的批评！”

班长吴冬妮站了起来：“李老师，上学期班上的运动会的会徽设计，您没有征求同学们的意见。”

我略略回忆了那件事的经过，说：“好吧，我接受班长的批评，今后班里的事儿多和大家商量。”说完，我送给她一支圆珠笔。

平时常挨我批评的郭坤仑也发言了：“李老师有时太爱冲动。那次林川用脚狠狠踢教室门当然该挨批评，但您当时拍着桌子厉声斥责他，让写检讨又请家长，使林川事过很久还感到抬不起头。”

我同时拿起两支圆珠笔，一支递给郭坤仑：“谢谢你的直率！”一支递给林川："请原谅李老师！"

提意见的学生越来越多了……

下课铃响了，我总结道："永远感谢同学们！愿在新的一学年，我们高 93 级 1 班的全体同学和我这个班主任精诚团结，同舟共济，以共同创造明年七月的辉煌！"

回答我的，是一片雷鸣般的掌声！

一年后，学生们果然以出色的高考成绩为我班的历史画上了一个完美的叹号。离校之际，学生们来向我告别，他们送我一张同学们签名的尊师卡，我打开一看，里面有黄金涛代表全班写的一句话——

"镇西兄：血脉虽不相连，心灵永远沟通！"

后来，我在编辑这个班的《恰同学少年》一书时，特意写了一篇文章《我从同学们身上学到了什么？》。我这样写道——

又一批相处了三年的学生要离我而去了！平时我表扬过也批评过你们，爱过也"恨"过你们……但是到现在，我更多的是要感谢你们！因为三年来，我从同学们身上学到了很多很多。现在按学号顺序，谈谈每一位同学对我的教益。

龚晓冬：一颗永远善良助人的心，告诉我怎样处理好人际关系。

张剑：朴实而又坚忍。衣着整洁而文质彬彬，让我这个不太修边幅的人脸红。下次相见，一定让张剑惊讶："呀！李老师也讲究衣着了！"

孙任重：一手漂亮的行书字（胡乱涂抹时除外），让我这个教语文的老师无地自容。

兰丁：高一第一天进校时，质朴的他直叹气："唉，分到李镇西班上来了！"三年来，这声叹息一直在我耳边响着，时时提醒我，要以自己的工作使每一位到我班上来的同学都有一种幸运感。

唐国瑞：不停地挨批评，却不断地为班集体出力并一点儿都不怨恨我。如果我处在他的位置，也能做到这一点吗？

谢晓龙：英俊而爱独立思考的小伙子。“英俊”我无法学，但“独立思考”却应该做到。我曾批评他“对人没礼貌”，但高考最后一天我在烈日下送学生入考场时，他特意走过来：“李老师，辛苦了！”至今我心中还充满暖意。

李海华：在他身上，有一种在今天看来极为难能可贵的奉献精神。在我工作有所懈怠的时候，眼前常闪现他为同学服务的身影，因此便告诫自己：“不要连学生都不如！”

陈峥：学习拔尖，品德优秀；乐任班长，甘当“平民”；重于学业，淡于名利。给这样的学生当老师，既占便宜（白捡了一个优生）又胆战心惊（怕一不留神，境界就比人家差一大截）。我正是在这“胆战心惊”中有所进步的。

吴冬妮：我非常欣赏她思想的独特性和思维的批判性。虽然有偏激，但探索中的片面比盲从时的全面可贵一百倍！我从她身上学会了用自己的眼睛看世界。

陈蓓：作文中简洁的语句表达出富有哲理的思考，让我这个语文老师借鉴写作技巧。

……

我在写这些的时候，心里的确是充满真诚的感激的。因为正是一届又一届学生的帮助，让我改正了不少缺点。

征求学生的帮助，不一定是直截了当地让学生给自己提意见。有时候，我还叫学生以“我有什么优点值得李老师学习”为主题给我写信，让他们谈自己的优点。学生在写这封信的时候，其意义已经不仅仅是“帮助李老师”，还在于积极地认识自我。

记得我最开始叫学生写这封信的时候，相当一部分学生一个字也写不出来，因为他们觉得“我没有什么优点值得李老师学习”。是啊，在传统教育中，相当一部分学生早已形成这样的观念：老师都是道德完人，学生是道德病人，学生怎么可能有优点值得老师学习呢？

但是我对学生说："正如没有缺点的人不存在一样，没有优点的人也是不存在的。作为学生，也许在知识上暂时不如老师，但在道德上，绝不比老师差，在许多方面你们甚至远在老师之上，因为你们有一颗童心啊！"

于是，学生们纷纷交来了写有他们"优点"的信。这里，我摘引部分学生给我写的《我值得李老师学习的优点》——

"我的优点是能够对同学宽容，不斤斤计较。"（骆娜）

"我对集体的热情值得李老师学习，我对同学的公正也值得李老师学习。"（蔡峰）

"我觉得我很幽默，在遇到突发事件时能够静下心来处理。"（解晓斌）

"我对同学从不记仇，这值得李老师学习。我和同学闹了矛盾，三分钟后一样和他一起玩。李老师也应该这样，头天批评了某位同学，第二天也应该从另一个角度去发现这位同学的优点。"（于若玲）

"我觉得我很少生气，这点值得李老师学习。"（林媛）

"我觉得我最大的优点是做事比较认真，从不马虎。这点值得李老师学习。"（杨璐）

"我有八个优点值得李老师学习：1. 不迷信权威。2. 严于律己，宽以待人。3. 有创新精神，富于思考。4. 高远的追求，使我把目光放得更高更远。5. 尊重同学，孝敬长辈。6. 时时有不服输的精神，欲与强者分个雌雄。7. 敢于并能向任何人请教。8. 惜时如金。"（叶诚）

"我能在任何时候控制住自己。"（崔涛）

"我的普通话说得比李老师好。"（黄易浩）

"我希望李老师向以前的我学习，因为那时候我不贪学所以晚上睡得很早。听说李老师晚上睡得很晚，应该像以前的我那样早点睡。现在，我爱学习了，要把知识上欠的债追回来，晚上也睡得很晚，李老师不要向现在的我学习。"（郭锐）

“说真的，我也不知道我最值得李老师学习的一点是什么，不是因为我没有优点，而是因为我不知道李老师哪方面还不足。想来想去，还是只有善良这点可以跟李老师相比。当然我并不是说李老师不善良，只是觉得，我比李老师还善良。我们有时说李老师心太软。其实，如果我们换一下位置，到时候说不定我比李老师还心软。李老师很善良，这是每个同学都认可的。但某些时候就不善良。比如批评同学的时候，虽然常常是语重心长，但偶尔也会大发雷霆。每当这时候就很可怕。即使我们非常理解你为什么会生那么大的气，但是理解归理解，我们毕竟只有十多岁，这种大发雷霆往往在我们心里留下不好的印象。因为你要知道，在我们遇到李老师以前，不是每个老师都像您一样关心和尊重学生的，曾被老师辱骂过的同学，心灵上往往会留下对老师不好的印象。过于严厉的批评，只是让这些曾经受到过伤害的同学误以为天下的老师都是‘同一货色’，这样便破坏了您在我们心目中的形象。当然这种严厉批评同学的情况李老师并不是时常都有，甚至我也记不起您有是否有过。我只是想真心提醒李老师。这段文字写得实在有些跑题，与其说是告诉老师应该向我学习的优点，不如说是给李老师的一点建议，请李老师参考。”（尹萍）

一封信就是一面镜子，我从中看到自己的不足，也看到学生对我的希望。真的，我真是太感谢我的学生了！虽然，我可能不能完全做到他们所期望的那样，但我会尽力不让他们失望。比如，自从我读了尹萍给我写的建议后，到现在，我已经坚持了整整一年没有在班上“大发雷霆”了。通过写信这样的活动，学生也看到了自己人格上的某些可能以前被忽略了的亮点，因而增强了自信和自豪。先生和学生，正是这样在人格上互相为师，共同进步。

特殊的新年礼物

时间快进入 1999 年了，学生之间互相写着贺年卡。

写贺年卡本来无可非议，但我发现许多学生把写贺卡当成了一种攀比：看谁买的贺卡高档，看谁写得多以表明自己朋友多……到后来，写贺卡简直就成了一种还债：本来不想写，可人家已经寄来了，不写好像对不起朋友。

元旦前后，正是期末复习的紧张时候，可不少学生却把大量时间花在写贺年卡上，有的学生甚至上课也在写。

我不得不向写贺年卡的学生泼冷水了："花那么多钱买贺年卡，又花那么多的精力写贺年卡，值得吗？'君子之交淡如水'，真正的友谊不是靠贺年卡来表达的。"

学生说："可朋友寄来贺卡，我却不回，朋友会生气的。"

"如果真是你的朋友，他会理解你的。"我说，"如果他真生气了，那只能说明你们的友谊薄如纸片！"

学生觉得我说得有道理，绝大多数人接受了我的意见。他们表示不再写贺年卡，而把精力用在期末复习上。

"但是，有一张贺年卡，我觉得你们应该写。"我对学生说。

学生们很惊讶，问我："您说应该给谁写？"

我说："你们应该给那些应该得新年祝福却几乎不可能在新年得到贺卡的普通的劳动者和善良人。比如，你们住家大院的门卫师傅或看守自行车的大娘，还有我们学校传达室的大爷，等等。"

学生们陷入了沉思。

我特别谈到学校的传达室的大爷："这几天上班，我几乎都看到他手捧一摞摞明信片、贺年卡，这些明信片、贺年卡是谁的呢？当然是我们学校老师的、同学的，可在这一摞摞贺卡中，唯独没有属于他的。他每天都默默无闻地为全校师生打铃、收发信笺，他难道不应该受到我们的尊敬吗？同学们应该在这新年到来之际给他一份真诚的祝福！”

于是，同学们纷纷给学校传达室的大爷和自己住家大院的门卫师傅写去了新年贺卡。

在 1998 年的最后一天，我又对学生们说：“明天就是元旦了，我倒想给同学们索要一件新年礼物，就是给我写一封信。在过去的一年里，李老师在工作中肯定有不少缺点和错误，我真心希望同学们能够帮李老师指出来，比如在过去的一年，李老师有没有批评错你的时候？有没有冤枉你的时候？李老师有没有说话不算数的时候？等等。让李老师把所有的不足都留在 1998 年，以新的姿态进入 1999 年。另外，你们觉得李老师有哪些是最让你满意并最希望李老师继续保持的，也告诉李老师吧。总之，不管是批评还是鼓励，对我来说，都是非常珍贵的新年礼物。”

元旦后返校上课的第一天，每一个学生都交上了他们给我的“礼物”——

李老师：

你好！

人一生不可能不犯错误，李老师也不例外。记得有一次，我把英语作业交给了组长。不知怎么回事，英语老师赖老师说我没交作业，这件事被你知道了，你狠狠批评了我一顿。当时我的心像被刀绞一样，难受极了！我知道老师难免冤枉同学，但是，这件事到现在想起来，我还是不舒服。希望李老师以后批评同学时，多调查一下事实真相。

祝你新年快乐！

陈晋科

1999 年 1 月 2 日

李老师：

新年好！

既然您叫我们给您提意见，我就不客气了。

有一周的星期五，本应做大扫除的，但是为了练歌，班长潘琴让一小组简单搞一搞卫生，我想我作为清洁委员，理应留下来帮一小组做，还有李之，她也是自愿留下来的。我们用15分钟做完了清洁，包括擦讲台、墙角线、电教柜。这样赶到练歌地点社科院时，自然就迟到了。本来，在路上我们就骑得很快，累得我们气喘吁吁。所以当马老师问我为什么迟到时，我赌气似的说："做清洁！"由于我的态度不好，马老师生气了。事后我感到很内疚，因为马老师在百忙中来帮我们练歌是一种奉献，我真不该有那种态度。

本来我已经承认错误了，可没想到李老师又狠狠批评了我。我觉得有点冤枉。我迟到是不对，我对马老师态度不好更不对，但我毕竟是为了班上的清洁啊。

希望李老师以后不要错怪人了。

祝

新的一年工作顺利！

学生：骆娜

1998年12月31日晚

敬爱的李老师：

您好！

好话我就不说了，只说意见。

我觉得您还有以下几点不足，望您在新的一年里能够一一改正。

1. 我认为您在处理我们违纪的时候，常常太宽容，口头上说"决不轻饶"，可同学们都知道您肯定会原谅我们的，因为您"心太软"。

我觉得该严厉的时候，必须严厉，不然不利于班级建设。

2. 我觉得您应该将平时听写的生难字词的成绩，算入期末总成绩。

3. 每次学校举行各种比赛，您总是说：“只要尽力就行了，不一定非拿第一不可。”我觉得还是应该提出高要求，为什么不应该争第一呢？

4. 这学期您给我们读课外书的时间少了，这不对。请李老师还是尽可能多地给我们读课外书。

您的优点当然也很多，但如果您能改正以上不足，您的优点就更多了。

祝

新年快乐！

学生：吕方继

1999 年 1 月 1 日晚

我再摘录一些学生来信中对我的批评——

胡昕：“我发现有几位女同学对你的热情已经有所减弱，原因是她们曾犯过错误，而你批评她们时，太严厉了一点。我希望你能找她们谈谈心。”

向楠：“自从彭莹不当生活委员后，我们得流动红旗的次数越来越少了。我觉得你不应该只是批评新任生活委员的失职，还应批评那些不认真做清洁的同学。”

林媛：“既然您希望我们能向您提意见，那我就直说了。我觉得您找我谈心的次数太少了。即使谈心，也只是一问一答，过于严肃。我希望以后的谈心能多一些。”

邹冰：“我觉得你不应该罚同学跑步。我认为这是一种体罚。”

王倩芸：“您记性不好。有时下课前，您会给我们提一个问题课后思考，但下堂课您就忘了讲这个思考题。”

解晓斌："在同学上台讲课时，希望您少发点言，多把机会留给同学们。另外，如果讲课的同学出现了错误，请您及时纠正。"

李翱："希望李老师不要强迫我们写这种意见信。我们没有意见却要硬写，这实在是毫无意义。"

……

也有学生在来信中给予我真诚的鼓励——

李老师（镇西大朋友）：

你好！

与李老师相处一年多，有许多值得回忆的往事。这一年多来，你所带给我们的欢乐和那些震撼我心灵的话语，都让我深切地感到，做你的学生是我前世修来的福分。对于你，我除感激之外，还有佩服，佩服你的教育方法。

我觉得你最让我们佩服也是我认为你最应该保持的，就是你对我们的真诚。本来，我们对你太熟悉了，对你的一切都摸透了。如果我们真的要跟你对着干的话，全班58个同学绝对可以斗过你。可是，没有人愿意那样干，我们就是服你。因为你是我们的大朋友，是我们可以倾诉心事的知己。我们相信你，就像相信我们自己一样。

希望李老师永远是我们的朋友！

学生、朋友：尹萍

1999年1月1日

李老师：

您好！

回首一年来，您和我们共同学习、劳动、玩耍的情景，我总是感慨万分。

我曾被您批评过多次，有时想起来就不舒服。但那天早自习的事让我真正理解了您，您并不是和我过不去，只是见我犯了错误而着急。我没想到您会向我道歉，说您没有全面调查，说自己“太武断”了，并号召全班同学全力支持我管理早自习的工作。那次我真的很感动，虽然嘴上没说，但心里却觉得您完全不同于小学时我遇到过的明知自己错了还找理由搪塞的老师。

您当时还说：“以后我可能还会批评错同学，但是如果今后我真的又冤枉了谁，你们千万不要憋在心里，忍气吞声，一定要给我指出来啊，我一定会立即改正的！”

当您说完了这段话后，全班都鼓起掌来，我敢打保票，同学们的掌声全都是为了您敢于承认自己过失的品德。

这样的事太多太多，举不胜举。

在新的一年里，我衷心希望您继续保持这种敢于向学生承认自己过失的品德，如果您一直保持下去的话，那您就是我见过的最好的老师！（特别声明：绝无拍马屁之意！）

祝

全家万事如意！

侯伯俊

1998 年 12 月 31 日晚

尊敬的李老师：

展信愉快！

你问我们“我有没有对不起你们的地方”，我想了很久，没想起来，大概没有吧。

说实话，李老师，我比较欣赏你的教学方法，让学生快乐地学习，你几乎从未给我们布置过那些所谓的“语文作业”。这是很多语文老师所不及的。我希望在 1999 年你能继续保持下去。

你是班上每一位同学真诚的朋友，你愿意和我们沟通，和我们谈心，谈社会，谈人生，也谈各种趣事……每当这时候，我们都觉得你像一个孩子，和我们贴近了不少。

身为教师，你常常利用班会或其他时间给我们进行思想教育，也给了我们的心灵不少触动。你经常告诉我们："作文实际上是做人！"你教我们"生活语文化，语文生活化"，使我们不少同学的成绩都有所提高。而更重要的是，我们，还有你，都拥有一颗闪亮的童心！

另外，李老师，你从不歧视学生这一点，令很多成绩暂时不理想的同学感动。郭丽娜同学曾对我说："李老师太好了！"可见，你的爱心具有很强的感染力，使同学们也都学会了互相关心，互相友爱。

李老师，以上都是我对你的真实评价，希望你能将这些优点继续保持下去，用心去爱每一位学生！

祝

工作顺利，新年快乐！

信任你的学生：李之

1999 年 1 月 1 日

李老师：

你好！

不知不觉，你已经教我们一年多了。在这一年多里，我一直为有你这样的好老师而自豪。在你的教育下，我学到了不少知识，更懂得了许多做人的道理。在此，我要向你道一声：谢谢！在我的记忆中，你从来没有冤枉过我，没有批评错我过。你总是带着一颗爱心来爱我们，使我们有无尽的感激。你总是想方设法让每一位同学得到你的爱。我看了你写的《爱心与教育》后，很感动。我能成为你的学生，不得不说是一种幸福。

最后，我还是想给你提一个小小的意见：有时候你批评女同学稍微严厉了些，让她们很难过。希望你即使是在批评她们的时候，也能亲切些。

祝

新年快乐！

你的学生：周月

1999 年 1 月 2 日

在读学生信的时候，我真的很感动。我为学生的直率（在我看来这正是他们对我的信任）而感动，我为学生对我的鼓励而感动（我觉得，我们稍微对学生好一点，学生就铭记在心，对我们感激不尽。学生真是太纯洁了），我更为自己的过失而深深内疚、自责。

我专门利用一节班会课进行了评讲。我特别买来一些书作为奖品，奖给那些意见提得尖锐、中肯的同学。感谢学生对我提出意见，并明确表示要改正自己的缺点。比如，我公开对陈晋科表示歉意，并接受他的批评。又如，不少同学提到我批评几个女同学“过于严厉”，主要是指有一次刘星岑利用午自习时间约上同学去吃肯德基。当时我的确很生气，所以批评得过火了些。现在，我也承认了自己当时的急躁。对邹冰提出的“罚跑”问题，本来这是班规针对个别严重违纪同学所采取的惩罚，平时实际上很少用，但既然有同学提出了质疑，我便建议（只能“建议”而不应强迫）同学们在班规中取消这个惩罚措施。

在班会上，我真诚地说：“新年第一天上班，我就收到同学们给我的特殊礼物，这是你们带给我的最大的新年快乐！”

历届学生写给我的这些信，我至今都还一一珍藏着。

从胡夏融处学宽容

1999年2月，在新学期的班委改选时，我请同学们投票选举新班长，结果全班同学都异口同声地大声喊着一个名字：“胡夏融！胡夏融！”

于是，胡夏融成了我班第一位没有采用无记名投票的方式而确定的班长。

为什么胡夏融在大家心中会有这么高的威望呢？

胡夏融未当班长前是团支部书记。我想起这样一件事：在一次发展新团员的时候，因为名额有限，本来表现也很不错的尹萍和陈婧月未能得到填写入团志愿书的机会。作为班主任，我想找个机会和这两位女同学好好谈谈，鼓励她们不要灰心，继续争取。谁知刚找到她们，她们就都笑着对我说：“胡夏融已经找我们谈过了。”

尹萍同学在当天的随笔中记下了胡夏融找她谈心的事——

课间，我正在收作业本，胡夏融把我叫出了教室。在过道里，他跟我谈起了这次入团的事：“你和陈婧月都是很好的同学，但实在是因为名额有限，所以这次你没能被推荐。希望你能够继续保持你的优点，继续努力争取，千万不要放弃。”他还给我指出了我的缺点，让我开朗些，说我应该多展示自己。听了他的这些话，我真的很感动，我以前很少见到像胡夏融这样关心人的同学。当时，我的整个心灵充满了无限的感激和对他无比的敬意。

在胡崇锴的随笔本中，还记载了这样一件小事——

今天下午自习课前，郭锐和蒋翔宇不知因为什么原因吵了起来，不一会儿干脆动起了手。

可是下了自习课后，我惊讶地发现郭锐和蒋翔宇居然坐在了一起，并且有说有笑。同样奇怪的林媛问蒋翔宇："你们刚才还在对骂，现在怎么又……"蒋翔宇说："全靠胡夏融调解得好。"

我看了很感动，这只是小事一件，可反映出了胡夏融高尚的品德。我为有胡夏融这样的同学而骄傲！

善良与正直，当然是胡夏融被同学推为班长的原因，但他就任班长不久后处理的一件事，使我和同学感到他不仅拥有善良和正直，还有宽容。

中午，我走进教室，看到每日课堂纪律记分栏内，有两堂数学课是"B"。这在我班已经算得上是一件极为严重的"事件"了。我向数学杜老师了解情况，原来有好些同学上课说话，影响了老师的讲课，于是，杜老师便给课堂纪律打了很低的分。

正在我非常气愤的时候，胡夏融找到了我："李老师，这件事让我来处理吧。"

对胡夏融我是非常信任的，他也是本期同学们"民选"出来的班长，可见他在学生中也有着很高的威信。听了他的请求，我便答应他。

他是怎么处理的呢？请看尹萍同学当天写的随笔——

今天上午的两节数学课课堂纪律只得了"B"，李老师没多说什么，可是班长胡夏融却通知大家放学后留下来。

放学后，同学们都坐在教室里等待着李老师，我们都估计李老师会因为上午的两个"B"，批评大家。可是李老师没有来，走上讲台的是胡夏融。他说："今天得的这个'B'，是开学以来的第一次。的确令我们每一个同学感到刺眼。但是，我们班委经过讨论，决定原谅大家一次。人嘛，不可能不犯错误。我们都希望能把这个班搞好，作为班长，我实在不忍心去罚哪个同学……我也希望大家能够理解班委的这片心。……你们想想，再过一年半以后，我们都不可能再遇到这么好的老师，这么好的班，我们应该珍惜今天的一切啊！……刚开学的那几天，当看到杜老师、赖老师脸上的笑容时，我心里也感到安慰，老师是为我们的自觉而露出的笑容。但这种笑容不应该只是昙花一现……对今天数学课纪律不好的同学，我们就再给你们一次机会，相信你们已经知道自己错了，相信你们明天就会改正的。我希望明天班上的纪律就会有很大的变化！”胡夏融的话刚一说完，教室里就响起了一阵热烈的掌声。他的脸上现出了欣慰，也露出了信心。我想，此刻他内心一定很激动，为同学们而激动；而我们也为有这样的好班长、好班委而感到幸福！

说实话，当我知道胡夏融并没有单独追究那几个违纪同学时，我对他是有些意见的，认为他太纵容违纪同学了。但是，读了许多同学写的随笔后，我不仅被感动了，而且还进一步理解了胡夏融，理解了他对同学的宽容。

第二天的情况怎样呢？让我们再看林媛同学当天的随笔——

今天的天气很怪，特别是下午天空变得越来越暗，像是暴风雨来临的前兆。

与外面恶劣天气形成鲜明对比的，是我们教室里的气氛，一种其乐融融的气氛。刚走进教室，你一定有一种很暖和的感觉，然而教室里绝对没有暖气机，而是59颗心靠在一起所发出的热量，是一种发自内心的温暖，这种温暖是无与伦比的！昨天，我们班的数学课上得很不好，只得了“B”。班长胡夏融十分着急，专门留下了全班同学开了一个班会，亲切而又郑重地给大家敲了敲警钟。班长对我们的信任是起到了很大作用的。今天，课堂纪律又恢复到了以往的“A”。可见，胡夏融的苦心没有白费，同学们已经认识到了自己的错误，正在努力改正。这一点，恰恰体现我们班的温暖。

窗外，天空昏黄阴暗；教室里，永远温馨无限……

胡夏融的宽容赢得了全班同学的尊敬，并唤起了整个集体的上进心。

我常常琢磨胡夏融的“宽容”，进而思考自己的工作。我认为，胡夏融对同学的宽容，绝不是纵容，而是一种真诚的信任。“我们班的每一位同学都是好同学！”这是胡夏融经常对我说的一句话。

有一次，我又要出差。临行前，我开了一个班委干部会。在会上，我问班干部：“李老师走了以后，你们估计会在工作上遇到什么困难？有没有什么担心的？”

胡夏融毫不犹豫地回答：“没有什么困难，也没有什么担心的！李老师，您放心吧！”

我提到了几个平时特别调皮的同学，希望班干部们要“特别注意”他们。这时，胡夏融说了一段话，让我至今想起来都很感动：“李老师，我觉得我们班每一个同学都是非常好的同学！就说您提到的几个同学吧，尽管他们有时也很调皮，也有违反纪律的时候，但每次犯了错误，我找他们谈心时，他们都很后悔，真诚地表示要改正。我也觉得他们真心是想上进的，只是有时不知不觉就控制不住自己了。这次，您出差走后，我相信，他们一定会表现得很好的。”

听了他的话，我除了感动，还暗暗自责：我为什么反而不具备这种对学生的高度信任呢？

我进而又想到，我（其实也包括现在为数不少的教师）在学生犯了错误时，每每首先想到的是“一定要刹住这股歪风邪气”，如果学生有所争辩，教师更会激起“我就不相信制服不了你”“不……决不罢休”之类的“斗志”。其实这是何苦呢？这样想这样做，至少在潜意识里是以学生为敌，这必然把自己与学生对立起来，其结果往往是不但不能从思想上解决学生的问题，反而严重伤害了师生情感，为将来的教育埋下了隐患。教师把自己缺乏宽容的“好心”视为“严格要求”的“爱心”而不能自省，最后失去了学生的心灵，也最终失去了教育，这是多么可悲啊！

出差期间，我收到胡夏融的一封信，上面专门提到那几个同学的表现——

同学们的课堂纪律都相当不错。虽然也有管不住自己的时候，但一经班委提醒，大家想到您对我们的无比信任，同学们一下子就好了起来。特别要提出的是平时不太管得住自己的赵波、税飞天、韩乐同学，他们这一段时间表现很好。有好几次自习课的时候，我都看见赵波提醒其他同学不要说话。每当此时，我都十分感动。这不正标志着赵波决心上进吗？还有税飞天同学，这一周来，他的课堂纪律相当好，上课听讲特别专心。相信他坚持下去，成绩一定会上一个台阶的。韩乐同学最突出的进步，是对学习开始表现出极大的热情。每当我看他和同桌讨论学习的情景，便很激动，我相信韩乐在学习上会创造出喜人的成绩的。总之，请李老师尽管放心，全班同学的良好纪律、学习的进步，定会让您回来后感到欣喜不已的。

胡夏融就是以这样宽容的胸襟和信任的眼光去对待班上的每一位同学，因而赢得了同学们的尊敬。

学校又一届艺术节开幕了。为了为班争光，喜欢唱歌的胡夏融决定组织一个小合唱，演唱《激情飞越》。许多同学出于对集体的爱，也出于对胡夏融的爱纷纷报名加入小合唱组。本来只需4个人，结果有10个同学报名！

淘汰谁呢？“心太软”的胡夏融决定一个也不淘汰，全部都上。在一篇谈这次演出的随笔中，他这样写道：

虽然就演出效果来说，是不需要这么多人参加的。但是，面对同学们那一颗颗热爱集体的心，我怎忍心拒绝他们的请求呢？比如蒋翔宇，他平时常常犯错误，为集体争光的时候较少，而今让他高歌一曲，展现个性，这实在是再好不过的机会了。我想这一定会大大增强蒋翔宇学习的信心，因为掌声总是催人奋进的。再比如郭锐，他平时特别调皮，而这次他能主动要求参加，这已经让我激动不已了。我想，我无论如何也要让郭锐上场，虽然他唱歌的音调不太准。为什么呢？郭锐平时因多次给集体荣誉抹黑而受批评，有的同学总认为郭锐什么都不好，可我这个班长，就是要让全校所有人看看，郭锐是有着极其可爱的一面的……

最后，在正式演出时，虽然没能获奖，但他们充满激情的表演果真赢得了最热烈的掌声。

但是，他的宽容也绝不是对同学无原则的迁就。

前面提到的郭锐同学，尽管他积极参加学校艺术节歌咏演出受到了胡夏融和同学们的表扬，但不久在一次生物课做实验时，郭锐严重违纪，胡夏融当场就狠狠地批评了他。

第二天，我们班准备去杜甫草堂活动。出发前，胡夏融对大家说：“我认为，郭锐同学不能去。郭锐同学昨天的生物课上得太糟糕，而且不听我的批评，他太让我生气了！所以，我认为这次应该给他一个惩罚。”

同学们和我同意了班长的意见。于是，郭锐便留在学校自习。临走时，我问郭锐：“对胡夏融给你的处罚，有什么想法吗？”

他说：“没什么想法。的确是我错了。他是真心为我好。”

两年来，胡夏融多次对别人说他“非常崇拜”我，但我实在愧对这份“崇拜”。我不止一次地在班上真诚地说过：“胡夏融是我的老师！”的确，胡夏融以他的正直、善良，更以他的宽容，感动着全班同学，凝聚起大家对集体的感情和责任心，也感染着我。作为他的班主任，我却常常以他为镜子，由衷地向他学习。每当遇有同学犯错误而我忍不住想大发雷霆时，我就提醒自己：如果是胡夏融遇到这样的事，他会怎么处理呢？

手记五 深入心灵的教育

教育工作者之所以不同于一般的工匠，就在于我们面对各具个性的学生必须采用不同的教育方式，而且这种教育方式还会随学生的变化而变化；另外，不同的地区、不同的学校、不同的班级，都决定了班主任的工作必须充满个性，而这里所说的“个性”，其核心正是创造性。所以创新成了教育艺术的必要因素。

教育着是美丽的

这个题目是仿照著名老作家陈学昭的代表作《工作着是美丽的》而写。

其实，《工作着是美丽的》这本书我并没有读过，只是在大学时代的教科书上看到过这个书名。之所以我现在还记得这个书名，是因为第一次看到这个名字时，我就不禁纳闷：“工作着”怎么会是“美丽的”？

现在，我“工作”已经十七八年了，总算有点理解这个当初觉得奇怪的书名了——每当我被自己的教育实践所激动时，我总是情不自禁地想起这个命题：是的，“工作着是美丽的”，教育着是美丽的！

教育的美，美在理解，美在机智，美在创新。

教育工作的对象是人，更具体地说，是人的心灵。而心灵的交流、心灵的共鸣、心灵的和谐甚至心灵的碰撞，都会产生一种精神的美。相反，如果我们目中无“人”，把学生当作没有思想感情的器物，那么我们所做的一切必然是冷冰冰的，无所谓“美”。另外，当我们不能理解学生的心灵时，学生也不会理解我们，于是，我们的所有“办法”“措施”“技巧”“绝招”等都失去了应有的教育内涵，而仅仅成了“制服”学生的“杀手锏”——其后果必然是师生双方的互相仇视！所谓“美在理解”，首先就是我们在从事每一项教育工作时，应多从学生的角度思考问题，有时甚至应把自己当成学生；其次，我们的所有教育工作都不应以剥夺学生的心灵自由为代价，哪怕学生的思想认识确有错误，我们也应在理解（“他还是孩子嘛”“他这想法总有其产生的原因”“他绝不会是成心和老师过不去”……）的前提下予以引导和疏导。如果我们的工作具备了这种真诚的理解，学生也会真诚地理解我们。那时，我们所收获的，就不仅仅是学生思想认识的提高，还有日益增强的师生情感。

教育当然离不开必要的计划和设计，但教育同样需要，甚至更需要教育者的当机立断或信手拈来，而在这“当机立断”与“信手拈来”之中，教育机智的美便产生了。日常班级生活中，教育者大量遇到的都是我们很难甚至无法预测的偶发事件，习惯于按部就班的教育者对此往往束手无策，而具有应变机智的教育者恰恰在这样的时候体现出一种教育艺术。教育机智要求我们在处理学生中出现的偶发现象时，都应把它与自己的全部教育思想联系在一起，同班级建设的各个方面联系在一起，然后从积极的方面予以引导。处理班级突发事件应特别注意：任何时候都不要站在学生的对立面，任何时候都应把教育的主动权交给学生。当然，教育机智不仅仅是体现在教育者被动地处理偶发事件上，还包括教育者主动地从日常生活的平凡现象中寻找、挖掘潜在的教育因素，甚至不露痕迹地策划并制造教育良机。常常有这种情况，一些看似普通的小事可能隐含着教育的萌芽，但我们有的班主任却浑然不觉，因而失去了一个极好的教育契机；而如果具备了一种高度的教育机智，那么，我们也许会导演出一出有声有色的“教育剧”。

教育工作者之所以不同于一般的工匠，就在于我们面对各具个性的学生必须采用不同的教育方式，而且这种教育方式还会随学生的变化而变化；另外，不同的地区、不同的学校、不同的班级，都决定了班主任的工作必须充满个性，而这里所说的“个性”，其核心正是创造性。所以创新成了教育艺术的必要因素。常言道：“条条大路通罗马。”这说明了只要目标一致，那么所采用的方式完全可以有自己的特色。不过，这“路”并不一定是现成的，而往往要靠自己去开拓。可以毫不夸张地说，我之所以至今比较乐意当班主任，就是因为我不断地从工作中体验着创新的快乐：大到创建“未来班”的实践，小到为学生写出一则别有情趣的学期评语……离开了创新，教育就成了日复一日简单重复的体力劳动，也就在学生心目中失去了魅力。所谓“美在创新”，不但在于每一个教育创新的结果，更在于教育创新的过程。每当我萌发了一个我认为比较新颖的教育构思，我总是欣喜不已；而当这种构思转化为实践而取得了明显的教育效果时，我就不只是感到了教育的意义所在，更感到了教育的趣味所在。

我希望我的教育永远闪烁着美的光泽。

下面的几个具体教育方法和一串教育小故事，或许能让读者和我一起感受到教育的美。

“用高尚的作品鼓舞人”

当班主任以来，我一直坚持给学生读优秀的文学作品。刚开始主要是因为我自己酷爱文学，在为学生读文学作品的同时，自己也与学生一起获得一种身心的愉悦。到后来，我明显地感到了文学对学生心灵的感染作用，远远超过各种说教。于是，有计划地长期为学生读文学作品，便成了我班主任工作的一个常规方法。而我的历届学生每每回忆起他们的中学时代，往往会提起我为他们朗读文学作品时那令人心潮澎湃、回肠荡气的时光。

一、为学生阅读文学作品的意义

长期坚持为学生读文学作品，有着多方面的意义——

有助于净化学生的灵魂，陶冶他们的情操。回想我自己的中小学时代，虽然是在“文革”中，但一本本或没有封面或残缺不全的“禁书”，《红岩》《欧阳海之歌》《林海雪原》《草原烽火》《苦菜花》《钢铁是怎样炼成的》《红旗飘飘》等作品曾经是那样激动了我一颗少年的心！粉碎“四人帮”后读大学，雨果、巴尔扎克、列夫·托尔斯泰、罗曼·罗兰、茨威格等外国文学大师又进入了我的视野。说实话，读过的许多作品的具体的故事情节我已大多忘记，但这些作品中所表现出来的善良的光亮、正义的锋芒、哲理的火花、壮怀激烈的英雄主义气息、震撼心灵的人道主义情怀……至今还深深地影响着我。因此，我希望我能把这种影响传递给我的学生，让他们在与我分享人类共同的精神营养的同时，精神世界也高尚起来。而这个目的至少对绝大多数学生来说是达到了的：《爱的教育》《谁生活得更美好》《在困难的日子里》《十六岁，在金字塔尖》《指挥博士——中央乐团常任指挥陈佐湟纪实》……这些小说或报告文学，曾激荡过我一批又一批学生的心灵，鼓舞着他们在人生的路上不断奋进。

有助于学生了解历史、认识时代和社会。爱国主义教育是中小学德育的一个重要内容，但爱国主义教育只有通过学生乐于接受的形式才能真正起作用。小说、报告文学因其独特的文学魅力无疑是最受学生欢迎的，而教育者通过文学作品可以让学生在精神享受的同时自然而然地进入我们的历史、时代和社会。《昨天——中英鸦片战争纪实》《长征：前所未闻的故事》《南京大屠杀》《将军决战岂止在战场》《历史在这里沉思》《非凡的年代》等作品，让学生形象地了解我们民族屈辱、悲壮而又不断走向辉煌的历史；《新星》《中国姑娘》《魂系中华》《祖国高于一切》《当代青年》《共产党人》等作品则让学生感受到获得新生的祖国充满生机的青春脉搏。而这些认识所发挥的教育作用，显然是空洞的说教所不能达到的。我认为，在大力提倡加强和改进中小学爱国主义教育的今天，教育者主动地运用文学这个工具，是很有现实意义的。

有助于对学生进行美育，让他们自觉抵御不良读物的影响。目前街头泛滥的种种不利于孩子身心健康的读物，日益引起家长和教育者的忧虑。的确，如果成天沉迷于充斥着凶杀、色情、迷信等丑恶内容的读物中，孩子自然分不清美丑是非，也谈不上培养其高雅的情趣，更危险的是，我们的下一代会在这些精神鸦片的毒害下一天天沉沦、堕落。但是，如果只是一味不准学生看课外书显然是不行的，那么，我认为有效的办法就是，教育者主动引导学生接触真正优秀的文学作品。让美的形象、美的情感、美的思想占据学生的精神空间。当然，对一些有争议的作家作品，教师可以和学生一起读，并在此过程中通过和学生一起平等讨论，帮助学生提高欣赏水平。有一段时间，我班女生迷上了琼瑶小说，并向我推荐《窗外》《在水一方》等小说，我认真读完这些书后，在充分肯定琼瑶小说的艺术性的同时，又向学生推荐同样写爱情的《简·爱》《巴黎圣母院》，让她们在比较中认识到，注入了深刻思想和时代内容的爱情作品更高尚更伟大也更感人。当学生迷上了真善美的高雅文学时，那些庸俗低级的读物便自然引不起他们任何兴趣了。

有助于提高学生的语文写作能力。应该说这是不言而喻的。我本身是教语文的，因此，为学生读文学作品对我来说是一箭双雕：在培养学生思想情操的同时，又提高他们的语文能力。我可以自豪地说，凡是在我班度过中学时光的学生，除学习《语文》教材上的课文外，几年之中，他们还通过我接触了大量的中外文学名著或当代最鲜活的文学作品。在我的影响下，一些学生后来还走上了文学的道路。

二、阅读时间

我为学生阅读文学作品的时间，一般分为三个时候。

一是利用语文课。配合我的语文教改，我大胆地改进教法，因而赢得了很多课时，我便用课堂时间为学生读文学作品。

二是班会课。原来在乐山一中和成都玉林中学工作时，学校每天下午都有20分钟的班会课（也叫“读报课”“训导课”），我便用这个时间为学生读书。

三是课余时间。我常常利用午休的时间和下午放学后的时间为学生读书，这往往是应他们的强烈要求。有时周末，我和学生一起去郊游时，都要带一本书，以便在野外的山坡上或草地上为学生读书。

二、阅读方式

我为学生读文学作品主要有三种方式：边读边议、边读边做、师生轮读。

边读边议，即我在阅读的过程中，结合作品人物、情节、思想等因素即兴发表评论，有时候，我还让学生和我一起议论，以加强作品的感染力，并引导学生欣赏水平的提高。据不少我的已经毕业了的学生说，他们当初听我念小说时，最喜欢我边读边议，一些学生认为精辟的评点，我早就忘了，可学生很久后都还记得。

边读边做，即结合作品内容，让学生进行一些参与性的活动。我为学生读《红岩》时，正逢有关部门为曾经蒙上屈辱阴影的红岩英雄恢复革命烈士的荣誉。于是，我发动学生们搜集各报纸杂志上的有关这一部分英烈事迹的文章，在班上交流。我为学生全文读完《红岩》后，又号召学生为当时重庆正在建造的歌乐山烈士群雕捐款，以表达敬意。在读《志愿军战俘纪事》时，正好遇上这篇报告文学的作者靳大鹰和作品中的主人公张达同志来到我市，于是，我带领学生前去采访作者并和英雄一起座谈。

师生轮读，就是有时候，我把作品中的一些片段让某位学生读。这又分几种情况：一是我出差或开会去了，便只能让班长代我朗读；二是某些内容特别对某些学生有教育针对性，我便事先指定有关学生在家做准备，然后在班上为大家读；三是有些章节有一定表演性，我便请几位学生分角色朗读，以增强作品的生动性感染力。

我为学生选择的作品，大多数是全文读完；但是，有些比较浅显的作品，我往往只读一半，然后让学生课余自己去读。另外，对于一些优秀作品，如果能买到，我都要求学生人手一册，如《爱的教育》《可爱的中国》《黑牢诗篇》等。

附：我给学生读过的部分作品

长篇小说：

《青春万岁》（王蒙）、《爱的教育》（亚米契斯）、《红岩》（杨益言、罗广斌）《青春之歌》（杨沫）、《烈火金钢》（刘流）、《两代风流》（刘亚洲）、《新星》（柯云路）、《钢铁是怎样炼成的》（奥斯特洛夫斯基）、《悲惨世界》（雨果）、《简·爱》（夏洛蒂·勃朗特）、《京华烟云》（林语堂）、《风过耳》（刘心武）、《碧血黄沙》（黎汝清）、《地球的红飘带》（魏巍）、《平凡的世界》（路遥）、《早恋》（肖复兴）、《围城》（钱锺书）、《花季·雨季》（郁秀）、《男生贾里》（秦文君）、《女生贾梅》（秦文君）

中短篇小说：

《阿Q正传》（鲁迅）、《说客盈门》（王蒙）、《谁生活得更美好》（张洁）、《凤凰琴》（刘醒龙）、《送你一条红地毯》（毕淑敏）、《烦恼人生》（池莉）、《冬天的话题》（王蒙）、《风息浪止》（王蒙）、《名医梁有志传奇》（王蒙）、《羊脂球》（莫泊桑）、《新兵连》（刘震云）、《妈妈呀，妈妈！》（白桦）、《一个系统工程学家的遭遇》（柯云路）、《在困难的日子里》（路遥）、《象棋的故事》（茨威格）、《柏林之围》（都德）、《一碗清汤荞麦面》（栗良平）

传记、报告文学：

《马克思的青年时代》（尼·拉宾）、《周恩来传略》（方钜成、姜桂侬）、《徐悲鸿一生》（廖静文）、《林巧稚》（吴崇其、邓加荣）、《普通一兵——马特洛索夫》（帕·茹尔巴）、《我的父亲邓小平》（毛毛）、《人类的群星闪耀时》（茨威格）、《超越自我》（陈祖德）、《京华闻见录》（梁晓声）、《唐山大地震》（钱钢）、《十六岁，在金字塔尖》（作者已忘）、《指挥博士——中央乐团常任指挥陈佐湟纪实》、《你在哪里失去了他》（孟晓云）、《我们和你们》（孟晓云）、《与当代中学生的对话》（肖复兴）、《志愿军战俘纪事》（靳大鹰）、《将军决战岂止在战场》（黄济人）、《南京大屠杀》（徐志耕）、《走下神坛的毛泽东》（权延赤）、《恶魔导演的战争》（刘亚洲）、《非凡的年代》（点点）、《我心中的周恩来》（铁竹伟）、《我认识的鬼子兵》（方军）

散文、随笔：

《马克思的自白》（瓦·奇金）、《可爱的中国》（方志敏）、《傅雷家书》（傅雷）、《文明的碎片》（余秋雨）、《邵燕祥随笔》（邵燕祥）、《风雨中的雕像》（李辉）

剧本：

《今夜星光灿烂》（白桦）、《雷雨》（曹禺）、《哈姆雷特》（莎士比亚）、《马克思秘史》（沙叶新）

编一本我们的“青春纪念册”

在每个班毕业前夕为学生编撰“班级史册”，已成了我当班主任的“保留节目”。当为初84届1班编印《未来》时，还只能用铁笔在蜡纸上一个字一个字地刻写，然后自己手握滚筒油印，最后发动全班学生一起装订；而到了编撰《恰同学少年》时，我们的“班级史册”已经是一本激光照排、烫金硬封的著作了。这些书，对我来说，是我教育历程的足迹；对学生来说，则是他们青春的纪念碑。

如果这样还不能说明编撰“班级史册”的意义的话，那么，我想摘录我在为高95届1班编撰《恰同学少年》时写的序言中的一段文字——

……但是，《恰同学少年》的意义不但我和我的学生明白，我的学生家长明白，而且与我并肩战斗的各位科任老师明白，一直给我以鼓励与支持的学校领导也明白——它是一段生活的定格，一页历史的缩影，一种精神的凝固，一份情感的珍藏，一簇创新的火花，一道理想的光芒，一串记忆的珠宝，一束青春的花朵……

绝对真实，是这本书的生命，这也可能是它能够吸引其他读者的地方。我整理这30多万字的稿件时，整个身心无不为我学生的纯真和我们集体的凝聚力而激动：我为有这么好的学生而自豪！而且，这一份自豪并非我这个班主任所独有——三年来与我风雨同舟的数学刘老师已满头银发，她在给学生的毕业赠言中写道："能有你们这样聪明勤奋的学生是我一生最大的荣幸！"学生们对这本属于他们的"青春纪念册"自然倾注了极大的感情，但我认为，再过10年、20年、30年，这本书对他们的意义才会真正显现出来。今天，他们带着这本《恰同学少年》离开了高中班级，也就带着一颗童心踏上了人生；将来，他们的思想会更加成熟，感情会更加深沉，知识会更加丰富，但"高95届1班情结"会伴随他们一生；甚至我们不妨这样大胆地想象：再过50年，他们中的某一位同学，会突然收到另一位天各一方分别多年的同学寄来的生日贺卡，那薄薄的贺卡会让时光倒流——流回那黑板上方写有"善战者不败，善败者不亡"的小小教室，顿时，布满皱纹的脸上会挂满青春的泪花……

一滴水可以折射出太阳的光辉。一切不属于我们这个可爱集体却又偶然读到这本书的人们，在惊叹、感慨或羡慕的同时，还能够通过一个班级看到20世纪末中国普通中学教育的缩影：欢欣与苦涩、黯淡与辉煌、诅咒与无奈、纯真与虚伪、泪水与汗水、自信与违心、骄傲与尴尬……不管是肯定还是否定、赞扬还是批评，这一切都是我们经历过的。所有关注中国教育的人，所有关心当代中学生的人，读了这本书不会没有一点收获。

尽一切可能真实地反映出我和学生们共同度过的这1000多个难忘的日子，并最大限度地展示我们班集体的个性和我教育的个性，是我编撰这本《恰同学少年》的主要目的之一。而且，只要今后我仍在中学执教，并担任班主任，那么，这样的青春纪念碑，我将一座一座地铸造下去……

从《未来》到《恰同学少年》，十几年充满激情编撰"班级史册"的过程，使我对这项工作有了比较理性的认识。

这里所说的"班级史册"，是全班学生共同撰写、编印的反映班集体三年来各方面情况的"班级风采录"。班主任组织、指导学生编撰这样的"班级史册"，是很有意义的。

（一）围绕编撰"班级史册"，班主任可以引导学生更加热爱、关心班级，把班集体建设得更加美好。编撰"班级史册"的具体工作虽然是毕业前最后一学期的事，但"班史"的书写却是班集体组建的第一天便开始了。因为我们所说的"班级史册"毕竟不是单纯的"优秀作文集"，而是三年班级风貌的忠实记载，集体精神的珍贵结晶。班主任在与新生见面之初，便可提出"班级史册"的编撰，以激励学生在未来的集体生活中以行动认真写好"班史"的每一页。从某种意义上讲，前五学期都是编撰"班级史册"的准备阶段，而这同时也是班集体建设的过程。

（二）通过编撰"班级史册"，可以强化、巩固学生已经形成的集体情感与集体观念。在一些班级，随着毕业的临近，班集体便开始涣散：学习纪律、清洁扫除、班级活动等都不如以前，激烈的升学竞争还可能影响一些学生之间的团结……怎样使班集体能在最后阶段都保持良好的风貌呢？编撰"班级史册"是一种有效的方法，学生在编撰"班级史册"的时候，对班级往事的回顾，最能激起他们对心爱集体的依依不舍之情，50多位同学所表现出来的这种共同的恋情，会使班级的凝聚力空前强大。这有助于班主任以集体主义教育为中心，对学生进行各种毕业教育。

（三）学生拥有一本“班级史册”，是拥有了一份丰厚的精神财富。毕业之际，学生领取毕业证书的同时，又得到一本凝结着自己心血的“班级史册”，其心情之激动是无法形容的，因为这无疑是把集体生活与集体精神永远留在了身边。对学生来说，这是一座标志自己健康成长的青春里程碑，是一枚体现自己纯真品格的人生纪念章，是一段珍贵的回忆，是一份炽热的情感，是一串闪光的脚印，是一颗晶莹的童心……“忠实于少年时代的友爱、热情和誓言，这是人生最严肃的事情。”学生告别了同学，告别了班主任，告别了母校，但手中的“班级史册”将激励着他永葆童心，走向成熟！

（四）班主任拥有一本“班级史册”，是拥有了一份对新班学生进行教育的生动教材和总结自己教育经验的素材。每一个学生只有一次中学生活，但班主任却要和不同的学生经历一次又一次中学生活，因此，“班级史册”对班主任来说，就不仅仅具有纪念意义，更具有教材意义。新生进校后，在组建集体的过程中，上一年级的“班级史册”，便成了对学生进行集体主义教育的生动教材：或是教师选读，或是学生传阅，通过一本“班级史册”，老同学的集体主义精神便潜移默化地感染了每一位新生，同时，这无形之中也为新班级树立了一个榜样。如果班主任坚持不懈地在所带的每一个班级都组织学生编撰“班级史册”，那么，10 年、20 年、30 年之后，班主任便拥有了一座蕴含着自己教育思想、教育实践、教育特色的“教育矿藏”，他可以以一本本“班级史册”为素材，总结自己的教育经验，提炼出一些教育观点，并上升为理论，为丰富、发展中国的教育理论做出自己的贡献。

那么，怎样编撰“班级史册”呢？

前面已经谈到，“班级史册”并不是一般的优秀作文集，而是记载集体生活、反映集体精神的“班史”。因此，编撰“班级史册”必不可少的前提条件是，师生共同造就一个朝气蓬勃、健康发展、富有特色、令人难忘的班集体。这一条件具备之后，便可在最后一学期着手具体的编撰工作了。一般来说，编撰“班级史册”可按以下步骤和方法进行。

（一）征集稿件：一切反映本班三年集体生活的文章都在征集之列。征集稿件的途径主要有三：一是班主任保存的学生文稿，这是班主任平时有意识地从学生处搜集选留的有关作文、周记、日记等文字材料；二是让学生在自己以往的作文本中选择符合“班级史册”内容的文章；三是与语文教师配合，利用一次课堂作文时间，让学生写三年来班集体生活中最难忘的人或事。

（二）筛选修改：在充分征集稿件的基础上，根据“班级史册”的内容和编写要求对稿件进行筛选。内容重复的稿件可择优选用，对漏掉的内容（如重要的事件、值得记录的活动、突出的同学等）可安排学生临时写。筛选稿件的时候，应特别注意作者的覆盖面，尽量让每一位同学都有文章入选。入选稿件确定后，便一一交还给作者修改。由于在筛选的时候，便对内容进行了审核，因此，这时的修改不在内容上做大的变动，而主要是进行文字方面的修饰与调整。若学生复习时间太紧，修改工作也可由班主任和有关语文教师承担，教师修改文章应尽量保持原作者的文字特点。

（三）编排目录：入选稿件改定后，便可根据内容将其分门别类，如写老师的、写同学的、写课内学习的、写课余活动的、写惜别之情的、写畅想未来的……以形成“班级史册”一定的体例，在这个基础上，编排“班级史册”目录。为了突出其纪念意义，还可把“任课教师名单”“三好学生”“班级大事记”等作为附录编在“班级史册”后面。

（四）印刷装订：根据条件，“班级史册”的文章可以油印，也可以铅印甚至激光印刷。这项工作可争取学生家长的配合支持。如果是打印，班主任将稿件分散交给能够帮忙联系打印的家长，也可按稿件作者分别让其家长“承包”打印。稿件打印好后，待学生毕业考试完后便可回校人人动手一起装订成册。当然，若条件许可，“班级史册”完全可以交印刷厂激光排版印刷成书。

还需说明的是，对于不是语文老师的班主任来说，“班级史册”的编撰，显然离不开语文任课教师的指导。因此，班主任应主动与语文老师联系，求得理解与支持。一般来说，本班语文老师对此是会予以积极配合的，因为组织编撰“班级史册”，这对学生语文能力的锻炼与提高，作用是极为明显的。

附一:《恰同学少年》中的一篇文章

班级风景谈

夏亚卉

奔腾的江河、苍翠的群山、缤纷的花朵、清澈的小溪；蓝天、白云、清风、鸟语……这些是多美妙的风景啊！江山如画，身处其中，整个身心都会为之深深陶醉。但，不知你是否体验过这样一种美，一种蓬勃向上、充满了青春活力的美，一种更富内涵的美。而这美丽的风景恰恰出在一个看似平常的班级。

这是一个很平凡的早晨，一个很普通的场面。金色的阳光透过玻璃窗洒在教室中，映在我们的脸上，映在一张张充满朝气、充满希望的脸上，我们的神情是如此专注。啊，是我们正在晨读。太阳使劲向天上跳，一会儿教室中就更加金碧辉煌了——太阳也想晨读呢，想跟我们一块儿凑热闹。“丁零零”上课铃响了。“起立！”猛地，我们齐刷刷站了起来，整齐笔挺，脸上带着笑，更映着一片灿烂的金光。看着面前五十七个朝阳映射下，生机无限的学生，李老师大概被这青春之美震撼了，禁不住脱口而出:“我面对着五十七轮朝阳！”有比五十七轮朝阳共耀人间更壮美的景象吗？没有！

冬末春初，早晚天色特别暗，若再停电，更是“暗无天日”。这天下午，同学们正上着课，日光灯倏地一下灭了，大家抱怨起来。一会儿，李老师拿来了十几根蜡烛，折断，点上，放在教室中阴暗的地方。光明又回来了！教室里恢复了宁静。烛火跳跃着，将一个个埋头攻读的身影飘忽忽地映在墙上。教室中如此宁静，大家都在聚精会神地听着课，只有那摇曳的光影，飘舞着，缭绕着，碰碰这个同学，摸摸那个同学。同学们映着烛光的眸子凝视着老师，烛光中，老师讲课的身影朦胧而辉煌！这是一幅如诗如梦的风景画！如此温馨，而又洋溢着无法抗拒的魅力与活力。

讲台上，放着一张漂亮的大贺卡，里面是我们五十七个同学的签名。我们签上了对李老师深深的敬爱，签上了对李老师诚挚的祝福，只为表达对李老师这一年来辛勤耕耘的感激。但，这份情又岂是这张贺年卡所能装得下的！上课了，李老师神采奕奕地走了进来。“祝老师新年快乐！”我们激动地喊着。看着同学们用心写出的贺卡，听着同学们用心喊出的祝福，老师的眼眶湿润了，老师的声音哽咽了：“谢谢同学们！祝同学们新年快乐，学习进步！”“哗——”掌声响起来了，五十八个人都被这感人至深的场面深深打动了。

一个普通的时刻，一个平凡的地点。升旗仪式正在进行，操场上站着全校师生。可场上并不太安静，少数同学在兴奋地谈论着什么，旁若无人。看到这，你可能会皱起眉头。然而，当你走到队伍的后面，忽然，你会眼睛一亮：这边有一个班级怎么如此肃静呢？男女两列纵队中竟无一人乱动，无一人交头接耳，而是一律立正，昂首挺胸，目光前视，仰望着蓝天上那和太阳一起冉冉上升的国旗……看到这两排齐如刀割的队列，你想到了什么？你也许会想到钢铁长城吧？雄壮挺拔，巍然屹立。这是怎样的凝聚力，这是怎样的一颗颗中国心，这又是怎样一幅壮美的风景！

但是，如果你是成都市玉林中学高93级1班的同学，你就会觉得这实在算不得什么，因为，我们每天都在创造最美的风景！

（作者夏亚卉，高二时曾担任班长。这篇文章是她高一时的作文。）

附二：一位家长读了《恰同学少年》后给我的来信

李老师：

您好！首先向您致以新年的问候，并恭祝教安！

拿到了《恰同学少年》一书，真有点爱不释手：拿起又放下，放下又拿起，百看不厌，百翻不厌！扬眉她妈妈也是一有空就翻着看。说来好笑，有时我和她是争抢着看。书的装帧设计非常精美，书中的内容更是丰富多彩！真是让人越看越想看。这段时间临近期末，又是开会，又是上课，杂事亦多，但我仍然在“百忙”中抽空翻阅。这几天，我感慨万千，浮想联翩，一直处于激动之中，难以抑制的情感使我忍不住提笔给您写下这封信。

《恰同学少年》是永远也不会为岁月的风尘所掩盖的一页——人生的一页。

我总觉得这本《恰同学少年》，像晶莹璀璨的宝石一样熠熠闪光，它闪耀着 51 个学生青春的火花，放射出他们热力的光华。

看了这本“班级史册”，我思想感情的潮水啊，在放纵奔流！心田里掀起的，是黄河的波，是长江的浪啊！

从书中，我看到了 51 颗鲜活心灵的跳动，看到了 51 个少男少女鲜红的脸庞上甜美的微笑，看到了 51 棵鲜嫩的幼苗正沐浴着阳光雨露而茁壮成长，看到了 21 世纪的栋梁之材，看到了 51 个科学家、文学家、教育家、工程师、医生……正整装待发！是的，我看到了人人怀抱凌云之志，个个手握灵蛇之珠！是的，51 个同学少年的热血春潮般激荡澎湃的声音，就在我耳边轰鸣！

李老师，我百感交集，我的寸心激动不已！

51 个健儿，就要出发……

李老师，我情感随 51 个心灵的跳动而波动，时而如骤降的春雨，时而如暴发的山洪，时而又如清风明月，而更多的时候是如浩瀚的海洋，掀起阵阵感情的万丈波涛！

李老师，我尊敬的小兄弟（请允许我这样称呼您，因为您常把我们这些学生家长亲切地称为“大哥”“大姐”），您的教鞭下有牛顿，有瓦特，有爱因斯坦，有居里夫人，有华罗庚，有林巧稚啊！

51 个学生全部进入高校深造，谈何容易？但您和您的学生做到了。李老师，您移动了群山！

李老师，在厚达 541 页的《恰同学少年》中，浸透了您的心血和汗水。构思、设计、前言、后记、栏目，面面俱到，美不胜收，几乎到了无懈可击的地步！您调动了 51 个生机勃勃的学生，调动了绝大多数家长，您弄到了校领导、老师们宝贵的题词——那些感人肺腑的题词！这又花去您多少精力和时间。反复奔波，不厌其烦地各方联系、协调、组织，选稿、改稿、抄稿、校对……在那酷暑盛夏，您全部的投入，整个身心都融化进了这本厚厚的“班级史册”！为了孩子们的健康成长，您夜以继日地奋战；为了孩子们的茁壮成长，您废寝忘食地苦干。“班级史册”终于诞生了！这是 51 个学生青春时代永不褪色的一页啊！李老师，您跨越了东海！

因为您知道，该书对学生们的意义是终身的，是无法用金钱买来的。哪怕将来这 51 个学生到了天涯海角，或者当岁月的风霜染白了他们的双鬓时，书中带给他们的美好回忆都会留存！

李老师，这几天我老是在想：为什么 51 个学生都喜欢您、尊敬您？为什么您的班上具有这样强的向心力、凝聚力？为什么三年来，50 多个学生能一直紧紧地团结在您的周围？这可能与您在书的封底上留下的格言——“坦荡为真，至诚乃善，朴素即美”所蕴含的思想品格分不开。我在高校执教 20 多个春秋了，在党内也算担任了一定的职务，但更多的是只教我的物理课，很少做学生思想工作：学生教育嘛，有专职辅导员、班主任去做。而中学教师是拳打脚踢全包干，师生的教与学都是超负荷的，特别是高中教学，那是绷紧了的弓，待发的箭，是上足了发条的时钟，是充足了电的蓄电池啊！但是，我感到，您深深地懂得：教育是科学，又是哲学，教育是技术又是艺术。不，教育是这四者的结合！您做到了！您和谐完美地将它们融会起来了！真正做到了既教书又育人、教而重树德、授业又讲人生的境界。您的教育思想和教学方法是成功的！

李老师，此刻，当我向您写下以上的读后感时，我仿佛又看到了51个同学正弦歌一堂，正聆听您口若悬河地旁征博引，把学生带入《沁园春·长沙》《荷塘月色》《长江三峡》《雷电颂》……的意境之中。您的语言像蜜一样紧紧地粘住了学生的心啊！一江春水好行舟！我又仿佛看到了您的高足们正攻关在科学院，耕耘在研究室……喜报像雪片一样向您飞来！同学们必将为祖国的富强，贡献自己的聪明才智。李老师，您的辛苦不会白费，51棵幼苗的成长成才，就是对您最大的报答，最好的安慰！还有什么会比这更幸福的呢？写到此，连我的心里都是甜丝丝的，春水一般荡漾。您老是爱说，该班的学生和家长是您执教以来，遇到的最好的学生和最好的家长。连我也有同感，扬眉的妈妈亦有同感。我从许多家长身上学到了很多，也从同学们身上学到了很多很多。您在书的后记《永远的敬意》中感叹道，“这批家长和他们的同龄人，是一批正统而又正直的理想主义者”“他们修补着自己的青春和生命”（粉碎“四人帮”后，我已到而立之年，竟又咬着牙关读了两个大学的物理系）“又用生命去修补着断裂的历史”！您的结论何其精辟、独到！您把我们这批家长视为大哥大姐，并致以“永远的敬意”，我们不仅感到亲切，更感到一种被理解的幸福。

李老师，我们知道您很忙，又开始划着一艘坐着数十个少年的航船，向新的港湾驶去。您正辛苦着！我不想多占您的时间了，但我仍要说：我深深感到这本“班级史册”是用理想做经线，奋斗做纬线，是用温和的月色和炽热的阳光，是用玫瑰和茉莉的芬芳编织而成的，是学生们的记忆的珍珠，是您闪光的足迹！我和我的孩子将永远永远珍藏它！

让黄金般的中学时代永存于51个学子的心中吧！

让51个蓓蕾盛开出更加瑰丽的花朵！

向着人生，向着未来，向着崭新的21世纪，51个孩子已经启程！

让美丽的青春永驻他们心头吧！

生活的史册又翻开了新的一页。是的，“恰同学少年，风华正茂”！更壮丽的人生史册，正等待着51个孩子去续写！

沈明元

1997年1月5日

（作者沈明元同志是我班沈扬眉同学的父亲，是华西医科大学物理系教授。）

两代人心灵的对话

我常想，在任何时代对任何民族来说，“历史”都是一份珍贵的遗产与财富，其意义恐怕不仅仅是“以史为镜，可以知兴替”，还在于历史往往同时是一种文化、一种传统、一种力量。它能使后人在回顾往事中反思现状，在反思现状中走向未来。

由此我又联想到了学校班级教育。我注意到了这样一种现象，我现在所教班级的学生家长，他们年龄大多在四十五岁上下，这正是当年的“老三届”！而我理解的“老三届”，是一对对反差极大的矛盾组合，曾经面临的知识失落与如今拥有的文化重建，少年阶段的理想破灭与中年时代的信念追求，忍辱负重的人生坎坷与继往开来的事业辉煌，“文革”风暴的历史弃儿与改革大潮的时代栋梁……正如著名学者、作家余秋雨所说："在没有战争和灾荒的情况下，老三届可以说是二十世纪有文化的青年人中遭受最多磨难和折腾的群体之一。他们的经历不妨看成是一段历史的生命化缩影。'文革'的具体事端会渐渐淡忘，但这群人以及他们的后代却以一种乖戾的生命方式作了永久性的记载。无论如何，这群人绝不是历史的展览品，他们还是咬着牙把中国历史的断裂处连接起来了。是的，历史曾使他们的生命断裂，没想到他们在修补了自己的生命之后立即又以生命修补了断裂历史。这是一个颇具悲壮色彩的故事。"

其实，从广义上说，不仅是"老三届"，十一届三中全会以前由于种种原因历经磨难而又在改革开放后重现生命辉煌的人，都是这个"悲壮故事"的主人公。而我班的学生家长绝大多数正是属于这样一批人。把他们"悲壮的故事"告诉现在的中学生，不仅可以而且完全必要。

但学生对其父母的过去并非一无所知，相反，他们对饭桌上的爸爸妈妈们"想当年"的唠叨已普遍感到厌烦。那么，如果我再简单地请一两位家长来班上进行"忆苦思甜"，其效果很难令人乐观。于是，我决定换一种形式，让历史告诉未来，让未来与历史对话。具体做法如下。

第一步，家长写信。我先在家长会谈了我的设想，让家长理解这次活动的意义。然后，我请求每一位家长以"我的求学经历"为内容给高一（1）班全体同学写一封信，家长可以写自己的中学时代，也可以写自己的大学生活，还可以写自己考大学或自学的经历。家长明白了教师的用意，特别是这封信的内容正是令他们感慨万千的经历，因此，家长们积极地投入了写作。为了完成这封信，许多家长克服了工作忙、家务重的困难，张一同学的父亲的来信，甚至是出差途中在宾馆里熬夜写成。不少学生在家中目睹了父母写信的过程，这对他们本身就是一种感染力。

第二步，教师读信。家长陆陆续续把信交来后，我便利用读报课或班会课为学生们朗读。虽然信中的内容也许有学生已多次听父母讲过，但课堂读信为学生创造了一种特别的氛围，对某一学生而言，全班同学聆听自己家长来信，他会感到一种自豪；对全体学生来说，集体回顾属于爸爸妈妈的那段人生，他们会感到一种心灵的震撼。每当此时，教室里都是静静的，只有我读信的声音在教室里回荡。我一边读一边评论，引导学生通过想象把父辈的回忆化为触手可及的形象，启发学生比较两代人求学的共同点和不同点。在这种气氛中学生所感受到的精神撞击的力量，是其他形式所难以达到的。

第三步，学生回信。集体阅读家长来信的反响是极为强烈的。同学们觉得这些来信者个个都是事业的强者、人生的英雄，而这强者、英雄不是来自电影、小说，而是自己的爸爸妈妈。他们在感动中惭愧，在惭愧中自责，都觉得应珍惜今天优越的学习条件，发扬父母逆境奋斗的精神，刻苦学习，奋发向上。于是，我抓住学生的这一感情特点，布置他们每一个人都以“高一（1）班全体同学”的名义给爸爸妈妈写一封信，然后交给自己的父母。学生写回信的过程自然也是一个自我教育的过程。

任何教育形式我们都不能夸大其教育作用。那种认为通过某一次谈心，读某一本好书，听某一次报告便能使后进变先进的观点是片面而可笑的。因此，我也不认为两代人的通信就如何如何推动了班风建设，但它的确在学生心灵中引起了震动，激起了思考，它起的教育作用，也是显而易见的。

欢迎张迪

初一实验班的张迪同学因被发现听力有障碍，而由学校决定转至初一五班。对我来说，张迪无论在六班（实验班）还是五班，都是我的学生；但我最担心的是，张迪到了五班会受到一些同学的嘲笑、歧视甚至辱骂。

我的担心不是没有根据的。

刚开学不久的一天，朋盈盈便向我诉说，张磊骂她“妓女”。我气愤地去批评张磊，他却说是葛强叫他骂的。我又去问葛强为何要如此恶毒地骂自己的同学，而且还是一个女同学。葛强说，他和张磊打赌，如果张磊不敢骂女同学是“妓女”就不是男子汉。正巧朋盈盈走过来了，张磊便大声地骂了朋盈盈。我问张磊和葛强，知不知道什么是“妓女”。他俩想了许久说：“是骂人的话。”“是坏人的意思。”后来我叫他俩给朋盈盈写了一封道歉信，了结了此事。

柴粒同学长得很胖，又刚从乌鲁木齐来到成都，各方面都很不习惯。可他最大的苦恼，是班上的男同学喜欢叫他“猪”。王伟同学不仅胖，而且高大，于是便遭到一些同学的嘲笑：“笨熊！”李燕同学家住在农村，生活较困难，成绩也不好，性格较孤僻，于是有一些同学便骂她“弱智”。

现在，有耳疾的张迪来到五班，他会面临怎样的“待遇”呢？我准备以此为契机，对全班同学进行一次“学会尊重”的教育。

在张迪到五班的头一天，我在班上念了一则郭欣同学写的日记。

郭欣同学在日记中对班上有同学骂柴粒为“猪”提出了批评。他写道：“今年是抗日战争胜利五十周年，回想在日本帝国主义侵略中国的时候，日本鬼子骂中国人是‘猪’。现在，居然有人骂自己的同班同学是‘猪’，他们岂不是和日本鬼子一样了吗？”

读了郭欣的日记，我借题发挥道：“己所不欲，勿施于人。每个同学将心比心想一想，如果你被别人辱骂又做何感想？尊重别人，就是尊重自己。谁不愿生活在一个充满真诚友爱的集体中呢？而这集体正需要每一个人来创造啊！当然，辱骂、嘲笑别人的同学也许并不一定是真心辱骂和嘲笑，不过是闹着玩罢了，但在你们的‘闹着玩’之中，别人是多么痛苦啊！”

我停了一下，对正静静沉思的全班同学说：“承认错误是改正错误的开始。请开学以来说过不尊重别人话的同学举手！”

似乎犹豫了片刻，一只手举起来了，接着有两只手，很快相当多的同学举起了手。

“我很高兴这些同学有承认错误的勇气。请把手放下。”我又开始把话题往张迪上引，“实验班有位同学叫张迪，因小时候患病吃药过量，造成耳朵有点聋。学校决定他转到咱们五班来，可是我迟迟不敢让张迪过来，因为我担心……”

学生们一下把我的话截断：“不会的！不会的！李老师不用担心我们欺负他！李老师相信我们吧！”

张磊说：“张迪耳朵不好，让他一直坐前排吧！”葛强说：“我们给他开个欢迎会！”黄佳说：“我把我的桌套送给他。”

我请大家安静，接着说：“张迪虽然有轻微的听力障碍，但我们的确不应歧视他，而应给他更多的爱。据我所知，张迪本人是很乐观的，他的学习成绩也不错，大家还应向他学习。实际上，古今中外许多残障人士都成了杰出的人物，如苏联的奥斯特洛夫斯基、美国的海伦·凯勒，他们都受到人们的尊敬。我希望，咱们五班的每一位同学，从尊重张迪同学做起，让我们的班级充满爱心！”

第二天，张迪同学来了，他走进教室，迎接他的是一阵热烈的掌声……

人性总是具有善恶两重性，十二三岁的学生更是如此。所谓“教育艺术”，往往正是体现在对学生“抑其恶，扬其善”的引导之中。

相隔千里的师生情

我喜欢给我的学生写信。

我觉得，有时写信更容易叩开学生的心扉。因为在灯下写信时，面对即将叩问的心灵我会更从容更亲切也更细腻；而且近在咫尺的师生通信，这种新颖有趣的心灵交流的方式也更容易让学生接受。当然，如果在假期，这种信就写得更多了。比如，在刚刚结束的寒假，我就给班上 28 个学生寄去了我写给他们的信。

不过，我今天要说的，是千里之外的师生通信。

1999 年 3 月 26 日晚上 8 点，我登上了驶往南京的 343 次列车。和我同行的，还有十几位其他学校的老师以及教科所的老师。我们是去华东进行为期半个月的教育考察。

列车在夜色中呼啸着，奔驰在宝成线上。我的耳边还回响着学生们的歌声——下午，学生们邀请我和他们一起去月亮湾玩，在回校的公共汽车上，他们一一给我唱歌，为我送行。那车厢里感人的情景，不知情的人还以为我要和他们"永别"了呢！最后，车至校门，同学们和我说"再见"，我说："谢谢大家，我将在同学们的歌声中踏上远去的征程！"

（后来，彭莹同学在随笔中写下了这次特殊的"车厢演唱会"，她写道："……同学们都很激动，一个接一个地唱，甚至张琦耘等胆小害羞的同学也给李老师唱了歌。这是为什么？这是真情的流露！李老师就要离开大家了，虽然只有短短的两个星期，但大家都觉得分离总是不好的，于是大家用最美好的歌声向李老师表达最真切的爱，用这特殊的演唱会为李老师送行。"）

我们于 28 日抵宁，并开始了游览、参观、考察、学习。当天晚上一住进南京空军招待所的房间，我便写了两封信，一封写给家人，一封写给学生。

读到这里，有人可能会认为我给学生写信，是因为我要在信中教育远方的学生们"在李老师走后要更加自觉，管好自己"等。错了，学生们是否"更加自觉"、是否能"管好自己"，自有班规约束、班委管理，哪用我在这千里之外"遥控"？我之所以想给他们写信，纯粹是出于对朋友的思念，一种强烈的想对他们说点什么的欲望。

说什么呢？我在信中给学生讲了我出来后经历的三件趣事。第一件事，是我在火车上和其他老师玩“拱猪”（一种扑克牌游戏）的情景；第二件事，是我们到南京后吃饭时，因为吃不惯当地的菜，便拼命抢饭的“穷凶极恶”的场面；第三件事最有趣，我是这样写的——

一到南京，我们便感到这里气温极低（今天只有8℃），而且一直下雨，风也刮个不停。而我带的衣服极少，经常在凄风苦雨中呈瑟瑟发抖状，令周围同事顿生怜悯之心。几位女士正告我“身体是革命的本钱”，继而苦苦劝我“还是买一件衣服吧”。于是，今晚在她们的陪同下我来到市中心的中央商场。我打定主意：买一件便宜的毛衣御寒，价格必须在50元以下。可是那些毛衣价格大多在二三百元，让我不敢问津。就在我绝望之际，突然听阮女士惊呼：“看，40元一件！是毛衣！”我猛然冲将过去，细看标签：没错，是40元！我赶紧抽出一件，却是一件女式毛衣，而且是十几岁的娃娃穿的！旁边的吴老师劝我还是买下：“只要能穿上，把这几天熬过，就买吧！反正穿在里面别人也看不见。”杨同志也附和道：“就是，才40元啊！你穿了以后还可给你女儿穿。”我想也是，反正就当是给女儿晴雁买的礼物嘛！我甚至想好了回去怎么对晴雁说：“晴雁，你看爸爸在南京给你买的毛衣。”如果晴雁发现是我穿过的，我就这样给她解释：“这毛衣可值钱啊！400元一件爸爸砍价砍成40元。这么昂贵的毛衣爸爸怕在路上被人抢了，就穿在身上带回来了。”对，买！我打定了主意。可是我穿得上吗？会不会太小了呢？我决定试试。但堂皇的商场大厅内，我一大男人穿上女式毛衣实在太喜剧，所以我便问营业员：“请问，有试衣间吗？”营业员给我一顿抢白：“哼，我们这里连女同志试衣都不要试衣间，你一大男人居然还要什么试衣间！嘻嘻，真是……”顿时，我只觉得一股热血直往脑门上冲……

我后来究竟买没买这件毛衣呢？我这里留下一个悬念，回来再告诉你们。你们也可以猜猜。

其实，当时我还是买下了那件毛衣，但是后来基本上没有穿过。因为就在我们买了毛衣走出商场后，我一抬头就忍不住说："糟了，这毛衣白买了！"因为天空中，一轮明月格外皎洁……但是，当时我为什么不在信中对学生说呢？我就是想让这封信不但多一些"情"而且还多一些"趣"。

不知道会不会有读者认为我给学生的这封信太没教育意义甚至太庸俗，但是我认为，如果我在这封信中大谈教育，虽然我的学生不一定会反感，但我就只是他们的老师，而我这封信虽然并没谈教育，但学生却把我当作他们最真诚的朋友。

的确如此。半个月后，回到成都，我首先给班长胡夏融打电话，问同学们收到我的信没有，胡夏融说："收到了。李老师，你的那封信把同学们的眼泪都笑出来了！"他还反问我："李老师，你收到同学们的回信了吗？"我一惊："什么回信？我没收到啊！你们是寄到什么地方的？"他说："南京空军招待所——就是你信封上写的地址呀！"我说："嗨！你真傻！我后来到上海了啊！"

我实在惋惜没有收到学生们的回信，因为我想那一定是很有意思的回信。

但我从学生交来的随笔中，强烈地感受到了我走了以后他们对我的思念之情——

4月5日：早晨第一节是语文自习。班长胡夏融借此机会给我们念李老师的来信。这封信整整写了七页纸啊！都是李老师在路途上的趣事。听着那一件件有趣的事，我们感到无比高兴。欢乐的笑声让整个教室的气氛一下子活跃到了极点。李老师真好，远在千里，也不忘逗我们开心。听着这封信，我感到特别亲切。虽然李老师才走了一周多，但总觉得有好长一段时间了。真希望李老师现在就站在我们面前。想着李老师老远地还给我们写信，时刻不忘给我们带来欢乐，如果我们还不好好学习，真是太对不起李老师了。对，我得管好自己，要对得起李老师的信任。我要让李老师为有我这样一个学生而自豪！最后，我想对李老师说的是：李老师，真的好想你！（尹萍）

4月10日：今天我们都在猜测您回来的时间。您走了两个星期，语文课没有了您，仿佛少了以往的活跃。平时见不着您，同学们都在心里思念着您。明天，后天！您就会回来了！想起星期一就能见到您的身影，又能听到您讲课，我心里就很激动。总之，我们盼望着您回来，这是59位同学的心愿。（周月）

4月11日：再过几十个小时，就可以见到李老师了。心中真是欢喜极了！我猜想着李老师这半个月来的变化：长胖了，还是变瘦了？是显得年轻了，还是衰老了？但我最希望李老师没有任何变化，因为这样会让同学们感到亲切一些。回来后，李老师一定会高兴死的，因为大家的表现好得不得了，比李老师走之前还要棒。班上还有许多事要对李老师说，大家都快等不及了！（张杨）

4月12日：今天一大早同学们到校特别早，为什么？大家都心照不宣。原以为李老师会早早地站在教室门口笑脸相迎，但让我们失望的是李老师不但没有在教室出现，甚至连我们去参加升旗仪式在操场排好了队时，他都还没有出现！同学们可沉不住气了，纷纷猜测："李老师是不是今天才下飞机？""不会吧？""是不是李老师昨天回家太晚，今早晨睡过了头？""不可能！"……同学们一边议论，一边不停地转头四处搜寻，希望李老师的身影能突然出现。但眼看时间一分一秒地过去，大家渐渐失望了，不再搜寻，各自默默地等待着升旗仪式开始。站在最后一排的我，心里不由得暗暗想：怎么回事呢？难道李老师蒸发了不成？带着最后一丝希望我一回头——呀，我一下子就看到了一张熟悉的笑脸！我的心跳立即加速，嘴里忍不住喃喃自语："李老师回来了！"音量不大，但威力无限——同学们的回头率达90%以上！大家心头的石头终于落了地，队列里响起了最热烈的掌声……

每一篇文字都是真情的流露，每一个人的真情都是晶莹的浪花，撞击着我的胸膛！

打开李之同学的作文本，我惊讶地发现，在我走了以后，这个平时特别胆小害羞的女同学，竟然几乎每天都为我写一首思念的短诗！这里，选录几首——

想你的季节

刚才看到你离去的背影
却已经憧憬着你回来时的欢乐
相信你走的时候
心中还牵挂着我们……

（1999年3月29日）

心湖的水

很想你再做我们的依靠
很想卸下这沉重的负担
卸下这不安的飘摇
很想伏在你宽宽的肩上
让心湖的水尽情流淌

（1999年3月30日）

等待春末

等待春末
不是为了夏天
不是为了穿上漂亮的裙子
只因为
到了那个即将进入夏天的季节
我们又能看见你啊

敬爱的李老师！

（1999年4月1日）

思 念

看着你离去，
阳光，为你为我
等待着你的归期
你走的那条碎石路上啊
是我用思念铺成的双眼

（1999年4月5日）

我向学生表示感谢，感谢他们对我的思念，并把我在外地买的无锡泥人、扬州叶画、南京雨花石等小礼物送给了学生们。可他们最关心的，是我买没买那件毛衣。当我告诉他们我最后还是买了时，全班爆笑……

又过了两周，一封信送到了我的手中。我一看信封，上面写的是：南京空军招待所李镇西收。信封上特别注明：“查无此人，退回原址。”我一下就乐了：我还是收到了学生给我写的信！

拆开一看，里面不但有胡夏融代表全班学生给我写的回信，而且还有每一个学生给我写的几句话——

如果李老师在远方想念我们，就请看看天空中飞过的一群群小鸟。（潘琴）

希望李老师在南京千万不要感冒了。（冷欢）

请李老师放心，我会好好表现的，望不要在远方为我操心。（郭锐）

李老师，快回来和我们一起玩“打野鸭子”的游戏！（崔涛）

无论您在天涯还是海角，对我们来说您就在我们眼前。（张琦耘）

出门在外，万事小心！（邹冰）

祝你一路顺风，半路失踪！——开玩笑的，别生气哟！（张宜宜）

……

学生们写得最多的是这样的话："李老师，你一定要买下那件女式毛衣，而且回来后，一定要穿给我们看！"

手记六 走进大自然

“我竭力要做到的是，让孩子们在没有打开书本去按音节读第一个词之前，先读几页世界上最美妙的书——大自然这本书。……到田野、到公园去吧，要从源泉中汲取思想，那溶有生命活力的水会使你的学生成为聪慧的探索者，成为寻求真知、勤于治学的人，成为诗人。”

我喜欢和学生一起到大自然的怀抱里嬉戏玩耍。

最初，我这样做并没有意识到什么“教育意义”，而纯粹是出于自己爱玩的天性。我对苏霍姆林斯基在《帕夫雷什中学》中的这一段叙述感到特别亲切：“每当学年一结束，我就跟孩子们一道去远足旅行，去田野、森林、河边旅行。跟孩子们一起在南方晴朗的星空下宿营，架锅煮饭，述说图书内容，讲传说和童话故事，这些对我来讲，是一种幸福。”的确，对大自然的共同热爱，能够使我和学生的心更紧密地贴在一起。回想从教以来，我感到最快乐的时候就是学生不把我当老师的时候：我曾与学生站在黄果树瀑布下面，让飞花溅玉的瀑水把我们浑身浇透；我曾与学生穿着铁钉鞋，冒着风雪手挽手登上冰雪世界峨眉之巅；我曾与学生在风雨中经过八个小时的攀登，饥寒交迫地进入瓦屋山原始森林……每一次，我和学生风雨同舟之情都油然而生，同时又感到无限幸福。这种幸福不只是我赐予学生的，也不单是学生奉献给我的，它是我们共同创造、平等分享的。十几年来，我的学生就是这样给我以少年的欢乐和青春的激情。

自然环境的教育功能当然是不可忽视的。陶行知认为“天然环境和人格陶冶，很有密切关系”，在谈到大学校址的选择时，曾把自然环境作为极其重要的因素。他认为校址的选择应满足这样的标准：“一要雄壮，可以令人兴奋；二要美丽，可以令人欣赏；三要阔大，可以使人胸襟开拓，度量宽宏；四要富于历史，使人常能领略数千百年以来之文物，以启发他们光大国粹的心思……”（《杭州大学之天然环境——一封公开信》）陶行知多次大声疾呼对学生要实行“六大解放”，其中之一的“解放”就是“解放他的空间，使他能到大自然大社会里去取得更丰富的学问”（《小学教师与民主运动》）。

但是，我们不能把这种教育功能庸俗化。在这个问题上有的教育者有一种认识误区，即总是希望每一次野外活动都应有“教育意义”——比如“了解家乡的巨大变化”呀，“感受祖国山河的美丽”呀，“认识环境保护的重要性”呀，等等，而且这样的郊游，对于学生来说，他们往往还承担着写作文的“重任”。如此一来，对自然美的感受成了一种沉重的负担。其实，不用那么多的“设计”，从某种意义上说，对自然的接近、对自然美的感受就是教育。

不要误以为我反对在郊游活动中有目的地进行某种教育，我反对的是每一次对大自然的亲近都带有浓重的功利主义色彩。不用刻意去追求什么外在的“教育意义”，因为大自然本来就是一本最博大精深的书：“我竭力要做到的是，让孩子们在没有打开书本去按音节读第一个词之前，先读几页世界上最美妙的书——大自然这本书。……到田野，到公园去吧，要从源泉中汲取思想，那溶有生命活力的水会使你的学生成为聪慧的探索者，成为寻求真知、勤于治学的人，成为诗人。我千百次地说，缺少了诗意和美感的涌流，孩子就不可能得到充分的智力发展。儿童思想的本性就要求有诗的创作。美与活跃的思想犹如阳光与花朵一般，是有机联系在一起的。诗的创作始于目睹美。大自然的美能锐化知觉，激发创造性思维，使言语为个人体验所充实。”（苏霍姆林斯基《把整个心灵献给孩子》）

是的，无论是小桥流水的幽雅情趣还是大江东去的磅礴气势，无论是朝阳初升时小草上的一颗露珠还是暮色降临时原野的一缕炊烟，都能使我和我的学生深切地感受到：“我们都是自然的婴儿，卧在宇宙的摇篮里。”（冰心《繁星》）

太阳岛的笑声

与举世闻名的乐山大佛隔江相望，有一个翡翠般的“小岛”。如果站在乐山大佛的位置迎着岷江望去，江右边是鳞次栉比的乐山城；江左边的一片突出陆地，如凤凰展翅一般，古人称作“扑凤洲”，它的形状其实是大体呈圆形，所以今天很多乐山人又把它叫作“太阳岛”。但由于它与大佛遥遥相对，因此，更多的老百姓叫它“大佛坝”。

刚参加工作时，我还是个单身汉，有的是时间更有的是精力。于是，我常常在课余带着学生到与乐山大佛隔江相望的太阳岛去。

那时的太阳岛，还是一片荒芜。接近江边的地方是一片片低矮但生机勃勃的小树林，树林后面便是一垄垄郁郁葱葱的竹林。天晴的时候，可以看到小树林和竹林全倒映在大渡河上，真是“绿影一堆漂不去”。岛上人家不多，只是稀稀疏疏坐落着一些农舍。除此之外，便是一直侵到江边的野草。

第一次去太阳岛，是刚参加工作的第一学期。记得当时我和学生一踏上小岛，就不禁惊异于在这与喧嚣城市仅一江之隔的地方，竟有这么一片世外桃源！

我和学生们在草丛中摔跤、斗鸡、捉迷藏、打水仗……

在我的相册里，有这么一张照片：我和七八个学生手牵着手，站在清清的江水中；灿烂的阳光照得我们几乎睁不开眼，但比阳光更灿烂的是我们每一个人脸上的笑容；我们背后的远处，隐隐可见乐山大佛那永远庄严的表情……

照片的题词是：永远的回忆。

记得那是一个暮春的星期天，我先是和学生在岛上玩“瞎子猫”，即在一个划定的圈子里，“猫”的眼睛被手绢蒙上，然后去逮身边乱蹿的“老鼠”们。

我自然是在学生的起哄声中当第一个“猫”。当我两眼漆黑，醉汉般地挪动双腿去逮，不，准确地说是去摸那些“老鼠”时，耳边只听见学生们得意的声音：“来呀，来呀，我在这儿呢！”当我循声去抓时，周围是一阵惊叫和大笑，我自然是什么也没有抓到！我只好继续在黑暗中摸索。

每每这时，学生最兴奋也最“嚣张”，他们想尽办法捉弄我：时而在我的耳边“啪”地拍一下手掌，时而用小草拂我的脸，时而用小树枝打我的屁股，时而将一截朽木横在我的脚下使我不小心绊一跤，有的学生甚至干脆用手掌在我头上、背上猛击……

我终于抓住一个女同学。于是，该她当“猫”了。这次，我可就神气了：把自己刚才所受的“欺侮”统统还给她！

然而，毕竟我不如孩子们动作灵巧，在我自以为敏捷地拉了她的小辫之际，我的手臂一下被她抓住了！情急之中，大声说：“你抓的不是人！是一棵小树！”说着我还真做出树干的造型。

这位女同学当然知道是我，却故意说：“那好，让我再仔细摸一摸！”我只好僵硬地保持树干的姿势。

她摸到我的手指了，问：“这是什么？”

我答：“是枯树枝！”

她摸到我的耳朵了，问：“这是什么？”

我答：“一片树叶！”

她又摸到我的头发了，问：“这又是什么？”

我答：“树上长的草！”

周围的学生早已笑得躺在地上打滚……

然后，我们脱下鞋，挽起裤腿，来到江边蹚水。透过清澈的江水，一块块五彩斑斓的石头颤动着，格外美丽。我和学生弯着腰，在水中拾拣着各自喜爱的石子。每拣一个，我们都要对着上面的花纹图案做一番“考证”：

“这是一只蝴蝶。”

“这是孙悟空的眼睛。”

“这是峨眉山导游图。”

……

我手里也拿着一块浑圆的黄色鹅卵石，学生们便问我：“李老师，您这个是什么呢？”

我不假思索地回答："猪八戒屙的屎蛋蛋！"

又是一阵笑声回荡在大渡河上空……

刚参加工作的头五六年，每年春节的大年初一，我都是和学生一起度过的。常常是每人从家里带一样食物：你带香肠，我带腊肉，他带年糕……然后便或骑车或步行向野外奔去。这样的场面我和我的学生已经见惯不惊了：新年的早晨，乡下的农民身着新衣面带喜气三五成群地向城里拥来，而我们也喜气洋洋却"逆历史潮流而动"向乡下扑去。有时候，我们站在山坡上，透过刚刚抽出粒粒嫩芽的树枝，看着山下公路上小蚂蚁一般的赶集的人流，真是别有一番情趣！

有的小事，也许太"鸡毛蒜皮"了，当时也许我和学生们都不觉得多么了不起。但如今回想起来，却是那么温馨甜蜜，有滋有味。

比如1985年的大年初一，我和几个学生在太阳岛上与水牛的一次"较量"——

那天早晨，城里多数人还在梦中，我和王伟、荣建、汪皓、黄靖、罗晓宇还有她妹妹等几个人就已过了江，沿着岸边向大佛的方向走去。路上，我们谈论着昨晚的春节晚会，谈论着陈佩斯和朱时茂的小品……

前面出现了一头水牛，它横在路上，两眼鼓鼓的，直瞪着我们。

王伟兴奋起来："嘿！牛年第一天，我们就碰见了牛，真是牛年大吉啊！"

汪皓等几个女同学却不敢过去，因为，那牛的尾巴一扬一扬的，似乎随时都要横扫过来。

荣建说："让我把它撵走！"于是，他嘴里叫着："吁——"

可牛儿纹丝不动，如雕塑一般。

王伟出了个鬼点子："我们放爆竹，把它轰跑！"

"不行！"我赶忙制止，"如果牛一受惊，那可不得了。"

大家都没办法了。这时，那牛仿佛得意了起来，昂首大叫：

"昂——"同时，尾巴一翘，竟啪嗒啪嗒地拉起屎来！

大家顿时笑了起来。

荣建却说："有了。我们把爆竹插在牛屎堆里放，声音不会很大。牛也许会走的。"

"那用一根小爆竹试试。"我勉强同意了。

荣建蹑手蹑脚地绕到牛屁股下面，一只手捂着鼻子，一只手把一个小小的爆竹插进还冒着热气的牛粪堆，爆竹插得很深，只露出一截引线。然后，小心翼翼地点燃了引线。

"快隐蔽起来！"我和学生们飞快地跑向远处的草丛，然后紧张地伏在地上，等待着巨响。

然而，并没有我们想象的惊天动地，只有"噗"的一声闷响。声音不大，不过牛粪倒是四处飞溅。

那牛儿小吃了一惊，后腿提了一下，然后，终于甩着那潇洒的尾巴走了。

于是，我们欢呼着继续朝前走去……

太阳岛不仅给我带来了欢乐，而且也给我的学生留下了难忘的回忆。我这里保存着高90届1班杨建同学的一篇作文《我们的玩笑节》，记录了我班在太阳岛的一次"狂欢"——

高二（1）班五十八位同学，却有着五十九肚子"坏水"——因为还有一位"永远长不大"的班主任。

星期六下午，"玩笑节"正式开始。天公也作美，春光融融。全班同学渡河到了美丽的太阳岛。刚到岛上，有人玩牌，热火朝天；有人品茶，悠闲自得；有人欣赏音乐，神情怡然；还有的忙着放风筝，天真烂漫……

但以李老师等人为一方，以杨嵩等人为另一方的两帮人马却各自心怀鬼胎，酝酿着一场"阳光下的罪恶"。他们用眼神和各种微妙的手势向“自己人”传递着旁人难以知晓的信息，脸上的表情故作镇定而又高深莫测。

果然，就在大家歌舞升平之际，岛上突然杀声四起。我惊讶地抬起头，只见杀声中男生们已兵分两路。其中一路是杨嵩打头，他拼命地摆动双臂向前飞奔，活脱脱一支离弦的箭！后面另一群同样姿势的男生在李老师的带领下边追边嚷：“抓住他！”

正看得起劲，忽然又听一阵欢呼，我忙扭头一看：原来几个男生已将杨嵩手下的一员大将李崇洪掀翻在地。正竭力追赶杨嵩的李老师见状，立即抽身返回。霎时间，李崇洪被男生围了个水泄不通。我们一群闻声赶上来围观的女生只能看见两只已没了鞋的脚在拼命地又踢又蹬。很快，袜子被踢破了，脚丫子从袜子的破洞口钻出来，沾满了泥沙。人群中心传出李崇洪不住的哀叫：“哎哟！放开我！哎哟！烦得很！……”

仿佛有人指挥，“轰”一声，男生女生都笑着散开了。李崇洪立即从地上坐了起来，拂拂脸上的泥沙，拍拍身上的杂草，无比委屈地清理着自己的破袜子。他想站起来，两只脚却被死死地捆在一起。他只好蹲也不是坐也不是地原地不动，真是狼狈极了！同学们都被他这个滑稽的造型，逗得哈哈大笑。

远处，脱逃的杨嵩、王英浩一定被李崇洪的“下场”吓住了吧？确实，这突然的一幕大出女生们的意料。因为按我们先前的估计，李老师会挨男生们一顿饱打，我们甚至还暗暗决定在他“生命垂危”的关头帮他一次。不想，这顷刻之间，他竟将全班大多数男生招到自己麾下！嗯，毕竟姜还是老的辣啊！

这时，杨嵩从远处走过来，好像请求和李老师谈判。李老师当即同意，过去把他揽在自己的怀里，看似亲密无间地大步走了过来。仔细一看，他们两人的表情大不相同：杨嵩走得僵硬，目光严峻，一脸悲壮，似在沉思；李老师则大摇大摆，左顾右盼，洋洋得意，趾高气扬！

走近了，李老师手下的几个“喽啰”冲上去把杨嵩的两只手臂扳背后捆了起来。此刻的杨嵩面不改色心不跳，神色凛然地走上一个高坡，然后，慷慨激昂地向所有人发表演说。他不愧是学生会主席，说话很富有“煽动”性，他说：“我早知我会被暗算的，但我不怕！总有一天我会报仇的！”又说：“同学们应分清是非，站在正义的一边！不要上了某些老奸巨猾的人的当！”等等。

遗憾的是，听众们却无动于衷，无人响应。大家都当是在看他演小品。

直到李老师觉得杨嵩实在是可怜了，才使了一个眼色，于是，几个“喽啰”便把杨嵩的手臂解开了。

“下一个目标——捉拿王英浩！”李老师手臂一挥，一群男生又向远远躲在江边竹林里的王英浩冲去了……

“玩笑节”的最后一个节目是“捉迷藏”。

一个“大孩子”领着一群半大不小的孩子在草坪上追逐翻滚。李老师的眼睛被手绢蒙上，成了一只可怜的“猫”。大家尽情地挑逗他。特别是男生们此刻都去捉弄李老师：拍打他，推攘他，揪他的耳朵，扯他的头发……杨嵩更是大报其仇：他把李老师一推，李老师就跌坐在了草坪上。当他刚刚摸索着爬了起来，几个男生便不管他怎样手舞足蹈地乱抓，硬是从他的后面把他拦腰抱住。可怜的李老师束手无策，完全没有了刚才追逐杨嵩等人时的得意神情。着急之中，他突然耍起无赖，竟“呸！呸！呸！”地吐起口水来，大家忙不迭地躲闪。李老师腾空而起，很英武地拉开架势一阵空拳，在阳光下瞎蹦乱跳一气，大家笑得直不起腰。正在李老师喘息的时候，景建辉拿了一张不干胶画片很轻松地贴在李老师的嘴上，李老师的表情痛苦起来，可他嘴巴上的女影星却冲着大家妩媚地笑。我们笑得东倒西歪，有几个女生笑得躺在草坪上起不来……

夕阳下山了。在最后一只小木船上，坐了男男女女十几个人，李老师“威严”地站在船头。不一会儿，船家将篙一撑，开始来逐一收船票钱。坐着的一伙人不约而同地将头扭向船尾，好像都在欣赏晚霞映照下的大渡河，对船家伸过来的手视而不见。“哎，大家掏钱买票呀！”李老师耐不住，催促大家了。“你帮我们掏嘛！”王英浩瓮声瓮气地回答说。于是，船家把手伸向了李老师。李老师愣了半晌，看我们大有赖到底的架势，只好叹了口气：“你们硬是要敲我的竹杠啊！好嘛，我掏……”

这大约才是玩笑节真正的尾声。

摘录这篇作文时，我的心情十分激动，敲键盘的手指禁不住也微微颤抖，眼前的电脑屏幕上的文字化作了太阳岛上灿烂的阳光……

调到成都后，我很少回乐山，也就很少去太阳岛了。不过只要我回乐山，就一定要和家人一起去太阳岛。今天的太阳岛正被开发为旅游区，昔日荒凉的草丛中一座座亭台楼阁开始露出红墙黄瓦。但是，我仍然喜欢在江边蹚水，在竹林漫步，希望拾起多年前洒下的笑声……

风雪峨眉山

我的右手手掌上有一条醒目的伤疤。

这个伤疤呈线形，大约有一寸长，处在靠腕的位置，亮亮的宛如一根大头针。每当我自觉或不自觉地搓手时，自然就会触摸着它，这时，我总会有一种特别的感觉，准确地说，我的心灵深处会下意识地拂过一丝涟漪。

因为，这条伤疤埋藏着一个惊险而又甜蜜的故事。

李白诗云：“蜀国多仙山，峨眉邈难匹。”每当春天、夏天和秋天，峨眉山往往是人山人海的旅游旺季。国内外的游人们，在这一段时间里，纷纷云集峨眉山，一睹其“天下秀”的芳容。作为生长在峨眉山脚下的我和我的学生们，峨眉山更是我们经常拜访的老朋友了——几乎每年春游，我们都要在峨眉山留下足迹和笑声。

但是，冬天的峨眉山又是怎样的风姿呢？

最近几年，冬游峨眉山渐渐成了不少游客的爱好。但直到 20 世纪 80 年代末，冬天的峨眉山还是相当寂静的。因为大雪封山，使一般的游人只能望而却步。

然而，我和我的学生准备试一试：用我们的意志、胆量和双脚叩开冬天峨眉山那坚硬冰冷的大门！

1989 年 1 月 25 日，在学校刚放寒假的时候，我率领高 88 级 1 班的杨嵩、王英浩、沈建、郑洁、胡国文、李崇洪、罗军、黄樱、胡月、陈丽珊、薛浩伟、潘芳奕、吴涛等学生向峨眉山进发了。

多次游峨眉山，我和学生们对山上景色已十分熟悉，所以，一路上，大家谈论说笑的多是风景以外的话题。一过息心所，山路上积雪渐多。石阶上、树上和草丛中，到处都是星星点点的积雪，使眼前的一切都勾勒着细细的银边。很少见雪的学生们，见到哪怕是一丝雪的踪迹，都要兴奋得互相通报：“呀！雪！”“看，多美！”

山路由一级一级的石阶砌成，每一块石阶上面都积着雪，而石阶侧面则没有雪，这样，由近往远看去，蜿蜒的山路黑白相间，宛如一排钢琴的琴键；而我们走在上面，发出“沙沙”的脚步声，就是在演奏着柔和的《峨眉山冬之曲》！

再往上走，积雪由星星点点变成了茫茫一片，而我们已经步履维艰：大雪几乎把所有的山路覆盖。于是，我们只好从路边的农民手中买来为登山特制的铁钉鞋，把它套在脚上。这种鞋，实际上是铁爪，一走路，铁钉就刺进雪地，走起路来自然就不会滑了。

解除了脚下之忧，我们就可优哉游哉地欣赏峨眉山冬天的奇景了：雪早已停了，没有风，整个山谷静静的，偶尔一只不知什么名字的鸟儿从某一棵树上飞起，枝头的积雪纷纷落下，传来轻柔的“沙沙”声。

眼前的峨眉山，简直就是一个巨大无比的玉雕！路旁的草丛，成了玲珑剔透的水晶珊瑚；高大的树木，披上了厚厚一层棉絮，随着树叶的不同形状，枝头的积雪也呈现出不同的奇特造型：有的像胖乎乎的弥勒佛，有的像毛茸茸的狮子狗，有的像晶球，有的像玉扇……远近的山峰都在积雪的覆盖下呈现出一派庄严肃穆的洁白。

此时的山路，“钢琴琴键”已变成了儿童乐园里的“滑梯”。在洗象池，本来有一段石阶路又直又长，现在，在厚雪的覆盖下，这条路成了光滑无比的陡坡。我们一行人走到这里，觉得实在不应该放弃对这天然滑梯的享受。于是，我们找来了一个破箩筐准备坐在里面，从上面滑下。

可是，大家都觉得有些危险：万一滑的时候，方向偏了，岂不是就滑到山沟里去了吗？于是，大家一致推举我先做个“示范”，因为玩滑梯的“馊主意”是我出的。

沈建说：“李老师先来个‘首滑式’吧！”

杨嵩也说：“如果你首滑成功，我第二个滑。”

学生们纷纷表示：愿紧随我呼啸而下。

我有点心虚：万一就此“化作了山脉”有点不划算，虽然有可能被“追认”为“革命烈士”，但我女儿才一岁半啊！

我踌躇着，可在学生面前又不能表现出半点胆怯。于是，我说：“我当然是不怕死的，但为了把握起见，让我先从下面一段滑起。”

这样，我先拿着箩筐跑到下面去，在离平地大概十来米的地方开始往下滑。如此逐步上升，最后，我觉得确实没有安全问题了，便坐在箩筐里，从最上面潇洒地一滑到底。学生们见我“首滑成功”，便争先恐后地抢箩筐，都想过一把“滑雪瘾”。

黄樱和陈丽珊两个女生胆子小，不敢一个人坐在箩筐里往下滑，但是她俩又特别想滑。于是，她们找到我：“李老师，我们聘请你当驾驶员。”

说得很委婉，但我明白她们的意思：所谓“当驾驶员”，就是坐前面，她们坐后面，然后一起往下滑。

“当然可以！”我爽快答应了，“不过，筲箕太小，一次最多只能坐两人。”

于是，我就当了两回“驾驶员”。

坐在筲箕里的感觉真是妙不可言：身下的筲箕平稳而急速地下滑，耳边的风声呼呼地响着，眼前的树木飞快地掠过，整个感觉像飞翔又像在下沉，像驾驶冲浪的游艇，又像骑上下山的猛虎……

一时间，洗象池一带热闹非凡。我和学生们的欢呼声在山谷间回荡，树上被震落的积雪纷纷扬扬地飘落下来……

当晚，我们在雷洞坪住了一夜。那一夜，屋外风声呼啸；屋内，笑声不断。我和学生玩扑克（我钻了两次桌子），说笑话，一直到深夜……

第二天，我们向金顶进发。越往上走，景色越壮观，开阔地带渐渐多了起来。在一片积雪齐膝的空旷地上，我和学生兴奋地扑在地上打滚。我们还睡在地上，用自己的身体摆成“一班”的造型（因为我们是高 88 级 1 班），我们还摆了一个“文”字（因为我们是文科班）。在摆“文”字的时候，学生一致请我当“文”字上面那一点，因为我是他们的“头儿”。

这两张雪地摆字的照片我一直珍藏着，每看一次，我就忍不住发笑：由李崇洪摆的那个“一班”的“一”字，多有“笔锋”啊！当时，因为他个子最高，我们推举他摆“一”，他欣然同意，而且睡在地上时还特地把脚尖微微翘起，说“这样显得有笔锋”。

到了接引殿，这里可以乘索道直达金顶，大家都不愿意乘，说走路可看到更多的美景。可潘芳奕的肚子疼了起来，于是，我只好陪她乘索道。

当我们的索道缆车启动时，我和潘芳奕不禁惊叹起来：“啊！我们简直就是在仙山琼阁飞翔！”银色的峰峦在我们脚下移动，恍惚使人感到“山舞银蛇”；冰雕玉挂在空中飘荡，我们又仿佛是在一个水晶世界……

记得当时我对潘芳奕说：“孙悟空也不过如此！”

可我不知道，就在我和潘芳奕当“孙悟空”时，步行的一伙人却在这迷人的风景里密谋着阴谋。

一场“灾难”正在向我悄悄逼近……

当我和潘芳奕到达金顶不久，他们也到了。大家在雪地上跳跃着、狂奔着，互相用雪团打着雪仗……我赶紧用相机不停为他们照相。

这时，杨嵩凑了上来：“李老师，这照相好不好学？”

我笑了：“根本就不用学！因为这是傻瓜相机。”

“哦——”杨嵩仍然很谦虚地向我请教，“我看看，是不是这儿按快门？”

我把相机给了他，并给他指点：“不对。是这儿！”

他接过相机说：“我也来照几张。”

我把相机给了他，就向正在雪中厮杀的学生们走去，想加入他们的激战。

可是，当我走近他们时，仿佛有人统一指挥似的，学生们突然向我冲来，扭胳膊的扭胳膊，按腿的按腿，硬是把我死死地压在了雪地上！我一边拼命挣扎，一边狂吼：“你们要干什么？……放开我！……哎哟！……救命啊！救命啊！……”

可是，王英浩居然抓起地上的雪就往我嘴里塞！

我被这伙“歹徒”死死地压住，仰面朝天，眼前的一切都颠倒了！我扭头往旁边看，女生们在嘻嘻地笑着，充当着“无耻的看客”；杨嵩在一旁不停地按动快门，“咔嚓”之声不绝于耳！

学生们开始往我身上堆雪了。啊，他们想用雪把我“活埋”了！我又开始挣扎，但李崇洪死死地把我按住，我的力量怎么敌得过他？

就这样，在我的干号声和“看客”们的欢笑声中，身上的雪越堆越多，也越堆越厚。渐渐地，脖子没有了，鼻子没有了，眼睛没有了……最后，我硬是被男生们“活埋”了！

然后，学生们一哄而散……

我慢慢地将头钻出雪堆，再从地上坐起来，最后终于艰难地站了起来，然后，向不远处的男生们冲去。

自然又是一番不一定精彩但肯定激烈的打斗。混战中，我只觉得血液在沸腾，激情在燃烧，身上的每一根骨头都在飞舞，每一块肌肉都在抖动……

突然，沈建的惊呼使所有的人的动作都凝固了："血！血！"

我一看，果然，一滴一滴殷红的血，在雪地上格外鲜艳夺目。

我紧张起来：要是学生真的出了什么事，那不得了！于是，我问："谁流的血？大家快看看自己身上！"

可是，片刻之后，大家都异口同声地说："不是我身上的。"

怪了！我身上也没发现伤口，这血哪来的呢？

"李老师！"郑洁惊叫起来，她惊恐的声音把所有人的目光都集中到了我的身上。

杨嵩赶紧上前对我仔细观察，他很快托起了我的右手，用很着急的声音说："是李老师受伤了！你们看——"

大家围了上来，我也一看，原来我的右手手掌上出现了一道长长的口子，鲜血正从里面源源不断地往外流。可是，我竟一点儿都不觉得疼。

记不清是吴涛还是胡月，马上拿出手绢给我包扎，周围的学生忙说："轻一点，轻一点！"

我很纳闷：怎么会负伤呢？大家也觉得奇怪。后来，在雪地上找到一个掉了的铁钉鞋，我们才明白：原来，是"搏斗"中，我的手不慎碰着哪位学生脱落了的铁钉鞋了，结果划破了手掌。

学生们都很内疚，我却安慰大家："没关系！你们又不是有意的。再说，我主要零部件还是完好无损的嘛！"

傍晚的时候，我们在旅店外面的空地上堆了一个雪人。最初，雪人光光的，什么也没有穿。于是，我把自己的棉帽摘下来给它戴上，郑洁也把她的红围巾取下来围在雪人的脖子上。可是，雪人没鼻子呀！我灵机一动把上午包扎过我伤口的那条被鲜血染红的手绢拿来卷成卷，插在雪人的鼻子部位。这下，雪人变得又可爱又生动！

我们排着队，一个接一个地和我们的“儿子”合影。

该我照了。我先坐在雪人旁边和雪人并肩照，可学生们说：“太正儿八经了！应亲热一点。”于是，我将身子靠在雪人身上，并用左手搂着雪人的肩照了一张。可是学生说：“还是不够亲热。”

杨嵩为我设计了一个大胆的造型：我亲吻雪人。我照着他的提示，搂着雪人的脸蛋亲了一个。

可是，像照完后，大家又开始“攻击”我：“哎呀呀！李老师好‘黄’啊！”“就是，太肉麻了！”“啧啧！光天化日之下，做这种动作，不害羞！”

第二天早晨，在下山的路上，大家又谈起我的“负伤”，大概是知道没有生命危险了，学生们又狂起来了：“其实，李老师真的牺牲了才有意思！”“那我们今天就在峨眉山举行隆重的葬礼！”

说着说着，他们真的来劲了：李崇洪等人又把我掀翻在地，还未等我爬起来，其余的学生立即在我身边围成一圈，呈低头默哀状，杨嵩拿起相机极为敏捷地“咔嚓”了一声……

从此，我的影集里多了一张“向李老师遗体告别”的“历史镜头”。

由于峨眉山气温很低，我的伤口包扎也很及时，因此，伤口没有发炎。回到家里，我赶紧到医院处理了一下，一个星期以后，伤口便痊愈了。

只是，从此以后，我的右手掌多了一根发亮的“针”。

现在，当年在峨眉山对我“行凶”的“歹徒们”都已大学毕业几年了：杨嵩复旦大学毕业后去广州丹芭碧公司市场拓展部任经理，王英浩西南交大毕业后留校任教，沈建西南政法大学毕业后分在成都市中级人民法院工作，潘芳奕在江西财经学院毕业后分配到福建《厦门晚报》当记者，郑洁在广州外语学院毕业后也留在广州工作……大家见面的机会几乎没有了，但每次他们和我通电话时，都不禁会怀着奢望地说：“什么时候，能再一起冬游峨眉山呢？”

在瓦屋山原始森林

1988年8月，我与我的学生——沈建、罗秦、祝黎嘉、黄樱、罗晓宇等人在瓦屋山原始森林做了一次探险式的旅游。现在，请读者随我的回忆也做一次神游……

瓦屋山位于四川省洪雅县和荥经县交界的地方，山脚下有一个名叫炳灵的小镇，我们在那里住了一夜。比起闻名天下的峨眉山，瓦屋山当然还鲜为人知。但所有炳灵镇上的人，一提起瓦屋山都有一种自豪，仿佛一座瓦屋山集中了他们祖祖辈辈的荣誉与尊严。坐在饭馆里，老板娘会向你夸耀瓦屋山的红杜鹃一年要开七个月之久，到那时漫山遍野一片杜鹃花海；住在旅店里，店主会向你诉说瓦屋山七十二道“悬翻水”（即瀑布）一年四季长流不息，如银练长挂在危崖之上；小河边，老人会给你介绍瓦屋山上二十四座溶洞神秘无穷、深不可测，还有那采不完的名贵药材、数不尽的珍奇动植物……有人干脆一句话：“啧啧！瓦屋山，漂亮哟！”

我和我的学生恨不得立刻就登上瓦屋山！然而，要登上瓦屋山并不容易——因为这座山根本就无路可登；上面也没有任何接待游人的住宿设施，因为这里几乎从来没有游人，平时只是偶尔有一些采草药的山民在半山腰活动。饭店老板听说我们要去登瓦屋山时，瞪大了眼睛：“你们？不怕野猪把你们吃了？再说，你们从哪儿上去呢？”

我问他：“难道整座山真的就没有一点人烟吗？”

他说：“当然没有！哦，不，也有三个护林员。”

抓住这条线索，我们就怀着一丝侥幸打听镇上有没有下山的护林员。结果，真是“绝处逢生”——我们竟真的还找到了一位下山买盐的护林员！

这姓吴的小伙子十分纯朴热情，而且看来还有些文化，他非常乐意带我们上山。第二天一早起来，天下着瓢泼大雨，但我们斗志不减，背上头天买的十来斤大米、好几斤猪肉和一些新鲜蔬菜，便跟着小吴出发了。

头上是如注的大雨，眼前是齐腰深的野草，脚下根本没有路，我们每人都拄着一根木棍，跟着小吴把草拨开摸索着向上攀登。行程相当艰难，但我们仍然边走边说笑着，探险的豪迈之情使我们心中充满了欢乐。

何况，一路上小吴还不停地给我们讲述着有关瓦屋山的动人传说——

当瓦屋山横空出世的时候，万道金光，震天霹雳，惊动了住在八景宫玄都洞的太上老君。他远远看见新出世的山矗立天际，酷似一座瓦屋，便叫它为“瓦屋山”。太上老君早就想为道教选一风景佳绝之地，便派了手下两位仙女——一位叫鸳，一位叫鸯——前去瓦屋山“考察”。

与此同时，如来佛听说瓦屋山后，也派一大鹏前去探视。大鹏振翅凌空，先于鸳和鸯到达瓦屋山，顿时被一片色彩斑斓的景色迷住了。它在瓦屋山上空盘旋着，一不留意，坠入瓦屋山一团金光之中。跌落之处，便形成一个大湖。大鹏不停地在湖中挣扎、翻扑，湖水外溢，便形成了瓦屋山七十二道瀑布（即当地老百姓所说的“悬翻水”）。正在大鹏鸟不能自拔之际，飘然而至的鸳和鸯把它从湖中救起。为纪念鸳鸯救鹏，后人便把这个湖叫作“鸳鸯湖”。

大鹏被救，羞愧万分，飞回如来佛住处又误了归期。它不好意思说出自己的狼狈经历，便谎报瓦屋山不过是一荒凉破败之地而已。如来佛信以为真，便不再打瓦屋山的主意，而选定峨眉山为佛教圣地。

鸳鸯二女回报太上老君：“瓦屋山乃人间仙境，美绝！美绝！”太上老君便迁移瓦屋山，瓦屋山便成了道教圣地。后来，如来佛听说瓦屋风景远胜峨眉，追悔不已……

美丽的传说使我们一行人完全沉浸在对瓦屋山的神往之中，而忘记了脚下的崎岖山路和头上的瓢泼大雨。

“遗憾的是，”小吴慨然道，“现在瓦屋山早已没有了道教的兴旺景象，山外的人也极少进来，鸳鸯湖也早已在几百年前就干涸了。瓦屋山只是一座原始森林了。”

“瓦屋山怎么会衰败下来呢？”我也不无遗憾地问道。

“这也有一个传说，”小吴又娓娓谈起来，“瓦屋山兴盛时，道士多达几千。但后来有少数道士不守规矩，胡作非为，使前来朝山的良家女子往往有来无回。此事惊动了朝廷，上面便派一官员前来调查。上瓦屋山须经过一座桥，以前过桥的人往往丧命。人们便传说过桥的人上天会仙去了，并把这座桥称为‘会仙桥’。官员踏上会仙桥，便感觉桥面摇晃。他定睛细看桥面，原来竟是一条长舌！——一妖怪张开大嘴，伸舌搭过山谷。以前的人们沿着长舌便走进了妖怪的肚子里。官员迅速退回，拔出宝刀，与山妖搏斗，最后斩断了妖舌，杀死了妖怪。官员因此断言：‘瓦屋山乃妖山！’便放火烧了瓦屋山。从此，瓦屋山便衰落了。”

“当然，这只是传说而已。”小吴解释道，“真正衰败的原因还是国民党军队的破坏。听我父亲说，瓦屋山原来都还存有一些道观，但20世纪30年代被国民党军队全烧毁了！”

“鸳鸯湖为什么会干涸呢？”我又问。

“不清楚。”小吴摇摇头，随即又笑道，“不过据老人们讲，是因为湖边曾葬着清代著名学者曾璧光的父亲，因而截断了湖底地脉，湖水便枯竭了。”

道教在瓦屋山的兴盛已一去不复返，但因祸得福，我们今天才得以看到瓦屋山的原始状态。因多年无人打搅，瓦屋山形成了自己独特的魅力：原始、粗犷、豪放而又不失秀丽、柔美。

瓦屋山首先是一座充满豪放之美的雄性的山。当远眺瓦屋山，望见它那状如梯形瓦屋、横踞天边的雄姿时，你会很自然地联想到男子汉的庄重与稳健；当你走进瓦屋山的怀抱，周围是茫茫森林，博大而神秘，你会感受到男子汉的宽厚与深沉；抬头仰望，一棵棵树干粗壮、枝叶蔽日的冷杉顶天立地，耸入苍穹，你会想到男子汉挺拔、伟岸的身躯；山风拂来，耳畔响起阵阵和谐的森林交响之声，那是男子汉沉稳的呼吸；飞瀑扑崖，清泉击石，激起震耳的轰鸣，那是男子汉爽朗的笑声……

但是，粗犷而不粗野，直爽而不直露：瓦屋山也有温顺、含蓄的一面，唯其粗犷中略含温顺，直爽间不乏含蓄，瓦屋山才显出自己刚中见柔的独特魅力。走近鸳鸯湖，多少有些令人失望：想象中浩渺碧波被眼前无尽的绿草所代替。然而，眼前无水的鸳鸯湖更具奇景：一望无际的野草有半人多高，风儿徐徐吹来，碧草随之温柔地一起一伏，俨然是水波荡漾的湖面。其时，“湖面”上正飘着迷蒙细雨，烟雨之中可见“湖面”的野花星星点点，又如无数含情脉脉的眼睛。离开鸳鸯湖时，细雨停了。我们站在悬崖上，俯瞰群山起伏，绿嶂叠翠。只见团团白云从壑底慢慢升起来，升起来，又轻轻地在峰峦间弥漫开来，仿佛有一双无形的魔手把洁白的云团无声地织成一张薄如蝉翼而又宽大无比的纱巾，再均匀地给翡翠般的森林覆盖上。顿时，气势磅礴的瓦屋山便平添了几分温文尔雅的气质……

瓦屋山不仅美在雄浑，美在秀雅，更美在质朴。千年冷杉、五尺苔藓、满目绿茵、齐腰野草……都赤裸裸地展示着。没有“万绿丛中一点红”的亭榭，没有“流瀑溅玉彩虹飞”的小桥，一切的一切都是大自然的本色。连那一截截享尽天年的枯木，也那么自然随意地横卧在林中溪边——凝重的朽木和活泼的溪流，构成一幅幅野趣盎然的风景小品……

瓦屋山是一座沉默的山。在旅游热烧烫全国的今天，这儿却一片宁静。我不无惋惜地对小吴说：“这儿的风景绝不亚于峨眉山，若开发成旅游区该多好！”小吴却漠然摇头：“人多了，有什么好？”一句话提醒了我：是啊，人多了有什么好呢？可以设想，瓦屋山一旦被“开发”，那将是怎样的情景——漫山遍野，万头攒动；仿古庙宇，金碧辉煌……诗人们不但会在这里留下许多屹立路旁但未必千年流传的诗碑，而且还会为瓦屋山取许多富有“诗意”的景名（往往凑齐十景）；瓦屋山还将建起茶馆、饭店、公路，甚至宾馆、停车场、空中索道；水果皮、香烟盒、易拉罐、啤酒瓶将随地可见……是啊，到那时，瓦屋山还会美吗？

自然的当然不一定是美的，但美的一定是自然的！

我和学生在山上森林里的简陋护林棚里住了两夜，感慨颇多。以上所述，不及我们所见所闻所感百分之一。下山时，虽然大家都累得腰酸腿疼，但我们还约定过几年一定重游瓦屋山。

不过，现在想起来，这可能只是一个令人憧憬却无法实现的美丽的梦而已。

1988 年 8 月，和学生去原始森林探险

手记七 我的教育失误

我用我的教育失误真诚地告诫我的同行：永远不要对学生扬起你的拳头；永远不要用刻薄的语言对你的学生说话；宁可让学生欺骗十次，也不要冤枉学生一次；无论你的教育感到了多么大的困难，都千万不要对学生说："你是不可救药的！"

永远不让学生对他自己感到绝望

人们常说“电影是一门遗憾的艺术”，其实，教育又何尝不是一门遗憾的艺术——如果我们把教育当作艺术来追求的话。

也许有人会不同意我这个说法：“电影一旦拍摄完毕，就很难再修改了。而教育中如果出现了失误，则完全可以在以后持续不断的教育实践中加以改进啊！”这话当然不是没有一点道理，因为我们的确可以在一届又一届的学生中改进我们的教育。但这是站在教师的角度考虑问题的，如果我们站在学生的角度看问题，就会感到，每一个学生只享有一次中学时代的教育，而我们教育的失误给具体的某一位学生或某一届学生带来的不良后果，将是很难弥补的——如果这种失误是对学生心灵的伤害，那么，这种伤害很可能将伴随他的一生。

然而，在我从教十多年来，由于脾气不好、修养不高以及其他种种原因，我的教育不止一次出现失误，其中，最不能原谅也最让人痛心的失误，便是对学生心灵的伤害。

不知我这个观点对不对——

我认为，对任何一个教育者来说，其教育失误是难以避免的也是可以原谅的：经验不足啊，工作粗心啊，方法简单啊，褒贬失当啊，等等；但是，最不能原谅的教育失误，便是对学生心灵的伤害。

苏霍姆林斯基在谈到培养学生自我教育能力时认为，自我教育的前提是自我尊重。他这样谆谆告诫年轻的教育者：“自我尊重取决于什么？怎么培养？年轻的朋友，请记住，这是一种非常脆弱的东西。对待它要极为小心，要小心得像对待一朵玫瑰花上颤动欲坠的露珠，因为在要摘掉这朵花时，不可抖掉那闪耀着小太阳的透明露珠。要培养自尊心，只能用温柔细致的教育手段。自尊心是不能容许采用粗鲁的、‘强有力的’‘凭意志的’手段的。”

我曾多次在我失误之后，这样原谅自己也这样对学生进行解释：“我是真诚地爱学生，我是一片好心啊！”但是，现在我意识到，不管我们平时对学生有如何深厚的感情储备，不管我们过去在学生心目中有多高的威望，也不管我们以前对学生进行了多少“行之有效”的教育，只要我们深深地伤害了他们的心灵——也许是一记耳光，也许是一句辱骂，甚至也许只是一个鄙视的眼神——那么，这一切都烟消云散了！

根据我的教训，教育者要尽量避免在这四个方面对学生的心灵造成伤害：打学生，用语言伤学生的自尊心，冤枉学生，在学生面前表现出对他绝望。

刚参加工作那一年，我曾先后三次打学生，而且每次我都有“充足”的理由：我是因为爱我的学生，而打欺负他们的高年级学生。但我这种狭隘自私的爱，并没有让我的学生感激我，相反他们也认为我“有失身份”；而被我“教训”的高年级学生则不但长期仇视我，而且对“人民教师”的神圣也产生了怀疑。这点我至今想起来仍然感到深深的内疚。

我批评学生时，有时不注意措辞，激愤之中往往尖酸刻薄。从教育手段来讲，可以说教育的艺术就是语言的艺术，但我的语言常常成了刺向学生心灵的刀子！

每当我自以为雄辩自以为尖锐自以为辛辣的时候，学生的脸上显得满不在乎而心灵却在哭泣。更有甚者，有的学生可能已习惯于我的嘲讽而无动于衷了，所谓“哀莫大于心死”——这更是我教育的悲哀！

由于武断或主观偏见，我不止一次冤枉我的学生。说起来，好像冤枉学生也是难免的而且往往是偶然的，但是，如果仔细分析一下，我就发现，我冤枉的学生往往是那些“后进学生”：科任老师给我反映课堂纪律不好，我首先想到的是某个“捣蛋分子”；教室的玻璃窗打碎了，我首先想到的是那些一贯舞枪弄棒的“调皮大王”；班上的东西丢失了，我首先想到的也是某些有“前科”的学生……不能说，我的这些想法没有一点道理，但如此定式思维，我冤枉一些我心目中的“后进学生”就是必然的了。结果，被冤枉的学生心灵痛苦不说，他们还会在思想上、感情上与我对立起来，以后我所有的“苦口婆心”都是白搭！

教育成功的诀窍之一，就是永远不让学生对他自己感到绝望。但我也曾多次在激愤中说出一些让学生感到绝望的话：“我永远不会相信你了！”“看来你是教不好的了！”“这是最后一次原谅你了！下次再犯，你就别来上学了！”“我没有你这个学生！”……当学生本来是非常尊敬老师并认为老师是在真诚地帮助他的时候，这些话无疑会击碎他内心深处“想做好学生”的美好愿望。一个学生真正的堕落，有时候恰恰是从我们教育者的“绝情”开始的。

因此，我用我的教育失误真诚地告诫我的同行：永远不要对学生扬起你的拳头；永远不要用刻薄的语言对你的学生说话；宁可让学生欺骗十次，也不要冤枉学生一次；无论你的教育感到了多么大的困难，都千万不要对学生说：“你是不可救药的！”

下面，是我教育过程中几次令我难忘的教训，揭开这些“疮疤”，对我来说无疑是痛苦而羞愧的。但我还是把它们展示出来，以警示我今后的教育，也让其他的教育者引以为戒。

耿梅，请原谅我

1984 年 7 月 3 日，是初 84 届 1 班学生领取毕业证的日子，也是他们最后一次到校。

所有学生的毕业证都发完了以后，我看着最后一次整整齐齐坐在这教室里的学生们，真诚地对大家说：

“同学们，在和你们一起度过的日子里，我做了一些我应该做的工作，也犯了不少错误，有的错误可能我至今都还不知道。真对不起大家！一会儿，我们这个班就要解散了，你们也就要离开学校了，但我还要继续在这个学校工作，下学期又要结识新的一批学生。因此在这最后的时刻，我请求每一位同学给我写一封信，作为留给李老师的礼物。”

学生们没有思想准备，都很惊讶。我接着解释说：“这封信只要求写一个内容——对李老师的意见。反正现在你们已经毕业了，就不要有什么顾虑，哪怕写得不那么准确，也不要紧。只要是真诚的，李老师都非常欢迎，也非常感谢！”

于是，学生们开始认真地给我写信了……

在收上的来信中，耿梅的信引起了我的特别注意——

李老师：

首先感谢您对我近三年的教育培养！

既然您要我们给您提意见，那我就直爽地给您提一条我憋了很久的意见。我说得不一定对，供您参考吧。

还记得初二时您批评我做课间操不认真的事吗？可能您早已忘了，但我永远也忘不了，因为那一次您对我的批评，实在是太伤我的面子了。

那一天做课间操，由于刚刚上了物理实验课，我很兴奋，一直在和同学议论那堂课上有趣的实验。我边做操边议论，被您发现了，您当时严厉地呵斥我：“耿梅！兴奋个啥？捡到钱包了吗？”您当时的声音很大，引得周围其他班正在做操的同学都转过身来看我。我的脸一下就红了，恨不得找个地缝钻进去！我想：我说话是不对，但您也不应该用“捡钱包”之类的话来讽刺我呀！我越想越不服气，就冷笑着嘀咕了一声：“你才捡了钱包！”谁知竟被您听见了，于是，您便更大声地骂我：“不要脸皮太厚！”当时我一下子火了，就和您顶撞起来：

“你凭什么说我‘脸皮太厚’？”结果，回到班上后您当着全班同学叫我站起来，气急败坏（这个词可能用得很不礼貌，但您当时给我的印象的确是这样）地骂了我很久。您当时骂我的具体的话我现在已记不清了，但当时您列数我“脸皮厚”之一之二之三之四之五，我却至今还记得清清楚楚！您说：“别人都在认认真真做操，你却又说又笑，这是脸皮厚之一；我批评你，你还不改正，这是脸皮厚之二；老师批评你，居然还好意思笑，这是脸皮厚之三；你一边笑还一边和我顶嘴，这是脸皮厚之四；而且到现在你还没有半点认错的意思，这是脸皮厚之五。”就这样，在同学们的注视下，您让我无地自容……

虽然后来我还是按您的要求写了检查，而且您以后也再没批评过我，但这件事对我的自尊心伤害太大。有一段时间，我特别特别恨您。现在想起来，我当时的确有非常不对的地方，也许您当时的心情也很不好，但您也不应该那样讽刺挖苦我呀！现在，我就要毕业了，本不想再说已经过去了的事。但您既然诚恳地要求我们给您提意见，我就写了这些。我真诚地希望李老师以后批评同学的时候，一定要注意方式，千万不要说一些伤人自尊心的话。不然，犯了错误的同学口服心不服，还会在心里记恨您，这样，您的教育也达不到目的。另外，我要告诉李老师的是，您应该相信，任何同学犯错误都不会是有意的。

说实话，如果不是已经毕业，我的这个意见是不敢对您提的。不管您读了这封信是否高兴，反正我是很认真很真诚的。

祝李老师暑假愉快！

耿梅

1984 年 7 月 3 日

读完这封信，我真是羞愧万分！

这个耿梅，在我那次因病住院离开学校之前，还和几个同学来到我的寝室，哭着安慰我“好好养病”，可我却无意中深深地伤害了她的心！不，说是“无意”并不准确，当时，我看到她在队伍中又说又笑，便严厉批评了她，没想到她竟然顶撞我，于是一种要“打下她的嚣张气焰”的念头占了上风，便出现了她信中所说的情况。我知道，对她说句“对不起”是远远不足以表达我的歉意的，而且也不足以让她原谅我。但我还是写了一封短信寄到她家里，感谢她给我提出的批评意见，更向她诚恳地道歉。

不知是因为她没收到，还是收到了她还在记恨我，反正，我一直没有收到她的回信。但她毕业离校那天给我写的那封信，我至今还保存着。

三十多年后，儿子都已经读大学的耿梅来看我，我拿出了当年她给我写的信，说：“感谢耿梅，是你教我当老师！”耿梅感动地说：“李老师，你真的是最好的老师！”

侯伯俊的“痛”

1999 年 6 月 21 日，我批阅学生的随笔。翻开侯伯俊同学的本子，一个大大的标题《痛》吸引了我。这篇随笔全文如下——

今天是 6 月 16 日，就要期末考试了。复习完功课，自己偷闲翻翻记事本，发现中间有几页曾撕过，自己一下子想不起来为什么要撕那几张。想了很久，我才猛然想起为什么，那是两年前上初中之后不久我刻骨铭心的痛。

第一次大考，坐在我旁边的是一位性格外向的女孩。第一天考试便结识了她，因为她帮我解出了一道难题，我便也从谈话中知道她是初二的学生。（当时学校实行跨年级交叉考试——李镇西注。）当时考的似乎是语文，我很快就做完了，她的钢笔就在一会儿后没有墨了，我把我的借给了她，并对她洋洋洒洒一大篇作文报以惊叹，她却不怎么当回事地说我少见多怪。

我并没有察觉他的到来，当他的手拍在我肩上时，我惊呆了。考完后他找我谈了谈，而且在第二科的考试上当着教室里所有的人说了我和她。我当时记得最清楚的是他说的一句："××和××眉来眼去。"我当时好想有个地缝钻进去。事后，那女生泪流满面地问我是否是因为考试那件事，我点头，她便转身离去。从此以后，我俩再见时，她也不再和我打招呼，我俩互相视而不见。

因为这件事，黄璐莎几乎取笑了我整个学期，每次都把"眉来眼去"四个字说得重重的。我以为这件事就这么过去了，但没想到第二天考试他又当着所有的人"夸"我"公关能力很强，适合于做公关先生"，班上的人哄堂大笑。

我觉得我就像被耍的猴子似的遭戏弄，我的心在流血！

谁又能理解呢？当时的我居然还满脸堆笑地应付着旁人好奇的目光，我的心是怎样地在痛呢？我只有默默地对自己说："可能是我实在太外向了吧！难免会引起别人的误会。"

我想我会永远记住这件事，它给我的震动和打击无法用语言表达，它给我带来的伤口可能会愈合，但疤痕会依旧。

读完随笔，我第一个想法是："居然有这样的老师！"我为侯伯俊的"痛"而痛，甚至义愤填膺。随即我忍不住推测起来："这个老师是谁呢？"待把所有科任老师罗列完，我觉得一个都不像。因为和我搭档的老师对学生都是非常好的。一下子，我不安起来：会不会就是我呢？但略加回忆我便否定了这个想法：我从来没有这样对待过侯伯俊，再说我怎么可能如此伤学生的自尊心呢？

但是，我又隐隐感到，好像我是在什么场合批评（实际上是训讽）过侯伯俊"有公关能力"，但究竟是什么时候什么场合我实在是想不起来了。我决定把侯伯俊叫来问一问。

“你今天交来的随笔上写的‘他’，是……我吗？”面对坐在我身边的侯伯俊，我这样问道。

他略略迟疑了一下，看了我一眼，终于点了点头，小声说：“是的。”

我和他一起回忆了一下两年前的情景。在他的提示下，我的回忆越来越清晰：是的，我的确那样毫不留情地伤害过他，还有那位女同学！

我真诚地对侯伯俊说：“没想到我都忘了的事，却给你留下了这么深深的痛苦！实在是对不起！请你一定要原谅我。”

这件事对我的教训的确是深刻的。很难说我是有意想伤害侯伯俊，可能因为是考试，而他和同桌又说又笑，作为监考的我当然要狠狠批评；但是，“眉来眼去”“公关能力很强”之类的话，显然已经不是一般的严肃批评了，而是明显的挖苦讽刺。这件事我很快就忘了，甚至读了侯伯俊的随笔，我都还没有想到他是在写我。唉，同样是一件事，我过后便忘，却给侯伯俊和那位女生留下了刻骨铭心的痛！

唉！有时教师的一句有失分寸的批评，甚至只是不恰当的一个词，会给学生造成多么大的心灵伤害啊！

下午，我在班上再次郑重向侯伯俊道歉，我说：“我真的很后悔很痛心。平时我大谈‘爱心与教育’，可我居然犯了这么大的错误却忘得一干二净！虽然这事已经过去了两年，但对侯伯俊同学造成的伤害并没有消失。我希望得到侯伯俊同学的谅解。”我又说：“可能我还无意中伤害过其他同学的自尊心而我自己却不知道或者说忘记了，真诚地请这些同学来找我，接受我的歉意。”我还明确告诉大家：以后凡是我再有这样伤同学自尊心的事，请同学们马上批评我——如果不好当面给我指出，下课后一定要到办公室来提醒我。

最后，我送给侯伯俊一枚雨花石，表达我的歉意，并对他说：“请你设法找到那位女同学，叫她到我办公室来，我还要向她赔礼道歉。”

不要轻易让学生写检讨

今天早晨的早读课非常好，同学们不但来得早，而且很快进入读书状态。“晋侯、秦伯围郑，以其无礼于晋，且贰于楚也。晋军函陵，秦军氾南……”琅琅书声在教室里回荡，格外悦耳。

但我心里一直隐隐不安，因为昨天早晨刘骞雯、项柳依、唐朵、何晓蕊四个女同学迟到了，当时我很生气，因为刚刚强调不要迟到她们却迟到了。于是，冲动中我说：“你们每人写一份检讨！”后来下午我去市里开会，越想越觉得我太过分了：学生迟到了，已经知道错了，改了就好，何必写检讨呢？而且学生们这么忙，写检讨得花多少时间呀！于是，我便给王晓丹老师打电话，想请她转告几个女同学不用写检讨了。可是王老师当时没有接电话（可能是手机没在她身上），所以我就无法通知四个女同学。今天早晨一来，四个女同学都把检讨交给我了，那一刻我竟然有些感动。

课间操的时候，我把四个女同学叫来：“我看了你们写的检讨，写得很好！我相信你们能够改正。不，你们已经改正，今天不就没有迟到吗？不过，说实话，李老师感到挺过意不去的，昨天我有些冲动，便叫你们写检讨，下午我就有点后悔了，怕耽误你们的时间。但我给王老师打电话没有打通，结果就……唉，李老师这里向你们道歉！以后我也要尽量冷静。你们要原谅李老师呀！”

她们都说：“没有什么的，本来就是我们错了嘛。”

我说：“这几份检讨我本来想退给你们，但想了想，还是我保存，我要珍藏起来。二十年后你们来看李老师，李老师就给你们看。到那时，你们都成了名人了，我手里这些检讨可都成了名人文物呢！呵呵！”

她们也开心地笑了。

其实，学生总对老师是很宽容的。他们一般不会计较老师的过分或者过火的批评，甚至老师犯了错误，他们也会原谅老师。作为老师，我们应该珍惜孩子的这份宽容，更应该小心谨慎地运用批评，尽量不要冲动，不要过分。

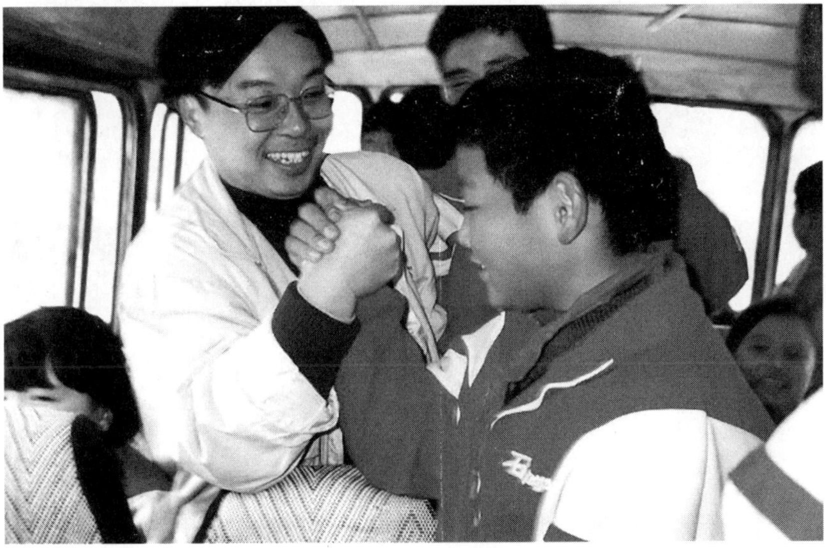

1998 年春天，在郊游的大巴上

1998 年，在课堂上

手记八 虚假德育批判

德育的整个过程都必须遵从学生的心理认知规律，而且不同年龄段的学生应该有不同的教育特点。任何脱离学生理解能力和他们实际生活的理论，无论多么崇高，都不会被学生真正接受；即使是学生应该掌握也能够理解的思想，如果方法简单枯燥，其教育也难奏效。

陶行知先生有句话朴实而又深刻:“千教万教，教人求真；千学万学，学做真人。”以此来打量我们今天的德育，我深深地感到不安。

思想政治工作本来是我们党的优良传统，“教人求真”“学做真人”的学校德育也曾为我们国家培养了千千万万的社会主义新人。但是，我们也不能不痛心地看到，背离实事求是精神、脱离学生心理生理特点，甚至有悖教师职业道德的种种“虚假德育”，却每天都在损害着我们的教育，甚至潜移默化地扭曲了学生的心灵。应该指出的是，这种“损害”和“扭曲”并不一定是教育者的主观意愿，但正是这种不知不觉的“损害”和“扭曲”，让我们看到了“虚假德育”所具有的讽刺意味和悲剧色彩。

政治课 = 套话 + 假话?

某重点中学的老师曾在学生中进行调查:“你最不喜欢的课是什么？”结果，被调查者几乎一致写道:“政治课。”

这个结果即使是对政治老师来说也不会感到意外的，因为不爱上政治课，不只是一个班、一个学校才有的现象，而是全国中学政治课教学所面临的痛苦现实。

“最令人头痛的是政治课！”百分之九十五的同学都会这么说。“一是因为根本听不进去，二是因为老师又不许我们在课堂上干其他事情。怎能不叫大家心烦？”一位中学生坦率地对我说。

其实，最感痛苦的还是政治老师。因为他们知道学生不喜欢自己的课，可又不得不“厚着脸皮”日复一日、年复一年地讲下去。

请看这么一堂极普通的政治课——

黑板上，端端正正地写着课题“个人与社会（下）”。这是高一政治实验教材《共产主义人生观》的一章。

“今天，我们继续来学习怎样正确处理好个人与社会的问题。只有解决好这个问题，青年学生才能在成才道路上更快地成长，在‘四化’建设中发挥应有的作用。”两鬓染霜的女教师极和蔼极平静地讲道。

除了老师的声音，教室里安静得叫人感到这堂课没有学生。难道学生真的如此专心致志吗？是的，不过不是为听课，而是各有所爱：有的学生在做数学作业，有的在看小说，有的在画漫画，有的在抄流行歌曲，有的干脆趴在桌上睡觉……当然，前排的几个学生出于礼貌，都抬头尊敬地看着老师，但目光却是那么呆滞无神……

突然，老师走下讲台，直奔教室后排，顿时，如平静的湖面吹过一阵疾风，教室里骚动起来：往抽屉里放数学作业的，往书包里藏小说的，翻开政治书的，拿出政治笔记本的……一片窸窣之声。

然而，老师并不是要去缴谁的小说或撕谁的作业本，原来她是临时需用一下放在教室后面的那块小黑板。仿佛什么都没看见，老师提着小黑板回到了讲台上。

一场虚惊之后，教室又恢复了安静，老师仍然那么和蔼而平静地讲着……

——这样的课堂，师生双方都感到一种互相欺骗的滑稽和痛苦。

政治，本来是一个十分庄严、崇高的字眼，是正义、进步的同义语，可现在却成了中学生普遍反感的词儿，成了虚假说教的代名词。如果“政治”再与“课”联系在一起，那就令大多数中学生深恶痛绝了！耐人寻味的是，学生这种对政治的冷漠，很大程度上恰恰是由于我们多年来对学生政治教育畸形的“强化”。

为了挽救政治课的声誉，不少教师对政治课进行了大胆的改革。早在10年前，我当时所在学校高一开设的《共产主义人生观》，使用的教材正是为落实《中共中央关于改革学校思想品德和政治理论课程教学的通知》而编写的实验教材，可是这仍然未能激起学生的多大兴趣。

以下是 1987 年 5 月的一天，我在窗外偶然偷听到的教室里学生们激愤而畅快的谈话——

A 同学：我们可以从小学的政治书翻到现在高一的政治书，除了社会发展简史和法律常识外，几乎每一本都不外乎谈理想、祖国、“四化”、劳动、纪律、人生意义等，而且讲的东西既空洞又脱离实际。即使举例，也不过是把一些惊天动地的事摆出来堂而皇之地教育大家。试问，天下到底有多少例这样惊天动地的事？大家觉得这些惊天动地的事太少，自己碰不上，也没能力去做，因而觉得政治课中讲的内容没有用。如果给我们念一篇既有意义又精彩的小说，如《爱的教育》，可能比上一堂政治课收获还大。

B 同学：本来有些内容还是我们关心的，可是讲得脱离实际，就令人反感了。比如今天讲的“人际关系”，题目还算吸引人，因为我们这个年龄好多苦恼都是由于不会处理人际关系，可一听老师讲，大失所望：什么“人际关系是错综复杂的社会关系”，于是又列出一长串所包括的种类——废话！什么“阶级社会里人际关系主要表现为阶级关系”——乏味！什么“处理好人际关系必须注意平等的原则、互助的原则、团结的原则”——空洞！唉！这些东西一点也用不上，几乎无助于我们平时正确处理各种复杂而微妙的人际关系。真是越听越心烦……

C 同学：《共产主义人生观》里多次以居里夫人和爱因斯坦为例，他们的人生观的确是高尚的，可他们并不是共产主义者啊！

D 同学：书上好多地方把“应该怎样”说成“已经怎样”，就显得很虚假。如说：“社会不仅从各个方面努力满足每个社会成员日益增长的合理需要，而且为他们做出新贡献所需的一切准备了必要的条件。”真的已经如此了吗？

E同学：我简直想不通，为什么像雷锋、徐洪刚一类的大公无私、主持正义的人在现实生活中难以看到，可书上又说这样的人很多呢？

F同学：假如期末不考政治、高考不考政治，我想就不会有人再听政治课。从小学到高中都是这样：谁肯下功夫背、谁的记性好，谁的政治就最好。每次期末复习花时间最多的就是背政治，几天几夜的背诵就是为了那么一个多小时的考试，考完便忘得一干二净。如果背的是历史、地理毕竟还有用，可背的全是无用的政治，实在太冤枉，简直折磨人。

听着这些偏激的言辞，我想起了不久前政治考试的一道题："请联系个人实际（包括自己的收获、体会、疑问或思考等）写一篇内容真实的学习《共产主义人生观》的小结。"

结果出现在试卷上的小结，大多是"学了《共产主义人生观》后，我在思想上有不少进步""我很有收获""我真正认识到……""我决心……"之类的话。

学生为什么都学会了撒谎，而且是毫不脸红地撒谎？

我想起我当年第一次写入党申请书，"共产主义"这个词语在心中所生起的一种真诚的庄严感。虽然我是在"文革"中接受的中小学教育，但我对共产主义的真正认识，却是从读《红岩》《青春之歌》《红旗飘飘》《革命烈士诗抄》等"禁书"开始的。在我看来，"共产主义"这四个字是不能随便轻率地说出口的，因为它是和李大钊、瞿秋白的名字联系在一起的，而《可爱的中国》《我的"自白"书》等带血的文字则是对这个壮丽词语最好的注释。我至今认为，无论是战争年代从容就义的夏明翰，还是和平时期鞠躬尽瘁的焦裕禄，他们选择了共产主义，就是选择了一种壮美的人格、一种伟大的奉献，一种崇高的牺牲！然而，这样一个庄严的词语却被学生们"庄严"地亵渎着，这究竟是应该怪我们的学生，还是应该怪我们的教育？

教室里还在继续"发泄"着，我忍不住走了进去。学生们看到我自然是一阵尴尬。

“我理解你们。可是，”我诚恳地问道，“刚才你们的那一番话为什么不写在上次的学习小结上呢？”

“那可是考试啊！一见是考试，大家都想的是揣摩老师的标准答案，谁愿意写真话？”“既然是写小结，当然应该写有收获，反正有没有收获老师也不知道。”“我觉得我们的政治老师挺好，辛辛苦苦，一丝不苟地讲着大家并不喜欢的课，让人同情。于是我不愿写出使老师伤心的话，若我写出我没有什么收获，这在感情上太对不起老师了。”

应该说，这一群学生能在课余评论政治课，还算是有“政治热情”的，更多的中学生连这个兴趣也不会有。他们早已习惯了、麻木了：“政治课嘛，本来就是这样的嘛！”反正既然课表上有政治课，我就学；既然期末要考，我就背！至于有用没用我不管，只要不会因政治分数太低而影响各科成绩总分就行——这是中学生对政治课学习的普遍心理。

可是，政治课教育的目的却被“忘”了，尤其令人痛心的是，政治课的声誉被严重地破坏了，而且败坏的原因恰恰主要来自我们教育者本身。

于是，一位中学生十分坦率地得出这样的结论——

“政治课，就是说套话和假话。”

离我写下上述文字又过去了很多年，现在党和国家特别重视对学生的思想政治教育，在改进思政课堂教学方面下了很多功夫，我看到了希望。

“我的入团经过”

笔者曾在某市晚报读到了这样一则消息：“本市公安机关最近在市内某重点中学抓获了一个抢盗集团。这伙犯罪分子共六名，都是共青团员或团支部书记……”

类似的报道近年来屡见不鲜了。对此，不少人往往痛心于这些共青团员的堕落，并力图弄清：共青团员是怎样一步步变为罪犯的？

然而，我总是怀疑：这些学生一开始就不是合格的共青团员。

“活动靠叫，团费靠要。”团组织生活走过场、团员素质下降，团风不正……面对团组织的这些危机，人们呼唤着并且寄希望于团的改革。但造成上述情况的有一点重要原因容易被人忽视：现在的青年，入团太容易了！

在某重点中学的高一（1）班，班主任曾出了一道调查题，“我的入团经过”。请看几位共青团员的“自白”——

G同学：算起来，我的团龄已有两年半了，然而我至今都还搞不清楚为什么要入团。

记得那时班上好多人都在写申请书，为了凑热闹，觉得好玩，我也跟着写了入团申请书。当时我班交上的申请书只有两种格式，女生一种，男生一种，每位申请者都是照着别人的一模一样地抄，我稍微聪明一些，将两种格式的申请书都拿来，各抄录了一些拼成了略有“新意”的入团申请书交了上去。隔了几天，老师把入团志愿书发下来，我照着要求填好交给了老师。过了一个多月，办公室外面贴出一张“光荣榜”，我班写了申请的绝大多数都入了团。

于是，我便有了团籍。

H同学：初三时，班主任请了一位团委的老师来给我们讲有关团的知识。那时我没在意，总觉得入团很神圣，也很不容易，自己的条件还差得远，因此没写申请书。

过了几天，我留心了一下交入团申请书的同学，好多人的表现跟我差不多，我便觉得自己可能还是有被批准的希望。虽然我并没有认真思考过我为什么要入团，但我总觉得入了团便是好学生了。于是我写了申请书。

班上讨论发展第一批团员还是比较郑重的，又是谈对团的认识，又是提优缺点，我参加了讨论会，觉得自己的条件确实不够。不久，首批团员批下来了，我不否认其中确实有表现突出的同学，但也有一些表现一般，不过是成绩拔尖而又受老师器重。

后来班上又发展了一批团员，这次发展工作是在神不知鬼不觉的情况下进行的。只记得班主任在课堂上很不经意地提了一句："最近我们要发展一批团员。"这次，我没写申请书，因为我以为前次写的申请书仍然算数。可是不久班上一下多出了十多名新团员——他们是真正的挂名团员，我简直不明白他们怎么会入团，后来听说，这是初中最后一期了，凡是这次在老师的提示下写了申请书的，全部批准了。我感到惊讶。

临近毕业的时候，班主任又说："毕业前还要发展最后一批团员。"也许我学精了，决定蹚这趟浑水，便草草写了一份申请书。很快发下了入团志愿书，我按要求填了。没几天毕业离校了，入团的事却一直没消息。可是，暑假里，老师请人给我带来一枚团徽。我就这样糊里糊涂地入了团。

上了高中，我感到班上绝大多数都是团员，但是大家的表现并不出色，看不出和非团员同学有什么区别。我真正感到不可理解。其实我没资格去说别的团员是否合格，因为我自己就不是一个合格的团员。

I 同学：入团本来是件光荣的事，可我的入团是虚假的，可耻的。

初中我是学校的学习尖子。升学考试前，班主任动员我考重点高中，说："你的成绩考好些，思想只要不坏就行。到时我们会想办法的。"虽然招生标准是既看成绩又看思想，但思想这个东西只有我知道，而评语是由喜欢我的老师写，别人也不知道。

于是，老师做了一些关键的事，首先，他推荐我为县级三好学生。说真的，我哪里够格，不过是学习好点。然后，老师又帮我解决团籍。在我没有申请的情况下，老师给了我一张入团志愿书，同时给我一份别人写的入团申请书叫我照着抄。抄着抄着我就火了——有许多字我都认不出来，只好胡乱抄了一大篇。

不久，班主任对我说："你肯定能批准，放心，不过，重新抄一份入团志愿书，要把字写工整点。"

就这样，我入团了。

……

本来，一个人的社会属性是多方面的：政治面貌、文化修养、道德品质、思想素质、人格特点、性格特征等。然而多年来，我们的教育却往往用"政治面貌"来取代一个学生的全部评价。一个人入了团，便得到了一种社会承认：他是好学生。虽然思想先进道德纯正与"政治上要求进步"并不总是画等号，可我们现在的教育舆论却给学生这样的思想压力：到了一定年龄而不写入团申请书，就是落后的表现。如果某个学生思想品德好，学习拔尖却又不是团员，那他简直就是犯了一个"政治错误"。如果在各种招生时，看到各种表格上"是否团员"一栏内的"否"字，有关人士多半会这么想，这个考生一定犯过什么错误吧。——这已成了一种本能的习惯思维了。

正因为如此，我们不少学校的领导，喜欢以团员占某班学生的高比率数字来证明该班的先进程度。

然而，与此同时，我们的一些真正可爱而又"过分认真"的中学生却在入团问题上受到一种心灵的痛苦折磨。下面，是我以前教过的一个高中女生给我的来信——

以前读初中时，您总是教育我们做人要正直，首先不能欺骗自己。对于入团，您总是教育我们说，这既是个人的政治追求，也是个人的信仰自由。要我们在写申请书之前多想想入团是为了什么，不要把入团当作随大流、赶时髦。这学期，我经过一个假期认真而严肃的思考，庄重地递交了入团申请书。前不久班上团支部讨论发展新团员，邀请了我们几位申请人。到这时，我惊慌地发现，并不是大部分团员都认真参加组织活动的，他们并不在乎自己的团员身份。在讨论过程中，有看小说的，有聊天的，有下棋的……团支书在念申请书，除了几个团员在发呆，其他人都在干其他事。最后表决时，他们无论是谁都举手。……我想我大概一定能被发展，但我并没有一种应有的喜悦。平日里觉得至高无上的神圣严肃的东西一旦来得十分容易，不由使我怀疑其价值了。

我一直没有回她的信。因为我不知道，她这种神圣而纯洁的失落感该怎样评价。我只知道，每一个团员首先应是一位真诚的人。当真诚与团籍发生矛盾时，应该选择真诚。然而我却不敢这样对她说，那样会“害”了她。

中学语文教材里有一篇《筑路》，选自奥斯特洛夫斯基的长篇小说《钢铁是怎样炼成的》。据说不少中国当代的共青团员们，都对筑路工地上潘克拉托夫那句“明天，共产党员和共青团员都不能回城里去”的命令感到难以理解。

对这种“难以理解”，我却能够深深地然而却是悲哀地理解。

“导演”及其“演员们”

五四青年节这一天，某重点学校经过精心准备的“纪念五四歌咏比赛”即将开始。操场上坐满了从初一到高二的全体师生。

可是，高三年级的学生却迟迟不来。

德育处主任在烈日下手执话筒通过高音喇叭一遍又一遍地恳求道：“请高三的大哥哥、大姐姐们迅速到操场集合，纪念自己的节日。全校师生都在等你们。”

可那些即将成为大学生的“大哥哥、大姐姐们”却远远地站在教学楼过道上，凭栏指点、俯瞰，宛若在检阅游行队伍。

于是，班主任上楼去“哀求”:“还是去吧！不要你们出节目，只是当观众……”然而无人搭理。

校长愤怒了，亲自走进高三教室下命令:“是学生就得去！”

一个文静秀美的女学生居然对校长轻蔑地撇了撇嘴，不屑一顾地说:“歌咏比赛关我们屁事？哼！笑人得很……”

气得校长一时竟说不出话来。

这种情形使每一位老师感到惊奇。然而，更让人感到不可理解的是，正是这个女学生所在的班级，高一时曾以“主题班会开得好，收效大”而被校领导宣传了一番。当然，我们确实不能把三年前的主题班会与现在的歌咏比赛简单地联系在一起，然而，包括主题班会在内的各种教育之花竟结出了这样的苦果，就使我们不能不对现在十分流行的主题班会做一番反思了。

实事求是地说，主题班会对塑造美的灵魂的确起过很好的作用。《青春万岁》中，20 世纪 50 年代的中学生杨蔷云在以营火晚会为形式的主题班会上的诗朗诵:“所有的日子，所有的日子都来吧，让我编织你们，用青春的金线……”曾使多少中学生激动而羡慕啊!

而且，一些富有创造性、充满求实精神的主题班会，至今也还受到当代中学生的欢迎。

可是，现在有相当一部分主题班会造作、虚假，而且脱离学生实际，越来越成为形式主义的“典范”。

“理想、人生、价值”，六个美术大字醒目地写在黑板中央，黑板对面的教室后墙上有“奋发”“进取”四个大字，其间画有一个熊熊燃烧的火炬，两边墙上还贴有名人格言的书法作品。——这是三年前，被学校宣传了一番的那堂主题班会的环境布置。

教室里除坐着班主任和全班同学外，还有不少前来观摩的其他教师、领导。气氛与其说是严肃，不如说是紧张。

按惯例，首先是班主任发言："每个人都面临着理想、人生价值的问题，我们应该树立什么样的理想？又如何度过自己的人生？怎样实现自己的价值？……"音量、表情、手势都控制、发挥、设计得极有分寸，恰到好处，酷似一名话剧演员。

接着，是十来名男、女学生次第走上讲台，充满激情地背诵早已滚瓜烂熟的讲演稿：先是"什么是理想呢？"最后是"啊！祖国，我爱您……"又有从"爬雪山、过草地"到"帕米尔高原的哨所"再到"叶乔波的拼搏"以及"徐洪刚血染的风采"……还有"砍头不要紧""幸福十亿人""张海迪闪光的生活道路""雷锋的螺丝钉精神"……

套话连篇却又慷慨激昂，可惜观众不配合——坐着的同学大多表情木然。只有后排的校领导在紧张地记录着……

很难说这次班会是成功的。但是，学校领导决定让它"成功"，于是，它便"成功"了——分管该年级学生思想政治工作的校长为此专门写了一篇"论文"，题目是《提高德育教育量的有效途径——主题观摩班会初探》。"论文"分为"什么是主题观摩班会""为什么要举行主题观摩班会"和"怎样举行主题观摩班会"三个部分。第三部分又分为九个要点。该文通篇都缺乏对这次主题班会效果的具体阐述，却以大量的篇幅进行空洞抽象的肯定赞扬和烦冗的"科学论证"。现摘录其中第三部分的第四个要点"关于主题班会时间的确定"如下——

4. 关于主题班会时间的确定

任何事情都少不了时间，这是古往今来无所不在的道理。"有效的管理者知道，最稀有的资源，就是时间。""不能管理时间，便什么也不能管理。"（见人民邮电报社《做有效的管理者》82页、89页）因此，班主任一定要牢固树立"时间就是效率"的观念，善于做到管理时间、选用时间。班会时间的确定一般不要安排在学期学年考试前夕，或学校有重要活动的时间，以免冲淡主题班会的准备工作。整个班会需要多少时间，要使全体到会者明确，即从何时开始到何时结束都要写具体。主持人和出席人的发言时间事先要提出要求。要鲜明地提出必须按时到会，反对迟到，要像列宁那样把开会迟到看成同工作破坏纪律一样，是不能容忍的浪费现象。

一堂小小的主题班会，竟被校长如此演绎成一篇充满“理论色彩”的8000字“论文”，并印发给全校每位班主任。可见教育者对自己导演的戏（事后该班一位学生干部说：“没意思，纯粹是做戏！”）是多么厚爱了！

试问，这样的主题班会除可以作为“成绩”写进“论文”年终总结之外，还有多大意义？遗憾的是，这种自欺欺人、自我陶醉的班会还在不断地被提倡和推广。不少学校甚至规定了每位班主任每期组织主题班会的数量。——看来，这种“戏”还得继续“演”下去。

又岂止主题班会才是演戏？——

某班将举行“让理想照亮人生的道路”的讲演比赛。按理说，讲演应该是让学生说出自己的心声，可教师先布置大家写讲演稿，然后交上去让老师过目、评分，再发下来，让学生“准备准备”，于是，讲演稿成了有表情地背诵老师认为正确的观点。

有个女生对此很不服气，她在一则日记中写道：“什么‘让理想照亮人生的道路’？真是！看这个题目就没意思，听得还少吗？我实在不喜欢这样的题目。再说这算什么讲演，事先写好稿子几大页，还要上交老师探虚实……我哪还有兴致讲？”

然而更多的学生已习以为常，认为讲演即背诵老师的观点，这是理所当然的。于是，他们真诚而认真地说着未必是自己想说的话，以争取得个高分。

某校的讲演比赛倒是别具一格：不准参赛者事先写稿，而是临时抽题，当堂准备，即兴讲演。

一个男生抽到的题目是：“男同学抽烟有风度吗？”

反应机敏的他略一思索，便从容地走上了讲台。他滔滔不绝、口若悬河地从道德、健康、经济、审美等角度反复论述男同学抽烟丝毫谈不上什么风度，而且中学生绝对不应吸烟！他雄辩而不失幽默的谈吐，博得了听众的阵阵掌声，并荣获此讲演比赛的一等奖。

可是，他的同班同学却知道，此人不仅吸烟，而且绰号就是“大烟囱”。

也许这个讲演赛的一等奖获得者并不是存心言行不一，因为他从小所受的教育告诉他，讲演就应该这样讲。

又岂止讲演才是演戏？——

某校高一（1）班语文考试，作文题是这样的：

“报告！”王小坚出现在教室门口。

李老师不满地看着他：“你怎么又迟到了？”

王小坚不好意思地低下了头。

我看了看表：他迟到了六分钟，而昨天他迟到了十分钟。

……

作文要求：请运用合理想象，把上面一段文字续写成一篇完整的记叙文，题目自拟。

应该说，写好这篇作文并不难，因为迟到是每个学生都熟悉的生活经历。然而，收上来的学生作文，在构思、立意、选材和内容上却是惊人的雷同——

四十七份作文中，有三十三份写的是王小坚因学雷锋做好事而迟到，而且设计的情节也大同小异：照顾邻居老奶奶（或老大爷），照顾残疾军人，照顾同院的病人，搀扶上学路上遇到的素不相识的盲人，背残疾小同学上学、上学路上拾到手表（或钱包）便去找失主、上学路上跳水救人……

语文老师在评讲作文时责问学生：“我们班上几乎天天都有同学迟到，请问这些迟到的同学，你们每天上学是否都学雷锋去了？其他同学是不是也看见了这么多雷锋？我们现在的社会风气果真像你们作文中那么好吗？”

有学生在下面不服气地嘀咕了：“这是写作文嘛……”

又岂止作文才是演戏？——

不少老师习惯于收看学生的日记或周记，以此摸清学生的“思想动态”，有的学校、班级甚至定期或不定期地评选、展览学生的“优秀日记”“优秀周记”。这些善良而负责的教师可能没意识到：自己是在野蛮地践踏学生的心灵世界，是在粗暴地剥夺学生的思想自由！

当然，绝大多数学生也不会想到这一点，因为他们心甘情愿交上去的日记，未必是自己的真实思想，不过演戏而已……

又岂止日记才是演戏？……

我们能责怪学生虚伪吗？不，学生已经从我们的一些“教育”中学“乖”了——

检查团要来了，学校停课半天突击搞卫生，全校师生的辛劳果然换来了校园空前的洁净。可检查团一走，一切照旧，脏乱的校园又要等到下一次检查团光临时才能“焕然一新”。平时不严格要求，只是为了迎接检查才兴师动众，我们这样做等于是在教学生“什么是弄虚作假”以及“怎样弄虚作假”。

“学雷锋日”结束了，学校要求各班统计做好人好事的人次，于是，“雷锋”们纷纷自报“事迹”，统计结果当然是令人满意的。可是，雷锋的伟大恰恰在于他做了好事不留名，而我们学雷锋却要求学生及时汇报，这是真的学雷锋吗？

不少教师习惯于收看、批改学生的日记，甚至评选、展览“优秀日记”。他们也许不知道：凭教师的权威规定学生上交日记，这是对学生心灵的侵犯；以教育的名义批改，展览学生日记，这是在鼓励学生说违心话。实际上，不少学生写了两套日记，一套供老师检查，一套写给自己看，这便是学生无声的反抗。

……

应该特别指出的是，凡此种种“虚假德育”，并不是教育者存心想败坏德育，恰恰相反，教师在做这一切的时候，往往都怀着真诚的责任感。问题是，教育者对德育中虚假因素的习以为常，才是长期以来德育效果不理想的原因之一。

学生是纯真的。即使他们说假话，也极自然、极真诚，因为他们不过是“演员”而已，而“导演”则是我们教育者自己。

请尊重学生的通信自由

我曾收到一封很短的中学生读者来信——

李老师：

您好！

我校老师看见学生信封上的邮票好看，未经学生允许就当众揭下收藏，更有甚者还有一些老师私自拆开学生信件看，然后再给学生。这些事在我们学校已经是很平常很平常的事了。有的老师还口出狂言：“我看了又怎么样？我拿去班上念了，你又能把我怎样？”像这种行为，引起了学生们的极大不满，但都只有隐藏在心里，敢怒不敢言。

李老师，您说这些老师的做法对吗？难道他们真有权利这样做吗？我们又该怎么办？

这封信的署名是“四川省三台县 ×× 乡初中全体学生”，写信日期是 1998 年 4 月 17 日。

真是惊人的巧合。就在四川省三台县这所中学的学生写这封信的同一天，在上海，某中学初一女生吕某因通信自由受到班主任干涉，而在家里用煤气自杀了！其实，这个同学不过是给同校一个男生写了一封很普通的信，信中没有任何在教师或家长看来十分敏感的内容，只是勉励对方在即将到来的半期考试中取得好成绩而已。然而，这封信被吕某的班主任截获了，这位有着高度责任心的教师当即决定让吕某停止上课，并当着全班同学的面，将吕某叫到了办公室进行“教育”……于是，同学之间一次正常而普通的通信，就这样断送了一位花季少女刚刚13岁的生命！（见1998年6月15日《华西都市报》）

如果说，吕某的自杀属于个别现象的话，那么，下面这个例子应该说就有一定的普遍性了。

1996年12月上旬，成都市某中学初三女生晓韵写信向上海一家出版社询问邮购中考复习资料的事，该出版社当即回信叫她尽快汇款去邮购。然而，这封邮戳日期为“1996年12月14日”的回信送到晓韵手中已是1997年2月19日，她马上电汇书款到出版社，可不久收到的却是一张退款单，上面附言道：“所购资料已售完。”后来经过了解，原来出版社那封非常重要的回信在晓韵班主任的办公室里沉睡了60多天！后来，当晓韵鼓起勇气问班主任老师为什么扣压她的信件时，这位双鬓斑白的老师真诚地说：“新年前后，正是你们期末复习最紧张的时候，我怕这些书信干扰了你们的学习啊！”（见1997年5月6日《四川法制报》）

围绕学生通信权利的这一系列事例，引起了我们的关注：中学生通信权利是否能够得到保障？我曾就这个问题在成都市内部分中学生中进行了一些调查与采访。

令人欣慰的是，调查结果表明，对大多数中学生而言，他们的通信权利是能够或基本能够得到保障的。这主要表现在：许多学校都有专门的学生信箱，一些学校的学生信箱还是以班为单位的；学生的信件到达学校后都能直接送往收信人手中；绝大多数教师从不私拆学生的信件。

但是，在调查中，我们也忧虑地发现，在少数学校，不但中学生信件得不到应有的保护，而且学生的通信权利还不同程度地受到来自教育者的侵犯。其主要表现为——

缺乏正常的信件投递渠道。据调查，一些中学至今未设专门的学生信箱，学生信件没有“安全保障”。学生信件到了学校，往往先由收发室统一交到政教处或教导处，再经这些部门按年级分发给相应的年级负责教师，有关年级负责教师再按班级把学生信件交给班主任，最后才由班主任把信交给学生。在这曲折的“校内旅行”过程中，学生信件很容易被耽搁甚至被弄丢。

有意滞留扣压学生信件。有些班主任怕书信往来分散学生精力，影响其学生成绩，常常有意滞留扣压学生信件。每年元旦前后，各种贺年卡雪片一般向学校飞去，而此时恰好是学校期末复习的紧张阶段，于是，有的教师往往出于“对学生的学习负责”而滞压这些信件，待期末考试结束后再发给学生。

对学生信件进行审查或变相审查。对一些教师心目中“有早恋苗头”“有不正当社会交往”或其他问题的学生，他们的信件更是受到班主任甚至政教处的“高度重视”：或分析寄信人地址以推测信件来源，或统计某位学生的收信次数以把握其某种规律，或找收信学生谈话，旁敲侧击地“引导”“帮助”学生，如此等等，使一些学生思想压力很大，不敢再与他人通信。

暗中私拆学生的“可疑信件”。某校一位高二女生因在《中学生读写》杂志上发表了一篇习作，便有许多中学生文友纷纷给她写信。这猛然增多的信件到了她的班主任手里，引起了这位具有强烈责任心的班主任的高度警觉，出于对学生的某种担心，这位老师在办公室里一一私自拆阅学生的信件。后来这位学生知道了班主任对自己权利的侵犯，强烈要求转班。

强迫学生公开信件内容。一位不愿透露姓名的高一男生对笔者说：“我和班里的一些同学很怕收到信，因为班主任爱把收到信的同学叫到办公室‘说清楚’：来信是谁写的？与你什么关系？写的什么内容？

等等。”据了解，还有的教师要收信学生将信当场拆开念给自己听；更有甚者，还有个别班主任为了阻止学生之间的书信往来，竟然把学生的信件拿到班上公开念！

请听听学生对此的看法——

学生A（初二男生）：我对老师压制我们的通信非常气愤。我喜欢交笔友，因此，收到的信就比较多。开始，班主任还只是劝我少写信，把更多的时间用在学习上；后来，他就开始扣压我的信件了。我第一次发现他扣压信件，是在上学期期末时，我去办公室交作业，他当时不在办公室，我偶然发现他半开着的抽屉里竟有我的一封信！顿时，我感到他本来在我心中还算高大的形象一下子崩塌了。

学生B（初三女生）：我从初二开始就基本上不写信了。说起最后一次收信，我现在想起来仍觉得恐怖。一天，班主任严肃地把我叫到办公室，拿出一封信，要我“坦白”写信人是谁，写的是什么内容，等等。我一言不发，保持沉默，心想，看你把我怎样。谁知她见我不说话，一怒之下，竟把我拉到教室，当着全班同学的面，把那封信拆开当众念了起来！其实，那封信并没有她所想象的“不健康内容”，但我感到受了莫大的侮辱。虽然当时我表面上满不在乎，但那天回家以后，我伏在床上哭了很久很久。从此，我就不再写信了。

学生C（高一女生）：我是不爱写信的，但我同班一个好友爱写信。为了躲避老师的“审查”，她给人家写信都叫对方回信时不时变换收信人姓名，因此，有时我也收到来信，但实际上是她的信。也许我在班上表现较好，是老师眼中的好学生吧，所以，我倒没有被班主任“教育”过。但是，看到好朋友连写信都要偷偷摸摸的，我感到一种悲哀。我对老师干涉学生通信自由的做法很反感，却也很无奈，因为人家是老师嘛！

那么，教师们对此又有什么说法呢？

A 教师：我承认我滞压过我班个别学生的信件。我当然知道这样做不妥，但我得从根本上为学生负责。有些学生不把主要精力放在学习上，成天热衷于写信，这样下去不但影响其学习成绩，而且还可能出现一些思想品德方面的问题。我倒并不一定认为所有爱写信的学生都有“早恋倾向”，但他们的思想多半比较浮躁，这也是实事——什么“笔友”啊、“追星”啊……思想的抛锚，往往就从书信开始。说句不好听的话，我们这些当老师的，宁可“违法”也不放弃自己的责任，谁又来理解我们呢！

B 教师：我不承认控制学生的通信就是什么“违法”。即使是私拆学生信件，也要分析是在什么情况下、教师的动机又是什么等因素。我们当老师的本来就够辛苦的了，就本意讲，哪愿意去管学生的什么信件哟！但眼看学生因书信频繁而影响学习，我们着急啊！坦率地说，我就私拆过班上一个女生的信件。那段时间，我看她上课心神不定，作业也不认真，正巧一封写给她的信偶然到了我的手里，凭着多年当班主任的经验，我断定这封信一定有名堂。拆开一看，果然是一封乱七八糟的信。我当即找到她进行耐心的教育。那天放学后，我又留她在办公室谈了整整两个小时。最后，她承认了自己的不对，还感谢我及时帮助了她。现在，这个女生各方面都不错。试想一下，如果那次不是我当机立断，这个女生可能就逐步变坏了。所以，我可以说，不管“扣压”也好，“私拆”也好，这样的教师往往是最负责的教师。

C 教师：我的态度很明确，第一我不主张中学生把宝贵的时间过多地花在无意义的书信往来上，第二我坚决反对教师扣压、私拆学生信件。我从未私拆过学生的信件，但刚刚参加工作时，也曾因为某些担心而滞压过学生的信件。但随着我对教育科学认识的提高，我觉得我那样做既违法，又不道德。即使从教育的角度看，也不符合教育原则。我们首先要尊重学生、信任学生，才谈得上教育学生。中学生偶尔有一些书信往来不必大惊小怪。对于学生中不正常的通信，我们当然应

该教育，但这也只能采取朋友般真诚的劝告，再辅以积极健康的引导，让他们逐步自己认识到其危害性，从而自己中止那种不正常的通信。

尽管学校里的绝大多数教育者是尊重学生精神世界的，而且，我们也丝毫不怀疑，即使就干涉学生信件的教师而言，他们一般来说也的确是出于对学生真诚的关心和爱护；但我们也不得不严肃地指出，这种“关心”“爱护”不但违背了尊重学生、信任学生这些起码的教育原则，而且直接侵犯了学生受法律保护的神圣权利——

《中华人民共和国未成年人保护法》第三十一条明确规定：“对未成年人的信件，任何组织和个人不得隐匿、毁弃；除因追查犯罪的需要由公安机关或者人民检察院依照法律规定的程序进行检查，或者对无行为能力的未成年人的信件由其父母或其他监护人代为开拆外，任何组织或者个人不得开拆。”

“我是你们的老师，我也是你们的皇帝！”

——一位朋友讲述的真实故事

我是1989年毕业分配到川南某大型企业的中学的。说实话，我自认为我还算善良，特别喜欢学生。所以刚刚参加工作时，我和学生的关系特别亲热，学生也很尊敬我。他们说他们从来没见过像我这样平易近人的老师。

可是，没多久我就学会了体罚学生，因为我校有一位惯于体罚学生的校长——准确地说，他当时还不是校长而是学校的教导主任，并兼了一个班的语文课。

他是怎么体罚学生的呢？有一次我走过他正在上课的教室，突然看见讲台上站着一排表情木然的学生。这一排学生每人的头上都顶着一个小塑料盆，而且盆子里居然还装着水！只听教导主任一边指着这一排学生，一边声嘶力竭地对全班学生说："如果明天谁还敢不完成作业或上课不守纪律，这就是下场！"这一幕真让我目瞪口呆，但更让我目瞪口呆的是第二天在同一地点看到的情景：站在讲台上头顶水盆的只有两个学生了，但他俩的胸前都挂着一个不算小的纸牌，上面赫然写着"我是坏学生"！而教导主任神态自若地在讲他的课，好像讲台上根本存在两个正在被示众的学生！

你问这位老师怎么当上的教导主任？哈，告诉你，由于他这样"严格要求"学生，他班上的语文成绩总是很突出，他不但因此当上了教导主任，后来还升任本校校长！

有了这样"严格要求学生"的校长，自然就有一大批"严格要求学生"的教师。我很快发现在这个学校，教师体罚学生不但被认为是正常的，而且这种现象是极为普遍的。比我早一年分到这个学校的一位老师，甚至教我怎样"收拾"学生。有一次，我去他班听课，便亲眼看到了他在学生面前的威风。上课铃已经响了，可他并不急着进教室，而是站在教室后门外面偷偷地看学生们。由于老师没来，教室里的学生自然很活跃，他们并不知道老师就在后门外观察他们。过了几分钟，这位老师突然从后门进入教室，从学生课桌之间的过道朝教室前面的讲台走去。他一边走，一边用他穿着皮鞋的脚狠狠地踢正在说笑或没坐端正的学生的腿！（事后，他对我说："既然踢了，就要使劲踢，一定要把学生踢痛！"）等他走到讲台上，整个教室已经鸦雀无声。只见他站在讲台上，恶狠狠地对全班学生大声说道："记住，我是你们的老师，我也是你们的皇帝！"

他当时就是这么说的，这是他的原话，我一点儿没夸张。直到现在，我都还记得他当时说话时，班上学生惊骇恐惧的表情。

于是，我渐渐开始打学生了。有一次，因为学生作业没完成，我坐在讲台上，叫凡是没完成作业的学生，一个一个地上来挨我的打。

上来一个学生，我叫他自己伸出手掌，我便用教鞭重重地打一下。就这样，我一口气打了20多个学生。

记得那次打了学生之后，我感到学生对我明显地冷淡了。我找学生谈心，有的学生直率地对我说："老师，我们原来是很佩服你的，因为你对我们很尊重。没想到你也打学生！"

虽然听了这话，我心里也不舒服，但我总是这样对学生说："老师也是为了你们好啊！"而且我总是在心里安慰自己：比起其他老师，我打学生算是最温柔的了。

真正让我对自己体罚学生感到惭愧的，还是我的学生。我永远都忘不了这样一件事：那位用皮鞋教育学生的教师的一个学生毕业后成了社会上的流氓恶霸，有一天，这个小流氓竟然来我班寻衅闹事。当时，我正在上课，他突然出现在窗外，叫嚷要我班一个长得很漂亮的女生出去陪他"玩玩"。我不得不停下讲课，出去斥责他，叫他马上离开学校。可他不但不听我的批评，反而猛然从腰间拔出一把匕首，向我挥来！就在这时，一大群男学生冲出了教室，站在我前面把我护卫着——其中，不少是我体罚过的学生，他们怒不可遏地对那个流氓说道："只要你敢动我们老师一根毫毛，我们就把你捶成肉酱！"面对我和学生的凛然正气，那个小流氓最后骂骂咧咧地走了。

这件事使我的心灵受到极大的震动，我的良心受到了极大的谴责：这些可爱的学生，平时常受我体罚，可在危急时刻却挺身而出保护我！我真是太对不起他们了。第二天，我利用整整一堂语文课的时间，向学生袒露我的内心，我向他们表示感谢，向他们道歉，并郑重地对他们说："从今以后，我决不再对任何同学进行任何形式的体罚了！"

学生就是这样，只要你对他们真诚，他们就会把整个心都献给你。有一天晚上，我们学校有几个很有个性很不满校长的青年教师，被校长请去喝酒。校长想以此来软化我们，与他"合作"。席间，我们却借着酒劲和校长吵了起来，骂他是个"暴君"。最后和校长不欢而散。从校长家出来以后，我们几个哥儿们又找了一家酒楼继续喝，大家都有气啊！直到喝得酩酊大醉，我们才罢休。第二天，我醒来时已经是中午。我一下想起我第一节课没去上。这件事如果被校长知道了，可不得了。果然有人去向校长反映我没上第一节课。但是，校长下来向学生调查时，我班的学生都说："第一节课是上了的，我们都可以作证！"结果校长信以为真，没有追究我。说实话，我旷了一节课，是不对的；学生为我作伪证，也是不对的。但是，通过这件事，我再一次感到了学生对我的感情，我也再一次感到了自己对不起学生。

可是，其他教师依然以体罚学生作为"严格要求学生"的手段，校长也不例外。如果哪个教师制服不了学生，他就会把这个学生往校长办公室里拖。每当这时，校长就对教师笑眯眯说："好，没你的事了。把学生留下。"然后，他就把办公室门关上，狠狠地打学生。这样的情况，教师都很清楚，大家心照不宣。

所以，在我们学校，教师打学生实在是家常便饭。有的教师有时甚至懒得自己动手，而强迫犯了错误的学生互相打耳光。我校还发生过好几起因为教师体罚、羞辱学生而导致学生自杀的事件。有一个女学生考试成绩不好，老师当着全班学生的面骂她："这么简单的知识，我就是教一头牛，也早就教会了；可教你，一点反应也没有。你简直比一头牛还不如！"当天，这个女生就在家服毒自杀了！这种体罚学生侮辱学生的恶劣风气居然一直没有得到有关部门的制止，并不是上面不知道，而是因为这个学校的教学质量一直很突出。因为，凡是体罚学生厉害的教师，其班上的教学成绩——实际上就是考试分数都很高，一些教师还因此当上了各种先进。

过了几年，这个校长因贪污公款被判刑 5 年。具有讽刺意味的是，在监狱牢房中，他碰上了当年他打过的学生！第一次见面，这个学生就纠集牢房中的一伙人把他狠狠地揍了一顿。以后，这个当年的学生以各种方式又经常体罚当年体罚他的"校长"！在狱中，"校长"不堪其苦……

你说你正在写《民主与教育》，想把我的故事写进去，我没有任何意见，这都是我亲身经历过的绝对真实故事。但是，我请你一定不要写我的真名，也不要点出那所学校的名字，因为我爱人还在那所学校。唉，如果时间允许，这样的故事我还能讲很多很多。我现在已经不在学校工作了，但我常常想起这些事，并感到难受，为我们的教育难受！应试教育就是这样扭曲了教师的人性——在“为了学生好”的神圣幌子下摧残着学生的肉体和心灵。我们的德育就是这样虚伪！

对虚假荣誉说不

有一次，在学生的随笔中，我了解到，在星期五下午我班举行班会前的上午，学校就把班会评比结果贴出来了，我班获得特等奖。尽管这个同学请我不要公布她的姓名，不要在班上读她写的这篇随笔，但想了很久，我还是决定匿名保存在这里，作为对我的提醒——

星期五早晨，当我在我们学校看到了一个难以置信的红榜，全校班会高一（3）班荣获特等奖，而且全校仅此一个特等奖。我看了很纳闷：我们之前搞过什么班会得奖了？李老师的班会明明就在下午，开都没有开，居然就得特等奖了？！是上次王老师的关于“叩问爱情”的班会吗？恐怕也不是吧。那次已经得了奖了，而且是两个多月前的事情了，和这次课评又有什么关系呢？想来想去就只有星期五下午那堂还未上过的班会课了，别说得奖，就是连那堂课是什么主题我们也还不知道（李老师总喜欢吊我们胃口），何况是得特等奖呢？

虽然我有把握我们班的同学是非常出色的，而且我也有一个更大的把握，李老师一定会给我们一个惊喜，也会把那堂课上好的，但是，是否能得全校唯一的特等奖我的确没有把握。一个深知我班班情的人都没有把握一定能拿特等奖，更何况那些不知内情或详情的人呢？他们又是凭什么把高一（3）班抬上光荣榜第一名的位置？而且还毫无理论根据，毫无道理让我们获得特等奖？我真想不通，就连再聪慧的算命先生和占星师们都不能算到这一点，那些一点不懂预见术的人又怎么会毫不迟疑地在全校公开张榜，肯定我班会拿特等奖？！

虽然能得奖是我们的荣誉，但这奖是不是拿得太牵强了？我们还没有付出任何劳动，甚至可以说除了知道要上课就什么都不清楚的我们，居然被黄袍加身坐上了天下至尊的宝座，面对其他班的同学，面对其他班的老师，这位子就像是一根随风飘动的苇秆，让人心神不宁，坐立不安，仿佛随时都有掉下来的可能。我都不敢面对那张“神奇”的红榜，更不敢面对别班那些曾经为这次班会准备得可算是费尽心思、呕心沥血的老师与同学们。

自从来到了这个学校，能成为高一（3）班的一分子是我最大的荣耀，但现在我全身从头到尾都有一种负罪感，仿佛随时有针在刺痛我的心。在听见别班同学在红榜旁的那些发自内心的话，我很难受，但并不讨厌他们，因为我也有类似的经历。以前我在的班级很差，别班的同学和老师都看不起我们，有时明明与别班一样，甚至有时候超过别班，都不能得到老师们的肯定，只有把苦水往肚里吞，眼睁睁地看着一切名誉与荣耀赞美都从我们身边飞过，进了别班的教室，那是一种什么样的滋味？！除了忍耐我们别无可做，也不能再做些什么了，只有默默在一旁认命。

现在那些班的同学和老师们一定也有我当年的感受，这我能理解。当你的付出得不到应有的回报的时候；当别人比你差，你却看着别人拿奖而你双手空空，什么也没有的时候；当别人甚至张出一张带有预见性，间接否定你，赞扬一个根本就不存在的东西的红榜的时候——你会怎么想？你的心一定在滴血（若你不是一个麻木不仁的人）。

不管我们班的同学怎么想，反正我认为这个特等奖我们问心有愧，但榜已张，事已至此，不能改变，难道说特级教师教出的班就稳坐泰山？这好像从来没有一个明确的定论吧。这是一件多么愚蠢的傻事，让得奖人当之有愧，让落榜人觉得付出得不到回报，在社会中我们憎恨这种不公平，现在不公平就发生在我们自己身上，而且我们成了天平中的一个砝码，很让人难受。我本身走路就挺不直背，这让我的背更弯了……

读了这篇随笔，我的第一感觉是惊讶，因为我一直不知道那天上午就已经贴出红榜了；第二个感觉是欣慰，我为我的这个学生的正直而欣慰，让我欣慰的当然不只这一个学生，还有学生在这次随笔中也对所谓“特等奖”提出质疑。从某种意义上说，我正是希望我的学生成为这样的人：任何虚假的荣誉都不能要！

正如另一位学生在随笔中写到这件事时所说，我班班会的效果，无愧于特等奖，但程序有问题。获奖应该是在班会后而不是在班会前。

我感到脸红。平时常常抨击“假教育”，但我自己却遭遇“假教育”。尽管我在此之前对此一无所知，如果不是看了学生的随笔我至今仍然不会知道，但毕竟与我有关，我仍然感到尴尬与难受。

后来我了解了一下，原来这是因为德育处一个小小的失误造成的。但中午读报课，我还是在班上做了解释，并说明我已经向学校提出取消我班的特等奖，同时表扬了同学们的正直和诚实，特别强调，我们以后获得的任何奖励都应该名副其实，否则决不能要。

质疑“三好生”

在这里，“三好生”只是一个借代——借代与评选“三好生”相类似的各级各种评优活动。因此，质疑“三好生”实际上是质疑现行的各种学生“评优”。

最近，学校给了我们年级一个市级“十佳少先队员”的候选名额，当时我就想到了我班的胡夏融（在《向学生学习》一节，我曾专门写到他）。在我看来，无论成绩还是品德，胡夏融至少在我们年级绝对是佼佼者之一，所以作为“候选人”他应该是够格的。而且，我们年级组长也说：“你真应该报胡夏融！”

可是，我摇了摇头。

胡夏融固然品学兼优，但也仅此而已。他没有“钢琴十级”的特长，没有“见义勇为”的壮举，没有“身残志坚”的事迹，没有“奥赛夺冠”的金牌……而看看现在一些“十佳”学生，无论是牺牲的赖宁还是活着的成洁，哪一个没有传奇般的经历？哪有普通的好学生被选为“十佳”的先例？

我当然不反对选有“突出事迹”的学生为“十佳”，但是，我想我们也应该选一些经历平凡、默默无闻的优秀学生——而且，后者更具有代表性，因而也更容易被学习效仿。

有人可能会反对我的这个观点：“既然是‘十佳’，当然要‘突出’才行嘛！”

问题正出在这里：本来，评优的目的是为了推广进而涌现出更多的优秀学生，但如此“评优”评出来的优秀学生只能让人望尘莫及，谈何学习？

我进而想到目前的“三好生”评比。从理论上讲，评选“三好生”无可非议——通过“三好生”评选激励、带动更多的学生德智体全面发展，当然是很好的；但在具体实施的过程中，却出现了许多有悖于我们良好初衷的情况。

首先，“三好生”的标准往往只有少数人才达得到。“品德好”“学习好”“身体好”，这本来是对中学生的一种发展目标的倡导，但评选“三好生”时，除“品德好”一项比较“虚”之外，“学习好”和“身体好”都有着不低的分数标准。这样一来，评选时能达到“三好”的学生实在是太少。如此“评优”显然失去了激励多数学生的积极作用。这就出现了一个“怪圈”：既然“三好”是对所有学生的要求，可评出的“三好生”却永远是个别学生，这就意味着只有少数学生达到了我们教育的培养目标。这岂不是对我们教育的自身否定吗？

其次，在应试教育的背景下，“三好生”往往只是“学习好”。据我所知，相当多的班级在评选“三好生”时，首先是把成绩上了某分数线（比如平均85或90）的学生列为候选人，再看其体育成绩是否合格（仍然是某分数线），至于“品德好”，只要没有明显的违纪现象，一般都是符合标准的。这样一来，“三好生”便成了应试教育的得力助手：只要成绩好（包括体育成绩好），而又未犯什么大的错误，往往就“三好”了；而这里所需的“成绩”又非多数学生能够达到（因为“三好生”是有名额限制的呀），因此，“三好”导向的结果是“一好”——分数好！

再次，现在的“三好生”往往带着太明显而且太强烈的功利色彩。多年来有关部门明确规定，不同级别的“三好生”“优秀学生干部”可以在升学时加多少多少分——看，“三好生”最后也折算成了分数！因此，在中学，凡是能够享受招生加分的市级以上的“三好生”指标，统统给毕业班；而有的为了自己班级利益的班主任和为了自己子女前途的家长，为了争得“三好生”往往不择手段。在高校分配时，如果是“三好生”“优秀学生干部”或“优秀大学生”，必然会给予各种照顾，享受各种优惠。在这诱人的利益驱动下，为数不少的“三好生”“优秀学生干部”成了不择手段的追名逐利之徒。仅就这一点而言，什么“品德好”，在我看来简直就是莫大的讽刺！

在实施素质教育的今天，“面向全体”也理应包括各种鼓励与荣誉，而且这“鼓励”和“荣誉”应该充分尊重每一个学生的个性，而非简单地用“三好”的标准一刀切地去规范所有千姿百态、五彩缤纷的青春花朵。同在蓝天下，都是大写的人！而每一个人都是大自然独一无二、不可重复的杰作！从这个意义上讲，人与人之间的关系远不是什么互相学习的关系，而是各自充分展示自己独特个性、互相争奇斗艳的关系。在这里，我不得不再次引述我多次引述过的苏霍姆林斯基的一段话："共产主义教育的英明和真正的人道精神就在于：要在每一个人（毫无例外地是每一个人）的身上发现他那独一无二的创造性劳动的源泉，帮助每一个人打开眼界看到自己，使他看见、理解和感觉到自己身上的人类自豪感的火花，从而成为一个精神上坚强的人，成为维护自己尊严的不可战胜的战士。……人的充分的表现，这既是社会的幸福，也是个人的幸福。"（《给教师的建议》）

我们期待着，民主的教育不只是能够"培养"出少数"三好生"，而更真正让我们的每一个学生都成为"维护自己尊严的不可战胜的战士"。

期待德育的纯洁与真诚

面临困境的德育，出路何在？

有人曾主张"维持现状"。"正因为政治思想工作开始削弱，我们更应该发扬我们党政治思想工作的优良传统，加强学生思想政治工作。"这是某些教育者的观点。"加强"当然是应该的，但他们的"加强"主要是继续维持一些陈旧的内容和过时的方法。这一部分同志一往情深地怀念二十世纪五六十年代的学校德育，并渴望使之恢复、"发扬光大"。然而这种对过去的呼唤，不过是历史的挽歌。而且，那个阶段的教育有一个潜在的问题：那就是把"政治"当作德育的唯一内容，而忽视了学生作为"人"的基础道德的养成教育，更谈不上全面而健康的人格教育。只是由于当时社会的道德风尚相对较好，这一教育偏差很大程度上为良好的社会环境所弥补。随着社会主义市场经济的发展，历史呼唤着与之相适应的新德育，因此，所谓"维持现状"或"回到过去”，只能是继续在“假、大、空”的自我陶醉、自我欺骗中葬送德育的前途。

还有人主张“取消德育”。“市场经济越发达，德育越没存在的必要，一切都可以运用经济的杠杆。”这是一种幼稚的偏激。纵观当今世界经济发达的国家，尽管各国在社会制度、文化背景、民族民俗方面不尽相同，德育的目的、内容、方法也各有差异，但重视德育，把它看作是可以带来巨大经济效益的“德育投资”，则是一个共同的趋势，即使是在一些西方资本主义发达国家，也相当重视德育的加强与完善。20 世纪 70 年代以来，美国对中学培养目标提出了各种改革方案，这些方案的共同特点，就是要把学生培养成“责任公民”，即具有爱国精神，能对国家尽到责任和义务的公民，大多数州都开设了“公民教育课”。20 世纪 60 年代中期，德国就开设有独立的“政治课”，后来进行了一次教育改革，把中学课程的政治、地理、历史合在一起，开设了“社会课”。1983 年 12 月，当时的日本首相中曾根康弘发表了“教育改革七条设想”，其中三条与道德教育有关。他强调：“要充实情操与道德教育，把青年培养成为身心健康的一代。”他还要求学校、家庭、社会配合，通过各种活动对学生进行“品德、纪律教育和情操、道德教育”。为此，日本开设了“社会科”课程。此外，意大利有“公民学”课程，加拿大有道德价值教育课，比利时有道德教育课，巴西从小学开始讲授“道德、公民教育”课，中学开设“巴西政治与社会组织”必修课……由此可见，作为人类走向文明进步之必需的德育，是不可能取消的。

作为正在走向全面素质教育的社会主义中国教育，更不能取消德育。江泽民同志曾指出：“面对当前国际国内新的形势，我们的教育思想、教育体制和结构、教育内容和方法，同社会主义现代化建设发展的需要不相适应的矛盾，已经和正在日益显露出来。……各级党委和政府，整个教育战线的同志们，对教育工作中存在的问题和不足，都应保持清醒的认识。”我理解，江泽民同志在这里所说的“不相适应的矛盾”“问题和不足”，显然也包括了中小学德育存在的问题和不足。同时，江泽民同志又强调指出：“思想政治教育，在各级各类学校都要摆在重要地位，任何时候都不能放松和削弱。思想政治素质是最重要的素质。不断增强学生和群众的爱国主义、集体主义、社会主义思想，是素质教育的灵魂。”（以上所引江泽民语均见于《中国教育报》1999年6月16日）

既要正视“问题和不足”，又不能“放松和削弱”——江泽民同志在这里虽然主要是针对思想政治教育而言，但我认为，这完全也适用于整个中小学德育。是的，德育绝不能被“放松和削弱”，而只能在改进中得以加强。不过，值得引起广大教育工作者注意的是，德育之所以被“削弱”有时候恰恰是“虚假德育”造成的。粉碎“四人帮”以后，邓小平同志对中国最大的思想贡献，就是恢复了我们党“实事求是”的思想路线。所以，作为一个普通的教育者，对于改进德育这样一个涉及方方面面的宏大课题，我虽然说不出什么全面而深刻的道理，但我有一个朴素的想法：要让德育真正走进学生的心灵，这德育必须是实事求是的，是真诚的。

这里的所谓“真诚”，主要含义有二：一是教育者必须是一个诚实的人，二是德育必须尽可能尊重人的心灵。

加里宁说：“教师一方面应当是学识很高的人，另一方面应当是无上诚实的人。”（《论共产主义教育》）这里的“诚实”主要就教师的个人品质而言。但我认为，我们完全可以赋予它更广泛、更深刻的含义，即教育内容的真实可信，教育形式的名副其实。让德育充满诚实，其道德基础是教育者人格的真诚。真诚只能用真诚来唤起，激情只能靠激情来点燃，信仰只能由信仰来铸造——当你在动员学生入团时，你自己也至少应该是一位共产主义事业真诚的拥护者；当你在向学生宣传“理解改革、支持改革”时，你自己也应有着与祖国改革大业风雨同舟的赤诚情怀；当你面对学生抨击种种不正之风时，你最好不要利用自己的身份去找家长“开后门”；当你在教育学生不要迷恋各种色情、凶杀读物时，你自己也应该是一位情趣高雅的文学爱好者……用道德培养道德，用心灵赢得心灵。决不欺骗学生——哪怕是无意的欺骗，这是我们最起码的教育良心，也是我们教育者的信心所在，更是我们德育的力量所在！

在我们国家，德育不只是道德教育，也当然包括了思想、政治教育，以及最近十几年来越来越被重视的心理素质教育，但是，这所有的“教育”都必须有一个前提，那就是对学生心灵的尊重。首先，德育应该真正做到以人为本——德育的整个过程都必须遵从学生的心理认知规律，而且不同年龄段的学生应该有不同的教育特点。任何脱离学生理解能力和他们实际生活的理论，无论多么崇高，都不会被学生真正接受；即使是学生应该掌握也能够理解的思想，如果方法简单枯燥，其教育也难奏效。另外，教育者对学生的尊重，并因此而建立的师生信任感，是德育真正走进学生心灵的关键。不信任学生，甚至辱骂、体罚学生，只能败坏我们的德育！最后，我还要强调的是，尊重学生当然是尊重所有学生。也许并不一定每一个学生都能成为学习尖子，但我们的德育应该让每一个学生都具有高尚的人格，并拥有充实、健康、幸福的精神生活。所以，仅仅是面对少数“优生”的“德育”必然是虚假德育。

德育，是素质教育的灵魂，我们期待着这灵魂的纯洁与真诚。

2012 年 4 月 12 日，在从教三十周年研讨会上

手记九

追随苏霍姆林斯基

“我们的教育对象的心灵绝不是一块不毛之地，而是一片已经生长着美好思想道德萌芽的肥沃的田地，因此，教师的责任首先在于发现并扶正学生心灵土壤中的每一株幼苗，让它不断壮大，最后排挤掉自己缺点的杂草。”

对我比较熟悉的人，常常会从我的文章或著作中读到一个一般人不太熟悉的名字：苏霍姆林斯基。因为在我的教育论文中，被引征得最多的教育家，除了陶行知，便是苏霍姆林斯基。

对于陶行知，一般读者都很熟悉，因而对他教育名言的引述，从未引起朋友们的不解。但苏霍姆林斯基则不同，他是苏联的教育家，我对他教育观点的引用，则常常使一些朋友疑惑：那么多教育家，你为什么单单看重了这么一个外国人？

说“单单看重”有点夸张，但我对苏霍姆林斯基的推崇的确在一般教育家之上，以至现在有不少朋友戏称我是“苏霍姆林斯基迷”“言必称苏霍姆林斯基”。对此，我从来都不予否认，而且，我还曾在《爱心与教育》一书的引言中自豪地宣称：“从我第一次读到了苏霍姆林斯基的《要相信孩子》开始，我就成了苏霍姆林斯基的‘追星族’一员。”

我和苏霍姆林斯基的“初恋”

我在大学是很不喜欢教育学、心理学课程的。不单单是因为这些课的教材枯燥、乏味，更重要的是，当时我还一厢情愿地做着我的文学梦，自以为自己以后是当作家的料，那些教育学心理学与我何干？所以，每次上这样的课，我多半都是坐在教室最后一排写自己的所谓“朦胧诗”。

这种“惯性”甚至一直持续到我已经分配到乐山一中——在参加工作最初的一段时间，我从来没想过要读什么经典教育学著作。

因此，当“苏霍姆林斯基”这6个字第一次进入我眼帘时，自然会被我冷落——1982年9月份的一个晚上，我和刚分到乐山一中的青年教师郝小江在宿舍里闲聊时，他热情地向我推荐一本名为《给教师的一百条建议》的书，我仅仅瞥了一眼作者的名字“苏霍姆林斯基”，觉得这个“名字”十分拗口（十几年后我才搞清楚，这其实不是名而是姓），便翻都懒得翻了。而且，我还记得当时我不顾郝小江多少有些失望和尴尬的表情，赶紧把话题岔开。

谁知不久，我竟主动追求苏霍姆林斯基了。

那是我出手打了一次学生之后，我被校长狠狠批评了一顿，叫我“好好想想”。当时，年轻气盛的我顶撞道：“我早就想过了，没有什么可想的！”其实，我当时何曾不知道教师打学生是极其不对的，只是嘴硬罢了。在那一段日子里，我心里十分难受；但这里的“难受”并不是对自己错误的后悔莫及，而是对自己的性格是否适宜于当老师产生了怀疑。

星期天，我去逛书店。在玻璃书柜中（那时还不兴开架售书），我看到了一本薄薄的名为《要相信孩子》的书。也许是这个朴素而亲切的书名吸引了我，我立即请营业员把书给我翻翻。拿到书后，我随便翻了几页，便被里面极其平易而又极其优美的文笔所打动。一看定价：0.36元。于是，我毫不犹豫地买下了这本书。

就这样，苏霍姆林斯基开始走进了我的教育生活，也走进了我的心灵。

我几乎是在一个晚上，一气呵成地读完这本小册子的。这么多年过去了，我已记不清书中的每一个观点和当时我所产生的具体的心理活动，但是，阅读过程中有一个细节至今还清晰地印在我的大脑里——当读到书中苏霍姆林斯基的一个观点时，我激动万分，竟情不自禁地从书桌前猛地站了起来，头顶一下撞着了悬在桌上方的一盏25瓦的白炽灯，灯盏剧烈地摇晃起来，昏黄灯光下所有的影子都在摇晃，整个屋子仿佛在旋转……而我却感到这是一种“陶醉”的感觉。

书中那个令我激动的观点是——

我们的教育对象的心灵绝不是一块不毛之地，而是一片已经生长着美好思想道德萌芽的肥沃的田地，因此，教师的责任首先在于发现并扶正学生心灵土壤中的每一株幼苗，让它不断壮大，最后排挤掉自己缺点的杂草。

这个观点在我以后的教育历程中，不但被我在文章中反复引征，而且还成了我至今坚定不移的教育信念。

本来我是在因打学生而产生苦闷的心境中打开苏霍姆林斯基这本小册子的，但当我在那个夜晚合上这本书后，心中已曙光初露，霞光万道!

这本书，并没有具体的某一句话是针对我打学生这个错误而说的，但全书的灵魂——对孩子的爱和信任，却不但使我认识的深刻程度远远超越了明白“打学生”这个具体的错误，而且使我第一次开始积极地从人性的角度来审视我的学生和我的教育。正是苏霍姆林斯基这位20世纪30年代就加入苏联共产党的老“布尔什维克”告诉我——

人性，这才是教育的本质所在。

我以后十几年关于民主的教育思考和探索都是从这个朴素的观点开始的。

所以，我在《爱心与教育》的引言中写道：“可以说，苏霍姆林斯基的思想，是在我教育生涯的早晨投下的第一缕金色的霞光。”

从此，我开始如饥似渴地阅读我所能买到或借到的苏霍姆林斯基的所有著作:《给教师的一百条建议》《帕夫雷什中学》《关于人的思考》《让少年一代健康成长》《怎样培养真正的人》《少年的教育和自我教育》《论劳动教育》《爱情的教育》《家长教育学》《育人三部曲》《苏霍姆林斯基论智育》《做人的故事》《给女儿的信》《给儿子的信》《给教师的建议》(上、下)……直到我最近读的《和青年校长的谈话》。

渐渐地，我了解到苏霍姆林斯基的生平事迹。于是，这位伟大的教育家在我的心中活了起来，我似乎能够感受到他的音容笑貌，甚至能够听到他心脏的跳动。

作为饮誉全球的教育家，苏霍姆林斯基首先是一位充满童心的真诚人道主义者。他的名字是和他创办的帕夫雷什中学联系在一起的。苏霍姆林斯基每天的工作、生活规律总是这样的：五点钟就开始起来写教育日记，一直写到八点钟；然后，他便来到校门口，以亲切慈祥的笑容迎接每一个上学的孩子。学校上课期间，在校长办公室里是很难找到苏霍姆林斯基的，不过，在教室里、体育馆里、学校养蜂场或教研组会议上倒是可以见到他。到了下午，放学的时候，他又来到校门口，以深情眷恋的神情目送每一个孩子回家……在帕夫雷什中学，每一个学生都不怕校长；相反，苏霍姆林斯基在哪儿出现，哪儿就会有一群孩子围上来和他说笑。

看着他那精力充沛、仿佛永远年轻的身影，人们很难想象这是一个长期受着伤病折磨的人。苏霍姆林斯基曾以连政治指导员的身份奔赴反法西斯战场，因身负重伤而被抬下战场，两块弹片一直残留在他的胸部。尽管这样，他仍然一刻不停地从事着教育实践与教育科研，因为他实在太爱他的学生了。为了直接与孩子打交道，他放弃教育局局长的职位，而甘愿当一名校长和教师——在他担任校长的同时，他一直还担任一个班的班主任和从事教学工作。他与学生朝夕相处，在教室中给他们上课，在假日里带领他们去郊游，他甚至还曾和学生一起去荒无人烟的小岛探险。他称学校的每一个学生为“我的孩子”。正是由于他几乎整天都泡在孩子当中，所以他对孩子们了如指掌，经他长期观察并跟踪记录起成长历程的学生共有 3700 多人！

1970 年 9 月 3 日，还不到 52 岁的苏霍姆林斯基因残留在胸部的弹片侵入心脏旁那根主要的血管而去世了。在生命的最后日子里，他仍然想念他的孩子们，渴望回到学校去，同孩子们在一起，听孩子们的笑声。他虽然过早地离开了这个世界，但却给后来的教育者留下了

40 多部专著、600 多篇论文、1000 多篇小说和童话故事。他的著作被称为“教育百科全书”。

这位伟大而充满童心的教育家，在晚年著作《把整个心灵献给孩子》的前言中这样深情地写道：“在一所农村学校身不离校地工作 32 年，这对我来说是无与伦比的幸福。我把自己的一生献给了孩子们，所以考虑很久之后给这本书题名叫《把整个心灵献给孩子》。我认为，我是有这个权利的。……我生活中什么是最重要的呢？我可以毫不犹豫地说：爱孩子。”

苏霍姆林斯基就这样走进了我的生活，走进了我的心灵……

现在回想起来，在 20 世纪 80 年代我刚参加工作的头几年，的确是我和苏霍姆林斯基“热恋”的岁月。后来，我曾在一篇文章中，这样描述当时的情景：“是的，我不否认我的确是在用整个心灵迷恋苏霍姆林斯基，因为在我的眼里，苏霍姆林斯基的魅力是无法抗拒的。我曾经在三峡旅游的轮船上进入苏霍姆林斯基的《帕夫雷什中学》，心中激起的感情潮水随长江的波涛一起翻滚；我曾经坐在医院的病房里，一边守候病中的妻子一边和苏霍姆林斯基一起进行《关于人的思考》——夜深人静的午夜时分，整个宇宙似乎只有我和苏霍姆林斯基在倾心交谈……这种体验不知有过多少次了，但每一次都让我感到说不出的惬意：当我打开他的书，一股亲切而温馨的气息便扑面而来，耳畔似乎便响起了一位慈爱长者诚恳的忠告和叮咛；而当我合上书，思想的晴空万里无云，我的思维的翅膀会继续沿着苏霍姆林斯基所照亮的航程自由自在地飞翔……多少次我甚至痴痴地幻想：如果能亲赴帕夫雷什中学见一见我所崇敬的这位教育导师，那将是多么幸福的事啊！”

现在想起来感到颇为有趣的是，十几年前，我不但自己迷恋苏霍姆林斯基，而且还“专横”地向我周围的年轻同行们推荐。当时，我担任乐山一中教工团支部书记，于是，便“独裁”了一回：自作主张地从天津人民出版社邮购了 20 来本该社出版的苏霍姆林斯基名著《给教师的一百条建议》，所有团员教师人手一册。

在我接触苏霍姆林斯基著作之初，我就有意识地学习他：学习他对学生的挚爱，学习他对教育的执着，包括学习他坚持不懈地写教育手记。后来我在写有关教育论文或著作时，我的行文风格也散发着一股浓浓的“苏霍姆林斯基味儿”——夹叙夹议，以情动人，将自己对教育的思考融汇于一个个教育故事之中；甚至我的第一本专著《青春期悄悄话——致中学生 100 封信》，在体例和书名上都是模仿苏霍姆林斯基的《给教师的一百条建议》……

十几年过去了，我的年龄决定了我不太容易像当年那么“狂热”了，我对苏霍姆林斯基的认识当然也更理智更全面，但就感情而言，我对苏霍姆林斯基的爱，却依然没变。

我常常想起那本薄薄的《要相信孩子》。遗憾的是，这本书在同事借阅的过程中丢失了。

不过，在我的心中，《要相信孩子》永远如初恋那么温馨……

苏霍姆林斯基给我的“见面礼”

从苏霍姆林斯基的书中，我最先感受到的，是他那一颗极富人情味的爱心和童心。

在《把整个心灵献给孩子》一书中，他这样写道：“教育，这首先是教师跟孩子精神上的经常交流。”“如果我跟孩子们没有共同的兴趣、喜好和追求，那么我那通向孩子心灵的通道将会永远堵死。”“对孩子的依恋之情，这是教育修养中起决定作用的一种品质。”

读着这些话，我会很自然地扪心自问：我和孩子有没有“精神上的经常交流”和“共同的兴趣、喜好和追求”？我对孩子有没有“依恋之情”？

于是，我不得不开始重新审视我每一天的教育，重新打量我的每一个学生。

一段时间，初 84 级 1 班的男同学酷爱“斗鸡”，无疑，这是很危险的游戏，于是我下令禁止：“首先是对你们正在发育的身体不利，其次在教室里、校园里一跛一跳实在不雅……”在我看来，学生们应理解我的一片好心，况且我已晓之以理，但在学生看来，我是专横地剥夺了他们的自由，于是，“斗鸡”由公开转入地下，这意味着师生之间已产生了不信任。不久，我们班来到通江河滩郊游，我发现，在我宣布自由活动后，一些男同学互递眼色，像在商量什么，但又不好意思说，我看了一下四周柔软的沙滩，忽然明白了，便大声宣布：“来，请男同学组织一个‘敢死队’，与我‘斗鸡’！”孩子们在惊喜中雀跃起来。当我看到男生们一蹦一跳地向我轮番进攻，最后把我击倒在沙滩上，我感到很舒畅：同学们已理解我了，因为我并未扼杀他们的童心。

如果在过去，我会认为教师在学生面前固然应平易近人，但不可过分显得“孩子气”，以丧失起码的尊严感。我现在却认为，只要注意环境、场合，只要把握准学生的情感，教师的任何“过分”的亲切、幽默、嬉戏都不会是多余的，这只会让学生感到：“这老师真有趣！他真是我们的好朋友！”因此，教育工作者所特有的师爱，首先应是理解学生的精神世界，学会用他们的思想感情投入生活，和学生一起忧伤、欣喜、激动、沉思。

于是，我对学生开始有了抑制不住的真诚的依恋之情。记得有一段时间，每到星期六下午放学后，我都会有一种怅然若失的难受——想到要等到下周星期一才能和学生们见面，那是多么漫长的一个星期天啊！

所以，我会经常在星期天或者其他节假日，邀约上一拨学生带上一壶水、一包干粮，一起来到郊外。一处山坡、一块草坪、一条小溪、一片树林，都会成为我们共同的乐园。在欢声笑语、追逐打闹中，我和学生们一起捉迷藏、一起丢手巾、一起打水仗、一起放风筝……那的确是一种享受。

教师与学生在不知不觉中形成的依恋感，有时会产生连教师本人也意想不到的教育效果。我永远也忘不了 1983 年 11 月 16 日上午第四节课，那天，我即将去医院病休一周，但班上的情况却使我气愤之极：课堂纪律差，教室卫生差，不少人对集体漠不关心，一个鸡毛掸子不知被谁弄断了，却无人过问……在上课开始时，我压住气愤，用悲哀的神态说道："同学们，我对你们太失望了……我呕心沥血，换来的却是……"出乎我的意料，全班同学都难过地低下了头，大部分同学竟伏在桌上哭起来，教室里一片抽泣声。我也流泪了。我并未批评哪一个同学，甚至连一句发火的话也没说，可是每一个同学都感到，是自己让老师伤心了，于是他们也伤心地哭了。一周之后，我回到班上，看到教室已被粉刷一新、三个鸡毛掸子插在讲桌上，科任老师反映学生纪律很好（外语老师还不知道这个班一周都没有班主任），每天读报课，文娱委员毛利便组织大家练歌、准备学校"12·9"歌咏比赛……这令我欣喜的变化，与其说是靠教育，不如说靠的是师生之间的依恋之情。

苏霍姆林斯基在他的著作中不厌其烦地论述教育者爱护学生自尊心的重要性："年轻的朋友，请记住，这是一种非常脆弱的东西，对待它要极为小心，要小心得像对待一朵玫瑰花上颤动欲坠的露珠，因为在要摘掉这朵花时，不可抖掉那闪耀着小太阳的透明露珠。要培养自尊心，只能用温柔细致的教育手段。自尊心是不允许采用粗暴的、'强有力的''凭意志的'手段的。"（《给教师的一百条建议》）

当时，恰恰是在这一点上，我的教训多于经验。我曾多次苦恼过：为什么我把整个身心都献给了孩子们，可一些学生还是对我很冷淡呢？有一次我和一个学生的邂逅，使我找到了答案。那天，我在校园内碰到了我刚刚初中教毕业后考上本校高中的付饶。她在我班时，我曾为她花费了大量精力：谈心、补课，不止一次地冒着烈日去她家家访；她呢，也很关心我，初一时，她曾悄悄地把治喉病的药塞进我的寝室门。不料，在那次相逢中，她对我相当冷淡，从仅有的几句交谈中，我甚至分明感到了她对我的反感。最后她以火山爆发般的口气直言道："是的，我对你就是恨……你自以为你是为我好，但是你伤过我的自尊心。你还记得初三时我写的那张大字检查吗？"哦，我想起来了，初三时，她违反了学校纪律，我出于严格要求，责令她写了一份检查，并用大字抄出贴在校园内。当时我觉得这样做效果很好，因为班上违反学校纪律的人明显少了，没想到现在……"也许你李老师是对的，'严格要求'嘛，'维护集体荣誉'嘛，可是，我却因此而出名了，'付饶'，全校都晓得了！……"我惊慌我当时为何没察觉她的思想："你为什么当时不对我说你的不满呢？""要毕业了，我怕你……所以，心里不服还是假装诚恳，写了检查……"那以后有很长一段时间，付饶每次碰到我都不搭理，但我却不怪她，甚至还感谢她，因为通过她，我毕竟得到了一个有益的启示：如果我们在无微不至地关心学生的同时，又不知不觉地伤害学生的自尊感，那么，这好比是我们一方面热心播撒师生感情的种子，一方面又在粗暴摧残师生感情的幼芽。——有时教育者的"悲剧"正是如此！

后来我教初 87 级 1 班的时候，有一次，一个叫彭涛的男生撒谎了。气愤之中，我把他叫到讲台上，当着全班狠狠地批评了一顿，好多天，这个学生都闷闷不乐，我猛然意识到，我在"杀一儆百"的同时，又刺伤了一个孩子的心灵，我真是"本性难改"！于是，我及时找他谈心，并诚恳道歉。可是，过了不久，彭涛又欺骗老师、家长，他感到自己不可饶恕，李老师将会从严处理，可是我一点也未批评他，更未让全班同学知道此事，只是对他说："相信你会改正。"果然，这以后他表现得很出色，不仅没有再撒谎，而且多次要求当干部，他向全班同学声明："我有能力当好干部，请同学们不要小看我！"我想：假如他第二次撒谎时，我又在全班批评他，那么他是绝对不会有现在这种自信乐观、朝气蓬勃的精神面貌的。

看来，"爱"并不能代替一切。对学生的爱，首先还应包含"对人的尊重和信任"，这是苏霍姆林斯基反复强调的一点。特别是对待一些特殊学生，我们的爱也应该有一种艺术的表达。

初 87 级 1 班的薛梅最使我棘手，她从小失去父母，因而家庭教养极差，而且脾气很怪，对什么都很冷淡，集体观念也很差，我找她谈了几次，她明显地很反感，于是我决定把我的爱转化为集体对她的爱，通过同学来影响她。一次，她在校园里随地扔果皮，被罚扫校园，我没有批评她，而是悄悄叫彭艳阳、王小勤几个同学去帮她扫地，以此感化她。我还叫组长多接近她，首先是和她建立感情，然后再引导她参加一些集体活动，比如帮班上抄黑板报，为同学的壁报画插图等。到后来，她对同学、对集体以及对我这个老师都有了明显的热情。

在苏霍姆林斯基的《关于和谐的教育的一些想法》一文中，有一段话特别震撼我的心灵，以至我在后来的文章中多次引用："我在学校里对儿童、少年和青年进行的几十年工作，使我得到一条深刻的信念：人的天赋、可能性、能力和爱好确实是无可限量的。而每一个人在这些方面的表现又都是独一无二的。自然界里没有一个这样的人，我们有权利说他是'无论干什么都不行'的人。共产主义教育的英明和真正的人道精神就在于：要在每一个人（毫无例外地是每一个人）的身上发现他那独一无二的创造性劳动的源泉，帮助每一个人打开眼界看到自己，使他看见、理解和感觉到自己身上的人类自豪感的火花，从而成为一个精神上坚强的人，成为维护自己尊严的不可战胜的战士。……人的充分的表现，这既是社会的幸福，也是个人的幸福。"

我对韩军的教育充分证明了这的确是一条真理。韩军是我教过的 84 级 1 班的学生。在初一、初二年级时，他让许多老师头疼：课堂纪律较差，常常说话打闹，当然也有安静的时候——打瞌睡；学习更是懒散，我多次留他补作业，直到天黑；他的成绩当然很差。我多次找他谈心，阐述学习的重要性，不厌其烦地家访，这些都收效甚微。但我发现他有个很可贵的品质：劳动极为踏实，从不耍滑头。于是我多次在班上表扬他这个优点，同时又惋惜地对他说："唉，要是你在学习上也敢于吃苦就好了。"一位担任学生劳动课的老师也经常问他："韩军，你劳动这么出色，你的学习怎么样呢？”另外，他爱好无线电，但他家里极为反对，不准他订《中学科技》，我对他说：“我支持你爱好无线电，《中学科技》就订在我这里吧。但是，你的学习很差，肯定会影响你这个爱好……”这一切，显然触动了韩军的心灵，渐渐地，在学习上他明显地刻苦起来，早起晚睡地学习，课堂纪律也进步了，最后，在初中毕业时，令人惊讶地考上了重点高中。他学习态度和学生成绩的巨大变化，是足以说明学生是可以利用自己的优势，战胜自己的缺点的。

对孩子的爱、尊重和信任，这是苏霍姆林斯基给我的最珍贵的“见面礼”。

苏霍姆林斯基对我说……

请读者理解并原谅，我在这一部分将不得不大段大段地引述苏霍姆林斯基的观点。

要用一句话甚至一个词来概括苏霍姆林斯基教育思想的精髓，对我来说，是一件相当困难的事。但根据自己学习和实践苏霍姆林斯基思想的切身体会，我深深地感到，在苏霍姆林斯基博大精深的教育思想体系中，闪耀着一个大写的“人”字！

我这个体会也许不准确，甚至可能有些偏颇，但我的的确确从苏霍姆林斯基的书中读到了教育的人道、人性和人情。

“教育——这首先是人学”

和一般的教育家不同，苏霍姆林斯基不是以“学者”或“研究家”的身份去冷峻、“客观”、孤立地研究教育，而是充满真诚的人道主义情怀，把自己的一腔激情洒向他的每一位学生。他的深情的目光首先对准的是一个个人的心灵而不只是具体的教学环节或手段，他一生所关注的始终是每一个学生的个性的发展。这就使他的教育境界远远超过了一般侧重于研究教育技术的教育家，而使教育真正进入了人的心灵的宇宙。

在苏霍姆林斯基所生活的二十世纪五六十年代，苏联流行的说法是，当今是“科技时代”“数学时代”“电子世纪”“核子世纪”；而苏霍姆林斯基则旗帜鲜明地提出，当今首先是“人的时代”“人的世纪”。他进而预言，二十一世纪将是人的个性全面和谐发展的世纪！

苏霍姆林斯基把教育视为“人学”，这首先基于他对学生作为“人”的深刻理解与认识。我可以这样大胆地说，他的学生观是伟大的共产主义思想与真正的人道主义精神的完美统一。

据苏霍姆林斯基的女儿苏霍姆林斯卡娅介绍说，在苏霍姆林斯基的眼中，学生是人而不是学习的机器——既然是人，他就有自己的情感、自尊，有自己丰富的精神世界；但学生又不是抽象的人而是具体的人——比如，他（或她）是男人或女人，在学校是班里的同学，在野外是朋友的伙伴，在家里是父母的儿子或女儿，在所住的街道社区又是别人的邻居，在社会又是一个公民，等等；如果再往以后看，他（或她）又是未来的工人、农民、医生、士兵，是未来的丈夫（或妻子）、是未来的父亲（或母亲）……因此，对待每一个学生，都给予全面的关怀，让他真正获得全面的发展，使他不但现在而且将来都拥有幸福。

“教师的职业就是要研究人，长期不断地深入人的复杂的精神世界。”在《给教师的一百条建议》中，苏霍姆林斯基这样写道：“每个儿童就是一个完整的世界，没有重复，各有特色。如果这个世界显示在你面前，如果你感觉到每个儿童都有个性，如果每个儿童的喜悦和苦恼都敲打着你的心，引起你的思考、关怀和担心，那你就勇敢地选择崇高的教师工作作为自己的职业吧，你在其中能找到创造的喜悦。

因为完美工作中的创造性，首先就是要认识人、了解人，对人的多面性和无穷尽性感到惊奇。”

“人的充分表现，这既是社会的幸福，也是个人的幸福。”

“和谐教育”是苏霍姆林斯基提出的一个著名理论：“所谓和谐的教育，就是如何把人的活动的两种职能配合起来，使两者得到平衡：一种职能就是认识和理解客观世界，另一种职能就是人的自我表现，自己的内在本质的表现，自己的世界观、观点、信念、意志力、性格在积极的劳动中和创造中，以及在集体成员的相互关系中的表现和显示。正是在这一点上，即在人的表现上，应当加以深刻思考，并且朝着这个方向改革教育工作。……和谐的教育——这就是发现深藏在每一个人内心的财富。共产主义教育的明智，就在于使每一个人在他的天赋所及的一切领域中最充分地表现自己。人的充分的表现，这既是社会的幸福，也是个人的幸福。”(《关于和谐的教育的一些想法》)

需要特别说明的是，苏霍姆林斯基是在“全面发展”理论的背景下谈“和谐教育”的，或者换句话说，他希望通过“和谐教育”达到“全面发展”。因此，他的“和谐教育”就意味着：“一是处理好认识世界（即理论学习）与改造世界（即实践活动）的关系，使之处于相互促进的和谐之中；二是处理好各个表现领域的和谐关系，使每个学生在其天赋所在的一切领域中（而不只限于学习之中），充分表现自己并且出类超群；三是使学生因某事取得成功而带来的自尊、自信、自豪感，转移到其他事情上去取得同样的成功。总之，要找到每个学生身上的‘金矿脉’‘闪光点’，使他产生一股情感动力，并发生情感转移，让每个学生‘抬起头来走路’，确认自己是‘大写的我’，以此找到并打开全面发展的突破口，从而推动学生的全面发展。”(《育人三部曲·译者的话》)

在《关于和谐的教育的一些想法》中，苏霍姆林斯基这样表达他的教育理想："没有儿童的劳动的幸福，就没有教育。我认为教育的理想就在于使所有儿童都成为幸福的人，使他们的心灵由于劳动的幸福而充满快乐。"即使是对学生进行文化知识的传授，在他看来，首先还是为了造就学生健康文明的精神世界。同样在这篇文章中，他这样写道："对我这个教育者来说，一件必需的、复杂的、极其困难的工作，就是使年轻人深信：知识对你来说之所以必不可少，并不单单是为了你将来的职业，并不单单是为了你毕业以后考上大学，而首先是为了你能享受一个劳动者的丰富的精神生活；不管你是当教师还是当拖拉机手，你必须是一个文明的人，是你的子女的明智的和精神上无比丰富的教育者。……不要让上课、评分成为人的精神生活的唯一的、吞没一切的活动领域。如果一个人只是在分数上表现自己，那么就可以毫不夸张地说，他等于根本没有表现自己。""有一样东西是任何教学大纲和教科书、任何教学方法和教学方式都没有做出规定的，这就是儿童的幸福和充实的精神生活。"

"学习只是学生精神生活的一部分"

正是基于一种真诚的人道主义情怀和科学精神，苏霍姆林斯基在对待所谓"差生"的问题上体现出了他独特的智慧。

在苏霍姆林斯基看来，知识是人格的有机组成部分，因而必须从个性全面发展的整体中来看待智育。"智育包括：获得知识和形成科学世界观，发展认识能力和创造能力，养成脑力劳动文明，培养人在整个一生中丰富自己智慧的需要和把知识运用于实践的需要。"（《个性全面发展教育的诸问题》）但是，他又告诫教育者："那种除上课、教科书、家庭作业、分数以外什么都不去想的学生，他的命运是不值得羡慕的。千万不要让你的学生被这种学究气所控制。"（《给教师的一百条建议》）

苏霍姆林斯基认为，如果把学习当成学生的唯一活动领域，那在实践中是极其有害的。由于种种原因，学生之间的智力才能是不平等的。有的学生能够在学习这个领域里取得成功，而有的学生则无力在这个领域有所进展，反而屡屡失败，从而严重挫伤他们的自信心，甚至丧失了人的尊严感。他写道："智力才能的不平等，连学生本人早在童年和少年时期就看出来了。他们懂得，正是由于这个原因，才使得并非所有的人都能到达智力发展的同样高度。这一情况在今天就成了实现全面发展思想的一大堆困难和一连串重要的、微妙的、复杂的问题的根源。"(《把整个心灵献给孩子》)"现在，我们的许多麻烦的根源，就在于人的表现的片面性、畸形的单方面性。……在许多学校(也可能绝大多数学校)里，人的表现的唯一领域就是对他的知识的评分，就是他能接近学校里所定的那个最高限度的程度。已经牢固地形成了一种习惯的看法：一个人得了好分数，他就是好人，得了坏分数，他就毫无用处。"(《关于和谐的教育的一些想法》)

那么，面对那些学习上的失败者该怎么办呢？苏霍姆林斯基说："……在这种情况下，就需要人在精神生活的其他领域里得到表现，以树立自己的道德尊严感，体验到一种无可比拟的人的自豪感：我从我所创造的东西中看到了自己，我在某一件事上表现了自己的智力的、体力的、意志的、创造性的、道德的力量，我能够克服困难，我能够在最艰苦的斗争(为维护自己的尊严、维护自己的道德美、高尚和完美的精神的斗争)中成为胜利者等。"(《关于和谐的教育的一些想法》)

每次读到这里，我都会感慨万千：苏霍姆林斯基在几十年前说的这些话，对我们今天的素质教育有着多么强烈的针对性啊！

"真正的教育是自我教育"

在苏霍姆林斯基看来，所谓"教育"，并不是教师单方面地往学生空荡荡的大脑中灌注"美好的思想道德"，而是尽量设法点燃儿童心灵深处"想做好人"的愿望，甚至他认为儿童心中本身就蕴含有许多美好善良的道德萌芽，而教育者的任务就是扶持，让其茁壮成长。在《关于和谐的教育的一些想法》中，他强调指出："这一点，在我看来，乃是教育的核心，是教育的最宝贵之点：一个人想成为好人，想竭尽自己心灵的全部力量，在集体的眼里把自己树立起来，显示出自己是一个优秀的、完全合格的公民，诚实的劳动者，勤奋好学的思想家，不断探索的研究者，为自己的人格的尊严而感到自豪的人。"

正是基于这种对儿童的充分信任，他鲜明地提出："真正的教育是自我教育。"（《给教师的一百条建议》）他认为："自我教育需要一个重要的、强大的促进因素，这就是个人要有尊严感，尊重自己，有上进心。……只有受教育者尊重自己，才能有自我教育。"（《给教师的一百条建议》）

而自尊心的培养又是与羞耻心教育联系在一起的："重要的是，不仅要使儿童懂得什么事是最卑鄙可耻的，还要使他为世界上竟有这一类事而感到痛心和内心的折磨。但是这种痛心不应当是消极的；只有对于恶的积极的鄙视、愤怒和厌恶，才是一种为善而斗争的精神力量。对于卑鄙可耻的事物的愤怒和厌恶这种情感，会渐渐地迁移到自己身上来——这种迁移是很微妙的，有了这种迁移，年轻人就会去追求美好的、高尚的东西。一个人如果偶然做了什么不好的、不应有的、低级的事，甚至只是设想自己做了这一类的事，他都会对自己本身感到愤怒和痛恨，他会感到这种卑鄙的事对自己来说是不能容忍、绝不可能的、决不允许的。对于自我的愤怒——这是羞耻心这种崇高情感的源泉，是善心的忠实保卫者。羞耻心——这是对于卑鄙可耻的事物的一种强有力的抗毒剂，是义务感和责任心的道德情绪支柱。从厌恶坏事到有羞耻心，从有羞耻心到坚决抵制任何'小兄弟'的怂恿和教唆，就可以避免不道德的、违法的、犯罪的行为。"（《培养全面发展的个性的问题》）

学生的自我教育包括学生集体的自我教育。只要集体的健康舆论与每一个学生内心深处的道德自律融合在一起，教师的教育意图便已经成为学生的自我意愿；这样，教师就不必成为班级巨细无漏的“管理者”：“教师的聪明才智在于，使孩子们把教师的意图当作自己的意图提出来并加以实行。一个真正的教育能手永远也不会使孩子感到自己是一个发号施令的人。”（《给教师的一百条建议》）

“爱别人是培养为祖国服务的爱国主义花朵的沃土。”

凡是到过帕夫雷什中学的人，只要一进大门，便会看到迎面墙上挂着这样一幅大标语：“要爱你的妈妈！”当年，曾有人问过苏霍姆林斯基，为什么不写“爱祖国”“爱人民”之类的标语？他回答说：如果一个孩子连他的妈妈也不爱，他还会爱别人、爱家乡、爱祖国吗？（参见《给教师的建议》）

爱祖国从爱周围的人做起，这是苏霍姆林斯基一个基本的思想。他说：“如果一个人在亿万同胞里连一个最亲的人都没有，他是不可能爱人民的；如果一个人的心里没有对最亲爱的人的忠诚，他是不可能忠于崇高的理想的。”（《培养全面发展的个性的问题》）他还说：“我的年轻的朋友，你要善于使你的学生从心灵和理智上接收这样一个真理：爱国主义的神圣情感来自母亲。”（《给教师的一百条建议》）培养具有共产主义理想的一代新人，是苏霍姆林斯基崇高的教育使命。但是，在他那里，这种教育绝不是教条口号式的灌输，而是针对学生的心理由近及远、由浅入深、“润物细无声”一般的潜移默化。比如，他教育孩子爱祖国从爱母亲做起，而爱母亲又应从了解和体贴母亲的忧伤和难处做起，并力所能及地分担母亲的家务琐事，以及在宅旁种植“母亲树”，第一批果实献给母亲品尝，以优秀的在校表现让母亲满意、高兴、自豪，等等；由此推而广之，为爷爷、奶奶、父亲、兄长、弟妹献出爱心，付出爱行；再推而广之，为其他一切素不相识但值得尊重的普通人献出爱心，施以善行；在此基础上，为学校、为家乡献出爱心，做出贡献；最后把这种爱心升华为对亲爱的祖国的责任感。（参见

《育人三部曲·译者的话》)

读苏霍姆林斯基的书，我常常为他彻底的实事求是精神而感到由衷的敬佩。他对一切脱离实际的形式主义教育深恶痛绝。他说："在学校里，不许讲空话，不许搞空洞的思想！要珍惜每一句话！当儿童还不能理解某些词句的含义时，就不要让这些词句从他们的嘴里说出来！请不要把那些崇高的、神圣的语言变成不值钱的破铜币！"(《培养全面发展的个性的问题》)

我相信，谁也无法否认曾参加过伟大卫国战争并光荣负伤的苏霍姆林斯基是一位真正的爱国者，但恰恰是他这样尖锐地抨击某些形式主义的"理想教育"："儿童、少年、青年口头上会说他怎样热爱祖国，甘愿为祖国而牺牲，但是这些话本身并不能作为学生所受的爱国主义教育程度的真正标准；教育的明智在于：不要让我们的学生毫无热情地、不假思索地说出这些话来。因此，我们坚决禁止组织这样的竞赛：看谁关于热爱祖国的演讲或作文讲得最漂亮。教学生高谈阔论爱祖国，取代了教学生爱祖国，这是不可思议的事。"(《培养全面发展的个性的问题》)

遗憾的是，类似"不可思议的事"至今还在我们身边随时"庄严"地发生着。

"爱情，是对人道主义的最严峻考试。"

苏霍姆林斯基在他女儿满 14 岁那天，给女儿写了一封信——

亲爱的女儿：

你提出的问题使我忐忑不安。

今天你已经 14 岁了，已经迈进开始成为一个女人的年龄时期。你问我说："父亲，什么叫爱情？"

我的心经常为这种思想而跳动，就是今天我不再是和一个小孩子交谈了。进入这样一个年龄时期，你将是幸福的。然而只有你是一个明智的人，你才是幸福的。

是的，几百万年轻的14岁的少女怀着一颗跳动的心思考着这样一个问题：什么叫爱情？每一个人对它的理解都各不相同。希望成长为男子汉的年轻小伙子也在思考这一问题。亲爱的小女儿，现在我给你写的信不再是过去那样的信了。我内心的愿望是：告诉你要学会明智地生活，也就是要善于生活。我希望做父亲的每一句话都能像一颗小小的种子，促使你自己的观点和信念的幼芽萌发出来。……

接下来，苏霍姆林斯基以诗一般美好的语言，给女儿讲述了一个关于爱情的童话故事，告诉女儿："爱情是人类永恒的美与力量！"在这封信的结尾，这位杰出的父亲写道——

我的小女儿，这就是爱情！世上各种有生命的东西生活、繁殖，成千上万地延续自己的有生命的后代。但是，只有人懂得爱。而且说实在的，只有在他善于像人那样去爱的时候，他才是一个真正的人。如果他不懂得爱，不能提到人性美的高度，那就是说他只是一个能够成为人的人，但是还没有成为真正的人。

我是从苏霍姆林斯基的《爱情的教育》一书中读到以上这封信的。当时，我非常羡慕苏霍姆林斯基的女儿拥有如此优秀的父亲；同时，对照当时我遇到的学生中出现的所谓"朦胧情感"问题，我感到自己仿佛找到了"灵丹妙药"。

是的，与我们传统教育中视"爱情教育"为禁区截然不同，苏霍姆林斯基把爱情问题同人的道德进步，同整个社会进步问题联系在一起，认为人的全部道德观念集中地表现在爱的情感里，表现在爱的内容和形式里；他进而提出，正如从一开始就要教导学生怎样劳动一样，也需要在他们刚刚懂得爱情的时候就教育他们怎样去爱。

请听苏霍姆林斯基在《爱情的教育》中的精彩论述——

爱的情感是衡量道德的最灵敏、最精确的天平，这绝非言过其实。

我坚信不疑的是，高尚的爱情种子需要在年轻人产生性欲之前好久的时候，即在他们的童年、少年时期播在他们的心田里。……我们所说的爱情种子，当然不是指关于爱情的说教，而是指培养道德尊严和人格的过程，指在每一行动中树立起真正的人道主义观点；指培养对人道美的理解能力和创造（这一点尤其重要）人道美的能力。爱情的念头一旦在年轻人的思想和感情上撩拨和引起不安，教育者就应当给他们讲爱情是什么。这种讲解将会在年轻人的心灵中培养出高尚的思想和情感，首先是培养出能够给人以巨大幸福的对美的责任感。但是这种美对善于爱美的人才是幸福的。

在培养高尚的爱的情感中所取得的成绩，是衡量一位教师的教育艺术的尺度。理解爱情，就意味着理解一个人的心。相反，对待青年男女的爱情抱轻蔑乃至嘲讽的态度，恰恰说明教师的教养水平低。……对学生的精神生活和他们的隐秘角落采取粗暴态度，最容易从男女青年的相互关系中驱逐出一切高尚的、有道德的、明快的审美情感，并把爱情的生物本能的一面推到了首位，激起不健康的好奇心，使男女同学更加疏远，对交往产生一种难忍的恐惧症。

我们应当把爱的情感即人的最美、最高尚的情感作为推动道德进步的武器。

爱情，是对人道主义的最严峻考试。我们应当从一个人的童年和少年时期起就培养他去迎接这场考试。

也正是在聆听苏霍姆林斯基的这些充满了智慧并洋溢着真情的教诲之后，我在自己的教育中真正开始了尝试中学生青春期教育，进而走进了一个又一个少男少女的心灵；而后来出版的我的第一本教育专著《青春期悄悄话——致中学生100封信》，则既是我献给中学生朋友的一颗真诚的心，也是我交给苏霍姆林斯基的一份“考试答卷”。

在读苏霍姆林斯基著作的同时，我也读了一些其他世界著名教育家的书。应该说，所有教育家的思想或多或少对我都有启迪。但通过比较，我感到苏霍姆林斯基的思想最富有个性特色，而且最容易在中国这块土地上生根发芽。首先，苏霍姆林斯基的政治信仰、价值观念与我国的主流的意识形态是完全一致的，我们最根本的教育指导思想都是马克思列宁主义。培养具有集体主义思想、爱国主义情操、社会主义信念的共产主义新人，是苏霍姆林斯基也是我们最终的教育目标。其次，与中国长期占主导地位的教育传统观念有所不同的是，苏霍姆林斯基更注重教育在适应社会发展的同时还应有利于人个性的发展。他十分注重在教育中注入尽可能多的人情、人道和人性，而这恰恰是长期以来的中国教育所最缺乏的。所以，读苏霍姆林斯基的书，很容易感受到一种情感的力量，感到一种对心灵的抚慰。再次，苏霍姆林斯基的教育实践是一种始终面向基层、面向社会、面向普通学生的开放性教育实验，而不是在实验室里对少数学生的封闭式研究甚至经院式研究。对中国广大的中小学教育者来说，无疑更有着可资借鉴的操作性。最后，与其他经典教育著作相比，苏霍姆林斯基可以说开创了一种崭新的教育著作文体：将理论融入一个个生动感人的教育故事之中，或者在夹叙夹议中娓娓诉说自己的教育个例，并自然而然地以极其精辟凝练的语言表达着自己的教育见解，既给读者以形象的感染，又给读者以思想的冲撞。比起许多充斥着晦涩生僻术语的理论著作，苏霍姆林斯基的书当然会拥有更多的中国读者。

他的感情真挚而充沛，他的思想朴素而深刻，他的语言平易而精彩。让每一个从他身边走出去的人都能幸福地度过自己的一生，这就是苏霍姆林斯基的教育追求。虽然以今天的眼光看，他的思想理论可能有着这样那样的不足和一些不可避免的历史的局限，但是仅仅凭他“要培养真正的人”这一矢志不渝的信念，他教育胸襟的博大和教育理想的崇高就远远超出了同时代许多的教育家。

相聚在苏霍姆林斯基的名字下面

一、一个苏霍姆林斯基的追随者

随着1998年日子的一天天流逝，我的心开始越发不安起来。

因为我内心深处老牵挂着一件事：今年是苏霍姆林斯基诞辰80周年，而在去年，我就告诫自己一定要写一篇文章来纪念他。然而，由于工作太忙，需要急于处理的事情太多，从上半年推到下半年，我迟迟未能动笔。正是这种拖沓使我不安，甚至使我内疚。

到了10月份，望着窗外在秋风中飘零的落叶，我仿佛看到了1998年即将离去的背影。我提醒自己：无论如何这篇文章也不能再推下去了。于是，在1998年10月11日，一个星期天，我终于打开电脑一气呵成地写成了一篇长长的纪念文章。

严格说起来，这不是一篇格式规范的纪念性文章，而是一篇散文随笔式的文字。我完全是让自己的思绪与情感自由自在地流淌乃至倾泻——

当我写下“苏霍姆林斯基”这个名字的时候，我心中首先生起的与其说是崇敬，不如说是亲切——在我的心目中，他从来都不仅仅是一位学识渊博、思想深刻的教育家，而更是一位和蔼慈祥的长者，一位充满童心和爱心的真诚朋友。

刚写完开头这一段文字，我就感到苏霍姆林斯基好像就在我的面前，我甚至能闻到他温馨的气息。于是，我产生了一种不能自已的激动，敲击键盘的手指不听使唤地剧烈颤动着。感情的潮水不可抑制地从我心中喷涌出来……

我追述了我第一次读苏霍姆林斯基著作的情景，回忆了 17 年来我迷恋苏霍姆林斯基的往事，特别谈到了我在他教育思想中所受到的一些启迪——

正是苏霍姆林斯基，使我开始意识到应把自己的学生当作富有个性的人，而不是考试的机器、分数的符号，并且将发展学生的个性同自己工作的乐趣联系在一起："如果你感觉到每个儿童都有个性，如果每个儿童的喜悦和苦恼都敲打着你的心，引起你的思考、关怀和担心，那你就勇敢地选择崇高的教师工作作为自己的职业吧，你在其中能找到创造的喜悦。"正是苏霍姆林斯基，让我意识到了自己身边的教育弊端："不要让上课、评分成为人的精神生活的唯一的、吞没一切的活动领域。如果一个人只是在分数上表现自己，那么就可以毫不夸张地说，他等于根本没有表现自己，而我们的教育者，在人的这种片面性表现的情况下，就根本算不得是教育者——我们只看到一片花瓣，而没有看到整个花朵。"正是苏霍姆林斯基，向我指出了教师本人素质的重要性："能力只能由能力来培养，志向只能由志向来培养，才干也只能由才干来培养。"正是苏霍姆林斯基，交给了我一个重要的教育工具，这就是"集体"："教师的聪明才智在于，使孩子们把教师的意图当作自己的意图提出来并加以实行。一个真正的教育能手永远也不会使孩子感到自己是一个发号施令的人。"正是苏霍姆林斯基，告诉我应该怎样对待学习困难的儿童："教学和教育的技巧和艺术就在于，要使每一个儿童的力量和可能性发挥出来，使他享受到脑力劳动中的成功的乐趣。……如果教师善于把学生引进一种力所能及的、向他们预示着并且使他们得到成功的脑力劳动中去，就连那些调皮捣蛋的学生也能多么勤奋、专心致志地学习啊！"……

最后，我着重强调了苏霍姆林斯基思想对于今天中国实施素质教育的意义——

在我国实施素质教育的呼声日渐高涨的今天，苏霍姆林斯基的思想再一次显示出真理的光芒："所谓和谐的教育，就是如何把人的活动的两种职能配合起来，使两者得到平衡：一种职能就是认识和理解客观世界，另一种职能就是人的自我表现，自己的内在本质的表现，自己的世界观、观点、信念、意志力、性格在积极的劳动中和创造中，以及在集体成员的相互关系中的表现和显示。正是在这一点上，即在人的表现上，应当加以深刻的思考，并且朝着这个方向改革教育工作。""共产主义教育的英明和真正的人道精神就在于：要在每一个人（毫无例外地是每一个人）的身上发现他那独一无二的创造性劳动的源泉，帮助每一个人打开眼界看到自己，使他看见、理解和感觉到自己身上的人类自豪感的火花，从而成为一个精神上坚强的人，成为维护自己尊严的不可战胜的战士。……人的充分的表现，这既是社会的幸福，也是个人的幸福。"甚至在我看来，半个世纪以前苏霍姆林斯基在他的家乡乌克兰所创办的帕夫雷什中学，实在堪称素质教育的典范！

在文章的结尾，我这样深情地写道——

1970 年苏霍姆林斯基去世时年仅 52 岁。我第一次读他的书《要相信孩子》，是在 1982 年。当时在感慨万分之际，忍不住从心底发出深深的叹惜："如果他还健在，今年也不过 64 岁！"十几年来，我多次情不自禁地掰着指头掐算苏霍姆林斯基的年龄：从 64 岁算到今年的 80 岁。去年我就提醒自己：明年是苏霍姆林斯基诞辰 80 周年，我一定要写一篇文章来纪念他。时间刚进入 1998 年，我又提醒自己别忘了自己的诺言。我曾想弄清苏霍姆林斯基的生日具体是哪一天，可查遍了我能查到的所有资料，也没能如愿。但是，我因此便把今年的每一天都当作苏霍姆林斯基诞辰80周年的纪念日！

于是，在今天这个普通的日子，我，一个普通的中国教师，向原苏联、现乌克兰的伟大教育家苏霍姆林斯基写下了我对他的敬意，也写下了我对民主、科学、个性教育理想的热情憧憬和执着追求。

我把这篇文章的标题确定为《追随苏霍姆林斯基》是有原因的。

著名教育专家查有梁教授在为拙著《爱心与教育》写的跋里有这样一句话："作者的思想源于苏霍姆林斯基，又超越了苏霍姆林斯基。"这话显然有些过头，但我把它看作是查老师对我的鼓励或者说为我指出的一个奋斗方向。后来，《爱心与教育》出版后，有些读者朋友也爱把我的名字同苏霍姆林斯基联系在一起。甚至有一位好心的青年学者在写《爱心与教育》的评论文章时，标题竟然是《超越苏霍姆林斯基》。对此，我是万万不能接受的。这绝不是出于谦虚或者世故，而是我觉得现在的我哪里有资格奢谈"超越"？这些说法实在让我有一种无地自容的羞愧。

不是说苏霍姆林斯基不能超越——尽管我非常敬仰他，可我从不认为他作为科学而不是宗教的思想理论就没有历史的局限或其他的不足；但是，就我目前的情况看，我不过是一名刚刚起步的苏霍姆林斯基的追随者而已，离"超越"何止十万八千里！

而且，即使从发展的眼光看，我为什么一定要超越苏霍姆林斯基呢？苏霍姆林斯基属于他的民族和他所处的时代，也属于他自己的独一无二的精神个性。我们可以学习他，借鉴他，但不可能也没有必要去超越他。不同时代、不同民族或同时代、同一民族的杰出教育家之间并不是人们通常所说的非要"发展"与"超越"不可，而是互相借鉴融汇、交相辉映而又保持自己的思想个性、时代特色、民族气派——中国的孔夫子、陶行知还有外国的卢梭、苏霍姆林斯基，你能说谁超越谁呢？

当然，就我目前的情况而言，我还处于学习阶段。于是，我把文章定名为《追随苏霍姆林斯基——纪念苏霍姆林斯基八十诞辰》。

文章写成了，可是往何处投寄呢？我首先想到了教育类的报纸，但这篇长达5000字左右的文章，显然是很难被任何一家报纸刊用的；我又想到了教育类的杂志，但如果这篇文章能够被登出来，最快也是明年二三月份了，那么“纪念八十诞辰”又从何谈起呢？

但是，我实在不甘心这篇文章就这样默默无闻——为了苏霍姆林斯基，我年轻时代曾有过的“发表欲”又空前地膨胀了起来。我甚至打电话找到一位朋友，托他找一些京城大报的总编，设法尽快把这篇文章登出来。

我突然产生了一个大胆的奇想：不管这篇文章是否能够发表，我能不能设法让苏霍姆林斯基的亲属读到这篇文章呢？——我估计，苏霍姆林斯基的夫人可能还健在，他的女儿、儿子也一定健在。对，我一定要让他们读到这篇文章，让他们感受一下一个中国教师对苏霍姆林斯基的真挚的情感。

这个念头一旦冒出，我便像着了魔似的执着于这个念头，并着手去实现它！

我的当务之急是要找人把这篇文章翻译成俄文。但是，我找遍了我在成都的所有朋友，没有一个会俄文翻译。于是，我想到了我在无锡的一位名叫吴盘生的朋友，他实际上是我的一位通过以文会友的方式相识10年但至今未曾谋面的老师。他曾在乌克兰大使馆工作过三年，精通俄文和乌克兰文。

经过电话联系，吴盘生老师欣然答应了我的要求。

二、如愿参加苏霍姆林斯基80华诞国际学术研讨会

10月下旬，我应邀去四川德阳市上两堂语文公开课。课间10分钟，我坐在办公室里休息。一位老师递给我一本杂志：“李老师，这上面有查有梁教授一篇谈教师素质的文章，里面提到了你。”出于礼貌，

我随手接过翻了起来。这是一本我从未见过的《中小学管理》。查老师那篇文章倒没引起我太多的注意，但当我继续无意往后面翻时，其中一页上的一则消息的标题突然吸引了我——纪念苏霍姆林斯基80华诞国际学术研讨会将在北京举行。

自从20世纪80年代初苏霍姆林斯基的著作稍微“热”过一阵子之后，十几年来，不知什么原因，“苏霍姆林斯基”的名字出现在我国报刊上的频率并不高，以致当我和一些教育同行津津乐道地谈起他时，别人往往不知我说的是谁。所以，每当我偶然在报刊上看见“苏霍姆林斯基”几个字时，我都会本能地兴奋许久，两只眼睛往往会久久地盯着“苏霍姆林斯基”这六个非常亲切的字不愿移开。而现在，吸引我的已不仅仅是那个亲切的名字，还有“纪念”“80华诞”“国际学术研讨会”等词语所组成的令人惊喜的信息！

我迫不及待地反复研读那则仅有三四百字的消息，从中了解到纪念苏霍姆林斯基80华诞国际学术研讨会由北京师范大学国际与比较教育研究所承办，这次会议将云集世界各地的研究苏霍姆林斯基的专家学者，而且还有一个叫“苏霍姆林斯卡娅”的女士被特邀出席这次会议。我猜想：她可能是苏霍姆林斯基的夫人或者女儿吧。

我当然又想到了我不久前写的那篇文章，进而产生了想参加这次国际研讨会的强烈愿望。但是，我知道这很难——我既非专家，也非学者，显然没有与会资格。

但是——我又这样侥幸地幻想，万一我这篇文章被他们看中了因此而邀请我赴会呢？虽然是“万一”，毕竟在理论上这种可能性是存在的。

我又给吴盘生老师去了一个电话，说明了我的愿望。并请他把我那篇文章设法转交北京纪念苏霍姆林斯基80华诞国际学术研讨会筹备处。同时，我向会议筹备处快件邮去了两本《爱心与教育》。

两周以后，我接到了研讨会的邀请函。

于是，1998年11月25日，我和《爱心与教育》的责任编辑之一、四川少年儿童出版社的田曦老师一起来到了北京。

纪念苏霍姆林斯基 80 华诞国际学术研讨会在北师大举行。虽说北京在几天前才刚刚下了一场罕见的大雪，但那天早晨，当我缓缓穿行于北师大的校园时，天气却格外晴朗。

天空湛蓝澄清，冬日的太阳，把柔和的光芒洒在房顶、花园、树梢的积雪上，使人油然想到“看红装素裹，分外妖娆”这一著名的句子。脸上感受着刺骨的寒风，身上感受着僵硬的奇冷，可眼前的一切分明如秋天一般爽净，而我心中更是如春天一般充盈着暖意。

三、第一次见到苏霍姆林斯卡娅

在英东楼的一间会议室里，悬挂着一幅写有“纪念苏霍姆林斯基 80 华诞国际学术研讨会”的红色会标，来自国内外的 50 多名代表便聚集在这醒目而庄严的会标下面。

主办者将会议桌摆成一个长方形的格局，与会代表便由里到外一重一重地围坐着。会议主持人是北师大国际与比较教育研究所所长王义高教授。紧挨着王义高教授坐着的，除北师大副校长王英杰教授等领导以及专家学者外，就是苏霍姆林斯基的女儿、乌克兰教育科学院院士奥丽佳·苏霍姆林斯卡娅女士、乌克兰基辅苏霍姆林斯基学院院长哈依莲娜·瓦西里莎女士以及国际苏霍姆林斯基学会会长、希腊教授克瑞斯托·弗朗格先生等外国专家学者。

我在远离主席台的最后一排找了一个很不起眼的角落坐下。在主持人还没有介绍就座的各位外宾时，我就开始远远打量着那一排高鼻子蓝眼睛的外国人。我很快就从中认出了苏霍姆林斯卡娅，因为她的外貌酷似我以往凝视过无数遍的苏霍姆林斯基肖像。是的，苏霍姆林斯卡娅长得太像她父亲了！

大会由王英杰教授致开幕词，之后，是北京教科院、天津教科院、江苏教科所以及独联体各国使馆代表致辞或选读贺信。然后是全体代表照相，会间休息。

在全体代表照合影的时候，出现了一个令我感动的小插曲。在代表们集合的时候，领导和外国专家前排就座，其他代表依次有序地站在后面的台阶上。我先在一旁等候着。等大家都站好了，才走过去站在最后一排的边上。可就在摄影师准备按快门之际，主持人王义高教授还不放心地站起来，最后一次看了看代表们的队形。突然，他好像发现了什么又好像在寻找着什么似的，竟然高声呼喊着我的名字："李镇西！李镇西在什么地方？"我不知发生了什么事，连忙也大声答应道："我在这儿！"他终于看见了我，连忙向我招手："快，快坐到前排来！"然后好像是为了向其他代表解释，他又说了一句："来自第一线的老师应该坐前排。"我只好在众目睽睽之下，红着脸坐到了前排。

我当时的确很感动。我想到了报到的第一天填表时，当王义高教授得知我就是李镇西时，立即走过来右手紧紧地握住我的手，问："你就是李镇西？"我诧异地点点头。他随即便用左手在我的肩上重重地拍了一下："好啊！真棒！"我更诧异了："什么……'真棒'？"

他笑了起来："我早就听吴盘生介绍过你了。你的《爱心与教育》我也读过了。真棒！真棒！"

说实话，我一直自以为我是具有较强的平等意识的，但在这种场合，面对这么多的专家学者，我真的感到自己才疏学浅因而自然产生了些许自卑感。尽管现在我"享受"了照相时前排就座的"待遇"，我内心深处的自卑感仍然挥之不去。

因此，集体像照完了之后，在大家都抢着和苏霍姆林斯卡娅合影时，我虽然也非常想和她合影，但实在没有勇气向她提出这个要求。而且，我看得出来，当苏霍姆林斯卡娅被各位代表们当作摄影"道具"一般摆弄时，她脸上的笑容里已经明显地有了许多礼节性和无可奈何的成分了。

重新回到会议室后，接下来便是由苏霍姆林斯卡娅做主题报告，内容是全面介绍苏霍姆林斯基的教育思想体系。虽然我以前通过苏霍姆林斯基的著作对他的思想已有了比较全面的了解，但现在从苏霍姆林斯卡娅的报告中，我对他的生活经历、教育思想的形成背景和过程有了更深刻的了解。

出于对苏霍姆林斯基的敬仰，我想通过吴盘生老师请苏霍姆林斯卡娅为我写几句勉励的话。但当我向吴盘生老师提出这个愿望时，他直爽地对我说："这恐怕不太容易。苏霍姆林斯卡娅是一位非常正直、严谨的学者。她一般是不会给不熟悉的人题词的，怕被人利用。前几年，我准备写一本教育理论方面的书，把提纲寄给她看，想请她为书题词，结果她都没有同意的。"我只好作罢。

四、我在大会上讲演

第一天会议结束后，王义高教授找到我："明天上午，给你40分钟，请你做一个发言，好吗？"我虽然没有思想准备，但我深知这是对我的信任，便答应了。

当天晚上，我久久不能入睡，心里老是牵挂着明天的发言。讲什么呢？如果在这些专家面前谈理论，显然是班门弄斧。那就谈我是怎么做的吧。对，我就实实在在地把自己追随苏霍姆林斯基的真实情感和经历讲出来吧。虽然，我对苏霍姆林斯基的研究谈不上有多么深入，我也没有多么高的理论水平，但只要感情真诚、内容真实，就够了。

第二天上午，在国际苏霍姆林斯基学会会长、希腊教授克瑞斯托·弗朗格先生发言完毕之后，我坐到了发言席上。我的心情非常激动。紧挨着我的左边，就坐着苏霍姆林斯卡娅和瓦西里莎院长，年轻的教育学女博士肖甦老师和白发苍苍的赵玮教授分别担任她俩的翻译。

王义高教授介绍我的时候是这样说的："下面，由来自四川省成都市石室中学的李镇西老师发言，他是中国的苏霍姆林斯基式的教师。"可能是为了照顾翻译，他说得比较慢，而且说到"中国的苏霍姆林斯基"时，停顿了一下再说"式的"，结果引起翻译的误解，翻译成了"中国的苏霍姆林斯基，是的"。苏霍姆林斯卡娅不由得惊愕地嘟哝了一句什么，大概是在问“什么‘中国的苏霍姆林斯基’？而且还是‘是的’？”于是，王义高连忙解释道：“不是‘是的’，是‘式的’，即‘一类的’‘类型的’。”与会代表们都笑了起来。苏霍姆林斯卡娅终于明白了他的意思，对我礼貌地点了点头，但脸上仍然呈现出不好理解的神情。

但此刻，我已经一点不紧张了。17 年来我在精神上追随苏霍姆林斯基的情景一一浮现在我的眼前。我是这样自信而从容不迫地开始我的发言的：

“在我的 40 年人生历程中，有两个人曾给予我巨大的影响。一个是少年时代我通过《钢铁是怎样炼成的》而结识的奥斯特洛夫斯基，一个是青年时代闯入我教育生活的苏霍姆林斯基。奥斯特洛夫斯基和苏霍姆林斯基的确是我人生历程中的两座丰碑。前者告诉我人活着要有崇高的理想追求，后者告诉我人应该怎样追求崇高的理想；前者给我以坚忍的意志，后者给我以纯真的爱心；前者告诉我要做生活的强者，后者告诉我要做事业的开拓者；前者是站在人格的高峰召唤着我，后者手牵着我的手一起去攀登人生的高峰！——值得顺便一提的是，这两个人，还有我同样敬仰的马卡连柯，都是乌克兰人。仅凭这一点，我就有理由对伟大的乌克兰人民表示我由衷的敬意！”

我停顿了一会儿，以便让翻译有比较充裕的时间把我的话转述给苏霍姆林斯卡娅和其他外国代表。此刻，除了几位翻译近乎耳语的声音，整个会场静静的，代表显然被我这真诚的开场白吸引了。当翻译翻译到“这两个人，还有我同样敬仰的马卡连柯，都是乌克兰人”时，苏霍姆林斯卡娅对着我点点头，并自豪地笑了起来。

接下来，我把头侧过去面对苏霍姆林斯卡娅，继续说道：“十几年前，我第一次读到苏霍姆林斯基的《给女儿的信》时，非常感动。我不止一次地给我的处于青春花季的学生读这些充满父爱的信。开头的几句话我至今还能背诵——亲爱的女儿：你提出的问题使我忐忑不安。今天你已经 14 岁了，已经迈进开始成为一个女人的年龄时期。你问我说：‘父亲，什么叫爱情？’我的心经常为这种思想而跳动，就是今天我不再是和一个小孩子交谈了。进入这样一个年龄时期，你将是幸福的。然而只有你是一个明智的人，你才是幸福的。……”

在我背诵这几句的时候，会场一片安静，大家都仿佛听到了苏霍姆林斯基那慈爱的声音。

“当时，我在更加敬仰苏霍姆林斯基的同时，又对他 14 岁的女儿产生了羡慕之情，因为她有着如此优秀的父亲是多么幸福啊！”我声音低缓地说道。

苏霍姆林斯卡娅显然也被感动了，她静静地凝视着我，但我感觉到她已经进入了一种十分美好的回忆之中。

紧接着，我的声音不由自主地扬了起来：“没有想到，现在，这位幸福的女儿就坐在我的身旁！”

全场爆发出了热烈的掌声。掌声中，苏霍姆林斯卡娅再一次对着大家露出了幸福的笑容。

我开始讲述苏霍姆林斯基对我的最重要的启示：“只要热爱学生，勤于探索，即使是一个普通的教师，他也完全可以登上教育科研的高峰，甚至走向世界！”

我从教育科研、班级集体主义教育、对“后进学生”的爱、教育中的文学感染等方面谈了我学习、实践苏霍姆林斯基思想的体会。在谈这些体会的时候，我尽量避免空谈道理，而是讲述一个个我和学生之间的生动的教育故事。我的观点并不新颖独特，但也许是这些来自校园的生动情景和鲜活形象感染了代表们，大家都听得十分专注。

最后，我说道：“以前，我深感自己是苏霍姆林斯基执着而孤独的追随者，但今天在这个场合，我找到了许多知音。在我的心目中，苏霍姆林斯基不但有着一颗透明的心，而且并没有离开这个世界。17 年来，苏霍姆林斯基一直在我身边陪伴着我，引导着我，鼓励着我。当我遇到了挫折，他帮我出谋划策，克服困难；当我取得了成绩，他和我一起分享快乐。我将继续追随苏霍姆林斯基这位伟大的导师和我最感亲切的朋友，继续攀登我教育事业的高峰，走完我的人生之路！”

我的发言打动了全体代表，他们对我报以热烈的掌声。苏霍姆林斯卡娅和瓦西里莎院长激动地冲着我“叽里呱啦”并手舞足蹈。一个来自山西的代表（后来我得知他叫张效礼老师）走过来握住我的手说：“李老师，你讲得太好了，我都忍不住流泪了！”

我刚走下主席台，苏霍姆林斯卡娅和瓦西里莎院长就把我围住，通过翻译向我表达她们的感谢和激动之情。白发苍苍的赵老师说：“哎呀，李老师，你真是讲得太精彩了。我是尽量把你的原意完整地翻译给她们听。”

苏霍姆林斯卡娅和瓦西里莎院长好像等不及翻译，直接对着我哇啦哇啦地说着，遗憾的是我一句也听不懂，只能有礼貌地对着她们频频点头。突然，瓦西里莎院长一把抱住我，竟然在我的右脸颊上热烈地亲吻了一下！

这闪电般的“突然袭击”，让我一愣，也让大家善意地笑了起来。

接下来是会议休息，苏霍姆林斯卡娅和瓦西里莎院长热情地邀请我和她们一起合影留念。

五、“您是中国的苏霍姆林斯基式的老师”

会议继续进行。不一会儿，苏霍姆林斯卡娅和瓦西里莎院长分别递给我一页纸。我接过一看，是她们为我写的几句话。但我根本看不懂。赵玮老师仿佛看出了我的着急，走过来对我说：“我给你翻译一下。”

苏霍姆林斯卡娅的题词是——

亲爱的李：

听了您刚才充满激情和爱心的发言，我很感动。您是一位真正的教师！

您把您的热情传播给您的事业，您把您的爱心传播给您的学生。我相信，您是很幸福的人。

您是中国的苏霍姆林斯基式的教师。虽然您与我父亲苏霍姆林斯基年龄相差很大，中国和乌克兰相距遥远，但您是苏霍姆林斯基的亲人，是他最亲近的人！

我代表我的亲属向您表示敬意，我代表乌克兰人民向您表示敬意，我向您深深地鞠躬！

奥丽佳 · 苏霍姆林斯卡娅

1998 年 11 月 27 日

瓦西里莎院长的题词是——

尊敬的李老师：

我感到十分幸福，并为能遇到如此天才的教师感到惊讶。感谢您为孩子们所奉献的一切！

李老师，作为一位老师，您无愧为伟大的乌克兰人民教育家、来自实践的学者苏霍姆林斯基的真正的追随者。

祝愿您在教育工作中取得更大的成绩，祝您幸福、健康，永远保持对孩子们的爱心。

我邀请您到我们基辅市访问我们以苏霍姆林斯基命名的学校。

祝您万事如意。

哈依莲娜 · 瓦西里莎

1998 年 11 月 27 日

说实话，题词中一些夸张的用语让我脸红，但我把它看作是对我的鼓励；尤其是这些鼓励的话是来自苏霍姆林斯基的亲人，对我来说，就更有着特别的意义了。

那天的午餐，我是和苏霍姆林斯卡娅坐在一起。通过肖甦博士当翻译，我和她进行了一些简单的交谈。

我问她 14 岁时，她父亲给她写信时她是在家里呢还是在外地读书。她回答说，她当时不在父亲身边，而是在基辅读书。但是她强调说她父亲的信并不是一般的书信，而是对子女的一种特别的教育方式，也就是说，即使她当时在家里，她的父亲也会写这样的信的。

在交谈中，她表现出对中国中学生的兴趣，她问我中国中学生每天上几节课，都有哪些课程；又问我中国的班主任都有哪些日常工作内容等。我都一一做了回答。

我问她父亲准确的生日和忌日，她回答说，她父亲生于 1918 年 9 月 26 日，逝世于 1970 年 9 月 3 日。说到父亲的生日，她补充说她的生日和父亲的生日几乎是紧挨着的，因为她的生日是 9 月 29 日。

听到这里，我忍不住惊叫了起来："巧了！我的生日也是 9 月 29 日！"

她听说后特别兴奋："那我们就是亲姐弟了！我今年 52 岁，比你大整整 12 岁。"

她接着又说："按你们中国的说法，我们是同一个属相是吧？属什么呢？"

我说："属狗。"

她立刻大笑了起来，旁边的瓦西里莎也笑了起来，并站到我和苏霍姆林斯卡娅的中间，用她的两只手分别抚摸着我俩的肩膀，嘴里还"呜——呜——"地哼着，那神态显然是在哄两只小狗。

满桌的人都被逗得哈哈大笑起来。

当天晚上，我和吴盘生一起来到苏霍姆林斯卡娅和瓦西里莎的住处拜访她们。通过吴盘生担任翻译，我们又进行了一些交谈。苏霍姆林斯卡娅和瓦西里莎邀请我在适当的时候访问乌克兰。苏霍姆林斯卡娅提出，希望我做她的研究生，专门研究苏霍姆林斯基。她甚至还给我提了两个参考课题的范围：班级集体主义教育和苏霍姆林斯基的美育思想与语文教育。说到这里，她和瓦西里莎哇啦哇啦地说了好一阵子，吴盘生帮我翻译道："她们说，她们要把你培养成中国的苏霍姆林斯基！”

在交谈中，她又问及我的家人，我说我爱人也在学校工作，但没有上课，因而有更多的时间做家务事。“因为我平时太忙，所以从来不做家务事。”

听到这里，她又笑了：“苏霍姆林斯基也从来不做家务事。你看，你和苏霍姆林斯基又多了一个共同点。不过，这可不是优点啊！”

临走时，苏霍姆林斯卡娅又在我手中的苏霍姆林斯基《育人三部曲》的扉页上写下了一段题词——

亲爱的李：

我真诚地赞扬并祝愿您取得进一步的成绩——在永远是十分艰难但又是如此高尚的、培养人的这个星球的未来的事业中！

让瓦西里·亚历山德罗维奇·苏霍姆林斯基的形象和思想永远成为您的引路的明星。

奥丽佳·苏霍姆林斯卡娅

1998年11月27日

六、聆听前辈教育人的教诲

在北师大开会那几天，我的确时时感到一种温暖和鼓舞。这种温暖和鼓舞当然首先来自苏霍姆林斯卡娅，但又不仅仅是来自她。在这次会议上，我还有幸结识了许多苏霍姆林斯基著作的翻译者和研究家，他们给我的教诲也是令我感动万分并终生难忘的。

这次赴京，我特意带了那本我都翻旧了的《给教师的一百条建议》，而这本书的主要译者正是王义高教授。我对王老师说：“真诚感谢您！正是您翻译的这本书，让我认识了苏霍姆林斯基！”我请王老师在这本书的扉页上写几个字，王老师欣然提笔写道：“祝您成为中国当代的、21 世纪的苏霍姆林斯基！”

毕淑芝老师，一位满头银发、年过七旬的老教授，她是国际和比较教育研究所的老所长，也参加翻译了大量的苏霍姆林斯基著作。这是一位非常和蔼可亲而且人格修养都非常令我敬佩的老太太。

就在我发言的那天早晨，我在去会议厅的路上碰到她，和她一起在校园里走了很长一段路。在路上，她和我谈起她年轻时代的抱负，谈起“文革”中她受到的冲击：“50 多岁的人了，还被强迫劳动改造，干最沉重的体力活！”她有几句话，让我很感动：“现在时代好了，可我们人也老了。不过，我现在还是要为研究宣传苏霍姆林斯基尽量多做些事情！”我对她说：“毕老师，还是要多保重身体啊！”她却说：“我的身体一直不太好，所以我更要抓紧时间多做点事啊！”她又很真诚地勉励我：“苏霍姆林斯基思想的宣传、实践和发展，就看你们年轻人了！”后来开会时，在我发言结束后，她走上来紧紧地握住我的手，说道：“你讲得很好！但是你并不孤独，我们都是你的同志！”后来她给我写下了这样的题词：“李镇西同志，衷心希望您能成为中国的苏霍姆林斯基！”

现在想起来，毕老师对我的教诲，还不仅仅是语言上的，更有在我和她短暂的接触中所感受到的她的为人。我永远都忘不了我第一次见到她时的一个细节。那是第一天中午的餐桌上，送菜的服务员端着菜来到了我们的身后，但是桌上的菜已经摆得满满的，放不下更多的盘子了。服务员犹豫了，走也不是，不走也不是。大家都在兴致勃勃地边吃边谈，很少有人注意到这位服务员的尴尬。可是，毕老师看到了，她很自然很亲切地说：“哎呀，看这位小姑娘为难了。我们帮帮她吧，把有些盘子里的菜合并合并，腾出一块地方来吧！”她的声音不高，但是那么自然亲切，充满了善解人意的温馨。于是，服务员的困难解决了。在她离去的时候，我听见她向毕老师轻轻地说了声：“谢谢！”

后来回到成都后，我对我的学生讲述了这个细节，告诉学生什么叫“修养”。

说到“修养”，我又不得不提到国际苏霍姆林斯基学会会长弗朗格先生。开会期间，他身边一直坐着一位翻译小姐，通过她了解大会发言的内容。但有时可能是发言的内容并不太重要，翻译小姐就没有给他翻译，可是，无论什么时候，只要主席台上有人发言，不管翻译与否，我看到弗朗格先生总是全神贯注目不转睛地注视着发言者。

实际上他一句中文都不懂，但正因为如此，他的专注的神情让我十分感动，使我懂得了什么叫对别人的尊重。

也是在我的发言结束后，我和他在休息时通过翻译小姐进行了一些简单的交谈。他听说我写了一本《爱心与教育》，十分感兴趣，他让我尽可能详细地给他介绍一下该书的内容。听完后，他欣然为这本书题词——

向你的书表示祝贺。在书中你为师生提供了有意义的新的观点，书中所表达的教育方式也是学生、教师、家长所感兴趣的。谢谢你！

你的朋友：克瑞斯托·弗朗格

1998年11月27日

给我教诲和鼓励的老师实在太多了。除了我上面提到的为我热情翻译的赵玮老师和肖甦老师，还有全国各地的代表们：南京师大的张维仪教授、武汉大学的刘东教授、中央教科所的叶玉华老师、上海教育出版社的尹亚年老师、《中小学管理》杂志社的沙培宁老师，还有来自江苏的王鼎宏老师、陈静波老师和杨秀梅老师……虽然我们接触的时间很短，交谈的时候也不多，但哪怕是一句鼓励、一个微笑，甚至一个理解的眼神，都让我感到亲切和鼓舞。有一次在饭桌上，我和田曦感叹我们参加这次会议所遇到的老师都是那么好，毕淑芝老师立即说：“因为我们都是苏霍姆林斯基的追随者呀！只有爱心，才能使我们对苏霍姆林斯基产生共同的崇敬。”

我这里还要提到《中国教育报》的记者鲍东明先生，他也是我第一次见面的老朋友。在交谈中，他给我以热情的鼓励。他特意将我那篇《追随苏霍姆林斯基——纪念苏霍姆林斯基八十诞辰》要了去，说争取在《中国教育报》发表。

七、我们一起向长城最高处攀登……

会议圆满结束后，大会安排代表们游览长城。

那天，天气特别晴朗。在冬日阳光的映照下，积雪把长城的轮廓勾勒得更加雄浑而晶莹夺目。我、吴盘生老师、赵玮老师、田曦老师陪伴着苏霍姆林斯卡娅、瓦西里莎还有弗朗格，互相搀扶着向长城的最高处奋力攀登。一路上，我们谈笑着，比画着，也互相取笑着。我学着用俄语说“一拉斯耶维捷（你好）！”苏霍姆林斯卡娅学着用中文说:“里哈（你好）！”我教弗朗格先生用中文推辞纠缠着他的小贩：“不！不不！”几位外国朋友显然比我们更勇于张扬自己的个性：弗朗格先生已 70 多岁了，可长城的壮观显然让他兴奋不已，他甚至边走边跳起了舞，苏霍姆林斯卡娅和瓦西里莎也情不自禁地翩翩起舞。

在长城的最高处，我们对着摄影镜头也对着阳光下的长城欢呼着，迎面吹来的寒风把我们热情的声音传得很远很远……

几天后我回到学校，看到 1998 年 12 月 1 日的《中国教育报》上发表了我的文章《追随苏霍姆林斯基》。文章还加有一则编者按——

李镇西是四川省成都市石室中学的一名普通教师。自参加工作以来，就对苏联著名教育家苏霍姆林斯基表现出无限崇敬之情。他不但阅读了苏霍姆林斯基几乎所有的中文译本著作，而且还创造性地实践着苏霍姆林斯基的教育思想，在素质教育方面取得了较大成就，成为深受学生喜爱的老师。在苏霍姆林斯基 80 周年诞辰之际，他特意写了这篇纪念文章。本报发表这篇文章，一方面是对苏霍姆林斯基的纪念，另一方面是对李镇西老师运用先进教育思想、教育理论指导教育实践的肯定。

再访帕夫雷什中学

一、“大巴学术研讨会”

11 年前来乌克兰，是因为苏霍姆林斯基；这次重访乌克兰，依然是因为苏霍姆林斯基。如果没有苏霍姆林斯基，我可能和乌克兰扯不上什么关系。

而对我来说，乌克兰最有魅力的地方，应该是苏霍姆林斯基曾任校长 22 年的帕夫雷什中学。

从基辅到帕夫雷什中学，得先坐六个多小时的大巴到波尔塔瓦州的克雷门楚格市。在杨东平教授的提议下，我们利用六个多小时的时间，举行了“大巴学术研讨会”。

每个人分享各自的教育心得或案例。我先谈了“苏霍姆林斯基的另一面”，着重介绍了苏霍姆林斯基富有人道主义的教育思想，在当时的苏联是如何遭到粗暴的批判，而苏霍姆林斯基则表现出怎样不畏权势、坚持真理的精神；杨东平教授结合他最近出访韩国，谈了他对韩国基础教育的了解；其他老师有的谈自己最近读的书，有的谈学校的教育创新，有的谈课程和教学方式的改革……

窗外，秋色斑斓；车内，思想燃烧。

二、误入帕夫雷什卡中学

在克雷门楚格住了一夜，第二天早晨我们驱车前往位于基洛夫格勒州的帕夫雷什中学。

本来说只有半个小时的车程，我们却用了两个小时。因为司机不熟悉路，不停地问路。终于他说“到了”。我一看窗外，是有一个校园，金黄树叶像瀑布一般倾泻在学校的栅栏上。这和我记忆中的帕夫雷什中学不太像。

下了车，也没见到校门，后来终于找到校门了，却不是以前我进过的那个校门。我想，也许这是学校的后校门吧。

出来一位个子高高的中年男子，笑眯眯地，说他就是校长。我一听便意识到，我们肯定走错了。

果然，通过翻译和他的交流，我们才知道真的走错了。这个学校叫“帕夫雷什卡中学”，而不是我们要去的“帕夫雷什中学”。乌克兰语中，两个学校的名称发音极为相近。所以司机也搞错了。

虽然知道我们找错了，可校长热情得不得了，一定要我们进去转一圈。我们不好拒绝，便跟着他走进了校园。

学校简陋而朴素。无论从环境还是校舍看，这都是一所典型的乡村学校。校长兴致勃勃地给我们介绍学校的情况，他还特别自豪地说，学校曾经培养过一名宇航员。其实，我们都明白，这名宇航员显然不能说是这所学校“培养”的，只是在这里读过中小学。但我完全能够理解，一名校长对自己学生取得成功的那种由衷的自豪感。

离开学校时，校长主动说要开着自己的车在前面给我们带路，他怕我们又走错了。在简陋的乡村公路上，我们又曲曲折折地行驶了半个多小时，终于我看到那熟悉的帕夫雷什中学校门了。

三、“蓝天下的学校”

苏霍姆林斯基多次在他的著作中，饱含感情地把这所学校称为“蓝天下的学校”。我理解，所谓“蓝天下的学校”就是阳光明媚、空气清新、树木葱茏、鲜花盛开的学校。而眼前的帕夫雷什中学正是如此。

帕夫雷什中学位于一条公路旁的小坡上。校门不大，有几级台阶。

当我们走上台阶时，帕夫雷什中学的校长——也是我的老朋友——德尔卡其迎了上来，热情地和我们一一握手。

然后，一位身着乌克兰民族服装的姑娘给我献上一个大大的面包，这是乌克兰迎接客人的最尊贵的礼物。然后，一群手持白色菊花的小学生为我们每一个人都献上她们手中的花儿。

接下来，学生和老师们举行了简朴而又隆重的欢迎仪式。孩子们朗诵了诗歌，老师们演唱了歌曲。此刻，蓝天特别纯净，阳光特别灿烂。

虽然是第二次来这所学校，但我依然被它的美感染了。

帕夫雷什中学的校园，既是一个花圃，又是一个果园，还是一个森林。无论花圃、果园，还是森林，都是当年苏霍姆林斯基留下的遗产。我再次穿行在枝叶参天的果园里，阳光透过浓密的树叶之间的缝隙洒下来，果园里阳光斑驳。

当年苏霍姆林斯基建的一个植物温室至今还在。他种的两棵树的树梢已经耸入云霄，融入蓝天。

在苏霍姆林斯基亲手种植的树下，我们每一个人都种下两株玫瑰，以表达我们对苏霍姆林斯基和帕夫雷什中学的敬意。

在二楼一间大教室里，到处都放着各种造型的面包，因为正值学校的“面包节”。孩子们以“面包”为主题为我们表演舞蹈和各种节目，歌颂秋天，歌颂丰收的季节。

明媚的阳光从孩子们身后的玻璃窗投射进来，打在他们的头上、肩上和手臂上，小姑娘便在逆光的轮廓中跳跃着，舞蹈着，格外纯净而美丽。

校园里没有大路，最宽的水泥路最多不过 50 米长，小路大多只能容两个人通过，随着缓缓的山坡起伏。这样的校园，任何车辆都开不进来。这里只是孩子们的天地。

是的，学校的花园里，到处都有童话般的小房子、小动物，校长说，这都是苏霍姆林斯基所创作的童话故事场景。老师们常常带着孩子们读苏霍姆林斯基专门为儿童创作的这些童话故事，然后再带着孩子们到这里来体验童话情景。

我们都赞叹，帕夫雷什中学就是一个美丽的童话。

四、苏霍姆林斯基纪念馆

紧挨校门口的一座二层小楼，便是学校最初的教学楼，苏霍姆林斯基的办公室和他的家也在其中。

校长带我们走进小楼，在门口的一个过道上，屹立着一尊洁白的苏霍姆林斯基塑像。德尔卡其说，这就是当年苏霍姆林斯基迎接孩子和老师的地方，在这里他也经常和孩子、老师们亲切聊天。苏霍姆林斯基在这里当校长时，整个学校只有这一栋两层的教学楼，只有这个楼梯口。此刻我们站在这里，看着苏霍姆林斯基塑像，感觉他正在迎接着我们的到来。

再往里面走，几间当年的教室现在成为苏霍姆林斯基纪念馆，里面陈列着许多和苏霍姆林斯基有关的实物和文字，展示着教育家平凡又不普通的教育人生。

我特别注意到那一沓厚厚的笔记本。虽然我不认识乌克兰文，但工工整整、一丝不苟的漂亮的字迹我还是能够欣赏的。解说的老师对我们说，这是苏霍姆林斯基当年的听课笔记。我忍不住拿过本子一页页翻开，想象着当年苏霍姆林斯基凝神听课的神态，还有他认真仔细写下听课笔记的情景，我顿时感到这发黄的听课笔记本，似乎还存留着苏霍姆林斯基的体温。

纪念馆隔壁，便是苏霍姆林斯基的办公室、书房、卧室和厨房。书房里，至今还保留着苏霍姆林斯基的部分藏书。解说员说，苏霍姆林斯基的这个书房，拥有 9000 余册藏书，有一部分已经珍藏在其他博物馆。但我们置身于现存的藏书中，依然能够感觉到苏霍姆林斯基极为广阔的阅读视野。

我想到苏霍姆林斯基不断给教师们的忠告："读书，读书，再读书——教师的教育素养的这个方面正是取决于此。要把读当作第一精神需要，当作饥饿者的食物。要有读书的兴趣，要喜欢博览群书，要能在书本面前坐下来，深入地思考。”(《和青年校长的谈话》，赵玮等译，上海教育出版社 1983 年 6 月第 1 版第 65 页）

解说的老师特意指着墙上的一张照片对我们说：“这张照片是卡娅前不久才提供给我们的，这是苏霍姆林斯基生前最后一张照片。当时苏霍姆林斯基在办公室，透过玻璃窗凝视着外面校园里的孩子们。一个月后，苏霍姆林斯基便去世了。”

照片上，明显憔悴的苏霍姆林斯基坐在办公室里，目光却望着窗外。他是带着对学校、对孩子、对教育的不舍之情告别这个世界的。

五、乌克兰的基础教育

我们坐在会议室里，一边听取德尔卡其校长对学校的介绍，一边吃着当年苏霍姆林斯基带领孩子们建成的果园里的成果：葡萄、核桃、苹果……那种感觉真是非常奇妙而美好。

德尔卡其今年 69 岁了，她 1999 年开始当校长，已经当了 20 年校长。但如果算她在这所学校工作的时间，则已经 43 年。

校长向我们介绍了乌克兰基础教育的基本情况——

乌克兰多年来一直实行 11 年免费教育。所谓“11 年学制”，指的是小学 4 年，初中 5 年，高中 2 年。有些村子学生太少，就只有 9 年制。因此，乌克兰的基础教育只有两种类型的学校——9 年制和 11 年制。当然，近年来有的地方开始实行 12 年学制，即高中增加一年。帕夫雷什中学所在的基洛夫格勒州就有 3600 多所学校，每个村子都有学校。帕夫雷什中学所在的村镇比较大，学生也多，11 个年级 500 来人，而其他学校大都不到 100 人。

在乌克兰没有“小升初”和“中考”的概念，他们从一年级到十一年级都在一个学校一个班读，中途没有任何选拔淘汰的考试。11 年读完就毕业考试，学生都可以上大学。帕夫雷什中学的所有孩子都是学校周边的农家子弟。乌克兰没有“择校”一说，均为就近入学。

学生们选择学校的唯一标准，就是离家近。

“帕夫雷什中学”，其实，按中国的说法，应该是“帕夫雷什学校”，因为他们的 11 年包括了小学。在苏联（含乌克兰），基础教育的学校都叫“中学”，虽然有小学学段，但依然叫“中学”。也就是说，他们没有“小学”的学校名称。

在帕夫雷什中学，一至四年级一个老师教一个班，老师都是“全科教师”，除音乐、英语以外。

乌克兰教育部有教学大纲和课程标准，但校长只拿来做参考。课程的设置都由校长决定。而且在整个一至十一年级里，考试权在学校——考不考，考什么，何时考，都由校长说了算。

每天午后 13:15，学校的教学课便上完了。孩子们有的放学回家了，有的参加学校的课外活动——都是自愿的。

苏霍姆林斯基的学校学生成绩很好，根据今年州教育行政部门的评价，帕夫雷什中学教育质量在全州 3600 多所学校中排名第 17。毕业生中除两名学生成绩稍微弱一点只上了职业技术学院外，其他全上了大学。

六、一所朴素的学校

如果就学校的“硬件”而言，帕夫雷什中学实在“不敢恭维”。

我刚才说了，学校最初就只有一栋两层小楼。该楼面积约 1200 平方米，砖木结构，楼板是木板。这栋教学楼从苏霍姆林斯基当校长起，一直用到现在，目前是这所学校最大、最雄伟的主楼。现在是苏霍姆林斯基纪念馆（含苏霍姆林斯基旧居）。

在二楼，有一间可能是学校最大的房间，约 90 平方米，地上铺的是老式的木板，这里应该是学生最大的室内活动空间，因为房子的墙壁上安装了 4 副爬梯、6 个篮板，地板上画着球场线。不过，我感觉房间的功能不仅仅是体育运动，因为还摆着一些音响、话筒、道具，估计平时一些文艺演出也在这里举行。学校为欢迎我们演出的几个节目也是在这里进行的。所以，说这里是“多功能活动室”更恰当一些。

一幅巨大的苏霍姆林斯基画像挂在墙上，老校长一直注视着这里活蹦乱跳的孩子们。

除了这栋旧楼，学校另外还有两栋房子——有一栋比“主楼”小得多的教学楼，另一栋是新修的四间教室的平房。这三栋分别是一至四年级（小学）、五至九年级（初中）、十至十一年级（高中）的教室。

学校的教室也很简朴。教室外面是一个没门的大柜子，柜子里有很多挂钩，是学生用来挂衣服的。大柜子旁边是一排比较低的小柜子，上面摆满了孩子们的手工作品。

教室门上写着：“进教室——可以玩耍，可以开心，可以学习，可以观察，可以思考，可以犯错……”

这些话并不气势宏伟，却让人心动。

教室里没有投影仪、一体机，也没有电子白板或多媒体等，不过就是常规的黑板、桌椅等。教室后面是一个学生放物品的大柜子，柜子下方是一块又大又厚的地毯。教室的窗台窗帘干净而别致。

整个校园，除了学校大门里教学楼上的一面国旗，我没有看到任何“文化打造”的痕迹。

没有“办学理念”“培养目标”“校风”“教风”“学风”之类的表述，也没有“一切为了孩子”“托起祖国的明天”“把孩子放在正中央”“以教学为重点，以科研为抓手，以质量为生命，以立人为根本”“质量立校，名师强校，科研兴校，特色亮校”“让学校成为孩子绽放生命的精彩舞台”之类的宏伟口号，更没有“领导关怀”“学校荣誉”的橱窗，但学校的每一丝气息，都散发着人的芬芳。

这真是一所朴素的学校。

七、在苏霍姆林斯基墓前

离学校一公里左右，有一块村里的墓地。苏霍姆林斯基就安葬在这里。

我们来到苏霍姆林斯基的墓前。

虽然是一个公墓，里面有许多墓碑，但苏霍姆林斯基的墓碑格外高大，碑顶是苏霍姆林斯基的胸像。此刻，灿烂的阳光慷慨地洒在苏霍姆林斯基的头上和肩上。

我们肃立在苏霍姆林斯基的墓碑前，默哀，鞠躬。

帕夫雷什中学几位女教师朗诵之后，我代表我们这一行中国教育者致辞——

今天，我们十六位中国教育者，来到伟大的苏霍姆林斯基墓前，向这位不朽的教育家表达我们永远的敬意。苏霍姆林斯基生前不会想到，他的教育思想将传到中国，并影响中国无数的教育者。这是苏霍姆林斯基的光荣，也是中国的荣幸！我相信，这份光荣和荣幸，将继续延续下去。苏霍姆林斯基的思想将永远引领着激励着中国千千万万教师的成长！

我代表大家把一个大花篮敬献于苏霍姆林斯基墓前。

然后，我们一行人还有帕夫雷什中学的教师代表，一一走上前去，把一束束鲜花献给苏霍姆林斯基。

紧挨着苏霍姆林斯基墓的，是他夫人的墓。苏霍姆林斯基夫人生前也是帕夫雷什中学的教师，是苏霍姆林斯基的同事。我们同样向她表示了敬意。

在苏霍姆林斯基夫妇墓的后面，是苏霍姆林斯基母亲的墓。墓碑上注明着老人家的生卒年份“1882—1987”。我心里默默算了一下，她生苏霍姆林斯基时，已经 36 岁；苏霍姆林斯基去世时，她已经 88 岁；而她离开这个世界时，是 105 岁。也就是说，她的儿子去世后，她还在这个世界上活了 17 年，这是怎样一种孤独和哀恸！

但她毫无疑问是一位伟大的母亲。我同样向这位伟大的母亲献上了一束花。

八、帕夫雷什中学的教育奥秘

作为一所世界著名的实验学校，我们很想了解一下其蕴含的奥秘。

于是在座谈中，我们问校长德尔卡其："帕夫雷什中学在课程开发和教学模式改革方面有什么特点？"

她沉吟着，似乎这个话题很艰深。迟疑了一会儿，她说："我们学校的课程和其他学校没什么不同，我们主要是重视学校和家庭的配合，一直注重家长的培养，所以家庭都非常重视孩子的成长。"

我们感觉她"跑题"了，便将同样的问题换了一种方式提出来，继续引导她："你们学校的教学质量，在全州名列第 17 名，这个成绩是如何取得的？帕夫雷什中学在哪些方面优于其他学校？"

她想了想，回答说："我们的老师很用心地教，孩子们很用功地学，他们的家长也非常重视孩子的学习。"

还是没有答到"要点"上。

但我们突然意识到，是我们错了。

同行的郭文红老师说："人家就是一所农村学校，教师敬业，家长重视，孩子努力，自然就考得好。这不就是教育的常识吗？何必非要问出个'特色''模式'呢？"

是的，帕夫雷什中学遵循教育常识，并把这个常识落实到了每一天，他们便取得了突出的成绩。除此之外，哪还有什么"奥秘"啊？

可我们总希望从校长口中听到什么最新的"办学理念""教育特色""教学模式"，老想着在这里"挖掘"出他们的"新课改"，甚至"steam 课程"之类。因为在国内，我们都是以这样的"标准"去衡量评价一所学校的"档次"的。这话也可以反过来说，国内许多学校都争相抛出一个又一个"理念""模式"来标榜自己"首创"了什么，或"第一个提出"了什么，以显示自己"国际领先""国内一流"。眼花缭乱，嘈杂喧嚣。

然而，帕夫雷什中学是宁静而朴素的。我们却想从这宁静和朴素中“追问”出“热闹”和“华丽”，岂非缘木求鱼？我们真是愚蠢到家了。

片刻反思自责后，我问了一个朴素的问题：“帕夫雷什中学继承了苏霍姆林斯基时代的哪些传统？或者说，苏霍姆林斯基的哪些做法，你们现在依然保持着？”

这下校长不假思索地说：“我们至今保留着让孩子们接触大自然的传统，有许多课程都是在野外在森林进行的，这是苏霍姆林斯基当年的做法，而这个做法，至今其他学校都没有。另外，苏霍姆林斯基做校长时，设立了许多节日，比如面包节，我们一直坚持到今天。”

她的回答，让我一下子想到苏霍姆林斯基在其《帕夫雷什中学》《把整个心灵献给孩子》等著作中的生动描述，除了今天我们看到的“面包节”，还有“母亲节”“女孩节”“歌咏节”“鲜花节”“苹果节”“云雀节”“诗歌节”“故事节”“冬节”“庄稼节”“铃声节”“音乐欣赏节”“名画欣赏节”……苏霍姆林斯基特别注重教育与社会、学校与自然、孩子与生活的有机联系，帕夫雷什中学将这些传统继承至今，不正是它的卓越之处吗？

我们当然希望学校能够随着时代的发展而与时俱进地有许多教育创新，但这种创新必须是自然而然的，尤其是要符合学校的实际情况，不能为创新而“创新”。帕夫雷什中学不是中国的人大附中或十一学校，它就是一所典型的农村学校，能够将学校优良的传统几十年如一日地继承下来，成为学校师生的生活常态，这难道不是另一种意义上的“创新”吗？

我常说：“朴素最美，幸福至上。”一个学校，只要孩子快乐，教师幸福，家长满意，不就挺好吗？

帕夫雷什中学正是这样一所朴素而幸福的学校。它的存在，是不是会让我们对中国许多色彩过于艳丽的“名校”有所反思呢？

九、乌克兰的名校——基辅人文中学

其实，乌克兰也有“不朴素”的学校，比如我们第二天参观的基辅人文中学。

这是一所以人文教育为特色的公办中学，免费教育，学生均为八至十一年级的孩子。学校开设的课程以语言类和艺术类为主，兼有理科学习，但以前者为重点。

这个学校“牛”到什么程度？综合评估在乌克兰中学中排名第一这个都不算什么，关键是学校第一任董事会主席是乌克兰总统，以后历任总统几乎都到过这所学校，所以女校长说，这些总统都是她的好朋友。“但亚努科维奇没来过！”她特别强调这一点。她还自豪地向我们介绍学校出去的杰出人物，比如有一个学生后来曾担任乌克兰教育部部长。

走进这所学校，宛如走进了一个艺术博物馆，到处都可以看到许多绘画和雕塑作品。这些作品就陈列在每一层楼的墙上和过道边。而且这些作品大多是国内著名艺术家所创作；还有一些名人的业余作品，包括乌克兰一位总统（名字我忘记了）的作品；也有的作品出自本校学生之手。

在每一间教室，都充满浓浓的温馨而高雅的艺术氛围，四壁都呈现着艺术作品。与其说是教室，不如说是艺术品展厅。

教师的办公室其实就在教室里——在教室前面的一角，我们看到了教师的办公桌，上面有电脑、书籍、花瓶，居然还有乐器。我们正在四顾欣赏艺术作品时，一位女教师顺手拿起一把吉他为我们且弹且唱，十分投入，表情很是陶醉。我们情不自禁地热烈鼓掌。

这所学校的硬件的确很有档次，连厕所的设备都让我们惊叹：洗手台、自动热水、洗手液、卫生纸、擦手纸、烘干机……当然这些设备在中国许多星级酒店也很常见，但这所学校毕竟不是五星级酒店啊！

我给杨东平兄耳语道：“这是基辅的‘人大附中’！”

我仅仅是从外观“高大上”的角度，说这所学校像中国的人大附中，其实两所学校的差别是显而易见的，至少人文中学并没有“掐尖”似的招收“优质生源”。但我想说的是，这样“豪华”甚至充满“贵族气息”的学校也有存在的意义。不同的地区环境，不同的生源情况，不同的教育重点，不同的培养目标……必然呈现出不同类型或特色的学校。

我是在写帕夫雷什中学时，想到这所学校的。每一朵花都有自己独特的艳丽和芬芳。我欣赏人文中学的高贵，也点赞帕夫雷什中学的素雅。

十、做纯粹的教育

虽然时不时有像我们这样的远道而来的参观者——据校长说，每年有三百人左右来参观，但总体上说，帕夫雷什中学至今还是一所宁静的学校。这里的“宁静”不只是指外在的世外桃源般的悠闲环境，更是指学校没有中国国内各学校所承担的无休止的上级行政干扰：一茬又一茬的“视察”“督导”“验收”“评估”……

一尘不染的纯粹，心无旁骛的专注，教育便是一切，孩子便是全部——几十年来，帕夫雷什中学就这样默默地生长在远离城市的乡村。

它甚至有些孤单，因为虽然也有一些学校在践行苏霍姆林斯基的教育思想，但它至今“只此一家，别无分店”。物以稀为贵，帕夫雷什中学因此而格外珍贵。

想想，如果帕夫雷什中学在中国，会有怎样的待遇？

被授予“乌克兰首批国家级示范学校”是毫无疑问的，此外还有“国家级百年名校”“全国教育系统先进学校”“国家级园林学校”“全国德育示范学校”“全国劳动教育示范学校”“节日文化传统学校”“乌克兰传统文化教育示范学校”“爱国主义教育基地学校”“青蓝工程示范学校”“百千万教育人才培养基地”“教育家培养摇篮学校”“家校合作示范学校”……

更重要的是，国家会想方设法创造条件，让帕夫雷什中学这“优质教育资源”尽可能扩大化，“集团化办学”当然是最佳选择，“帕夫雷什中学教育集团”应运而生，全国各地的分校遍地开花：“帕夫雷什中学基辅市分校”“帕夫雷什中学基洛夫格勒州分校”“帕夫雷什中学顿涅茨克州分校”“帕夫雷什中学日托米尔州分校”……

还会有许多专家到学校帮着总结、梳理、挖掘、提炼出学校教育教学的各种“经验”，进而概括出“5T 教育”“3X 五步教学法”“54321 课堂模式”之类的“成果”，然后这些“成果”均获得乌克兰教育科学院基础教育改革成果特等奖，接下来便是出版丛书、拍电影电视剧，然后全乌上下掀起“学帕（夫雷什中学）热潮”，前来帕夫雷什中学参观学习的团队络绎不绝，学校于是不得不专门成立一个“对外接待部”……

如果帕夫雷什中学遭遇这样的待遇，恐怕它早就被折腾死了——就算依然活着，可校长累，老师烦，学生苦……华而不实的荣誉，会让帕夫雷什中学失去教育，更让学校的师生失去幸福。

中国的许多学校不正是这样的吗？

十一、中国的帕夫雷什中学在哪里

苏霍姆林斯基在《帕夫雷什中学》里是这样描述学校的位置和环境的——

我们学校坐落在距克列明楚格市 15 公里的一个大村庄的边上。学校占地约 5 公顷，与一片森林和集体农庄的肥沃农田毗连，南面有奥麦利尼河流过，这是第聂伯河一条不大的支流。这条小河在这里被截断，形成一座大水库。

整个村子都被浓密的树木遮蔽着。我们在学校和农庄的田地之间栽植了几片防护林。学校旁边是一个周围种着果木的体育场。校园西北是一道深谷。我们沿沟栽种了橡树，沟坡上遍植了丁香树。现在已经长成橡树林带和繁茂的丁香树丛。

校园地形是一片起伏不大的冈峦。登上小山冈，第聂伯河岸旷野的美景即可展现在眼前。天气晴朗时，从较高的山冈上连第聂伯河对岸波尔塔瓦地区的原野和克列明楚格水库的碧蓝水面也可以尽收眼底，地平线上刻画着水电站的轮廓，清淡的雾霭中依稀可见铁路车辆厂和汽车制造厂的厂房。(《帕夫雷什中学》，赵玮等译，教育科学出版社 1983 年 2 月第 1 版第 123 页)

半个世纪以后，苏霍姆林斯基著作中这几段文字，几乎可以一字不改地作为今天帕夫雷什中学环境的解说词。

这是帕夫雷什中学的幸运。

离开帕夫雷什中学时，我在车上看到了一片宽阔的水域，在阳光下泛着粼粼波光。这就是苏霍姆林斯基在书中所描绘的那条已经被截断成为水库的大河。我顿时激动起来，甚至很想下车拍一张照片，我想到了苏霍姆林斯基书中所记载的他和孩子们一起划船前往某个荒无人烟的岛子的情景。

可惜一晃而过，我来不及拍下这条大河。

苏霍姆林斯基在《帕夫雷什中学》里这样写道——

……可是我们没有船，于是我从新学年一开始就攒钱，到了春天，我就从渔民那里买来了两条船，家长们又买了一条船，于是我们的小船队便出发了。(《帕夫雷什中学》，赵玮等译，教育科学出版社 1983 年 2 月第 1 版第 27 页)

当年苏霍姆林斯基所率领的小船队，就是从这里划向远方的。

同样是在《帕夫雷什中学》中，苏霍姆林斯基生动而深情地写到他们学校的野外宿营——

我们学校有个传统，每逢暑期每个教师都要带孩子们到野外去宿营几天。孩子们特别喜欢在草场上宿营。他们迫不及待地盼着那些令人神往的夜晚的到来。那时，他们将在繁星闪烁的夜空下，在散发着清香的干草堆上，听着关于远方国家和遥远星空世界的故事，静听夜间的沙沙声。繁星的闪烁，可口的稀粥，篝火引燃的炭火，黎明前那逼人躲进草堆的寒气，河岔中的戏水——这一切，都在孩子们心灵里留下不可磨灭的、无法忘怀的印象。（《帕夫雷什中学》，赵玮等译，教育科学出版社 1983 年 2 月第 1 版第 71 页）

这是多么浪漫的教育生活啊！

中国的孩子，如今有这样“令人神往的夜晚”吗？他们的心灵里留有这样“不可磨灭的、无法忘怀的印象”吗？

令人羡慕的是，帕夫雷什中学至今还继承着苏霍姆林斯基时代所形成的传统，这是帕夫雷什中学老师和孩子们的幸运。

中国不是乌克兰，各有各的国情和特点，所以任何国家的学校不可能照搬到另一个国家。但遵守常识、保持朴素、坚守良知，纯粹，宁静，专一，这是帕夫雷什中学的品质，也应该是这个地球上所有好学校的共同属性。

正是在这个意义上，我实在是想全身心地呼唤——

中国的帕夫雷什中学，你在哪里？

2019 年 10 月 8 日夜

（写到结尾，热泪盈眶）